行业市场化进程如何影响创新

——来自中国高技术产业的经验证据

HANGYE SHICHANGHUA JINCHENG RUHE YINGXIANG CHUANGXIN
—— LAIZI ZHONGGUO GAOJISHU CHANYE DE JINGYAN ZHENGJU

◎ 戴魁早 著

中国财经出版传媒集团

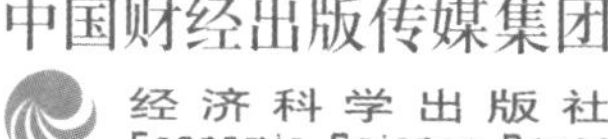
经济科学出版社
Economic Science Press

图书在版编目（CIP）数据

行业市场化进程如何影响创新：来自中国高技术产业的经验证据/戴魁早著. —北京：经济科学出版社，2016.10

ISBN 978-7-5141-7379-6

Ⅰ.①行…　Ⅱ.①戴…　Ⅲ.①市场化进程-影响-高技术产业-技术革新-研究-中国　Ⅳ.①F279.244.4

中国版本图书馆CIP数据核字（2016）第252502号

责任编辑：王柳松
责任校对：隗立娜
版式设计：齐　杰
责任印制：邱　天

行业市场化进程如何影响创新
——来自中国高技术产业的经验证据
戴魁早　著
经济科学出版社出版、发行　新华书店经销
社址：北京市海淀区阜成路甲28号　邮编：100142
总编部电话：010-88191217　发行部电话：010-88191522
网址：www.esp.com.cn
电子邮件：esp@esp.com.cn
天猫网店：经济科学出版社旗舰店
网址：http://jjkxcbs.tmall.com
北京万友印刷有限公司印装
880×1230　32开　8印张　250000字
2016年10月第1版　2016年10月第1次印刷
印数：0001—1200册
ISBN 978-7-5141-7379-6　定价：32.00元
（图书出现印装问题，本社负责调换。电话：010-88191510）

前言

党的十八大明确提出了中国要实施创新驱动发展战略，促进经济发展方式加快转变。而提高产业自主创新能力，是实施创新驱动发展战略的重要方面。只有拥有强大的自主创新能力，才能在激烈的国际竞争中把握先机、赢得主动。国内外大量的研究表明，自主创新能力的提高既源于研发投入的持续增长，还在很大程度上依赖于创新过程中创新资源利用效率的提升。然而，研发投入不足和较低的创新效率，严重制约了中国本土企业自主创新能力的提升。因此，在当前形势下，促进创新投入的持续增长以及不断提高创新活动的绩效，对提升本土企业的自主创新能力有着重要的现实意义。

对正处于经济体制转型过程中的发展中国家——中国来说，研发投入的增长和创新绩效的提高还可能是由其市场化为导向的制度改革与完善所带来的；然而，关于经济体制转型中市场化进程对创新的影响研究，学术界还不够重视，相应的学术成果明显不足；而且，尚未见有针对中国高技术产业的专题研究。由此，自然有这样的疑问，行业市场化进程对中国高技术产业的创新有着怎样的影响？

行业市场化通过什么样的机制影响中国高技术产业的创新？

在当前创新驱动发展战略已经成为国家战略，以及发展高技术产业已经成为中国优化产业结构、转变经济增长方式、培育国家竞争优势重要战略的背景下，对这些问题进行解答有着重要的理论价值和现实意义。基于此，本书在国内外已有研究成果的基础上，拓展了传统产业组织理论SCP分析范式，以理论分析为依据，综合运用多种面板计量方法，通过对以下主要内容的研究，系统地揭示行业市场化进程影响中国高技术产业创新的内在规律，进而对上述问题进行了较为全面的解答。本书研究的主要内容如下：

1. 测算了中国高技术产业市场化进程。

从政府与市场的关系、非国有经济的发展、产品市场与要素市场的发育程度以及制度环境等五个方面构建一套评价行业市场化进程的指标体系，对中国高技术产业市场化进程进行了测算，结果显示：1995~2010年，高技术产业市场化指数总体呈上升趋势，细分行业的市场化水平存在明显的差异。而且，政府对大多数高技术细分行业的干预程度在不断下降，非国有经济、产品市场与要素市场整体上都得到了较好的发展，制度环境得到了较大程度的改善；但是，不同细分行业的5个方面市场化程度存在明显差异。

2. 考察了行业市场化进程对创新投入的影响。

从理论和实证两个层面考察了行业市场化进程对创新资本投入和创新人力投入的影响及其差异。研究发现，（1）行业市场化进程、新产品需求和筹资环境对高技术产业R&D投入增长具有显著的正向影响，且“入世”后市场化水平和新产品需求对R&D投入的促进作用更大，而“入世”后筹资环境改善的贡献变小了。（2）上述五个方面市场化进程指数对创新资本投入和创新人力投入产生了重要影响，但是，影响大小、影响方向和显著性存在差异，按影响大小排列分别是要素市场发育指数、制度环境指数、产品市场发育指数、非国有经济发展指数，政府与市场关系指数的影响并不显著。（3）在市场化水平越高的高技术行业，新产品需求的提高、筹资环境的改善和国有经济比重的降低，越能促进高技术企业研发投入的增长。行业市场化进程可以通过提高新产品需求和改善筹资环境等途径影响中国高技术产业的研发投入增长，但是，行业市场化进程通过产权结构这一传导机制对创新资本投入和创新人力投入产生的影响存在差异，即促进了创新资本投入的增长，却抑制了创新人力投入的增长；这一传导机制的影响差异，可能与两种研发投入的流动性差异有关。

3. 揭示了行业市场化进程如何影响创新效率。

在理论层面分析了行业市场化进程对创新效率的影响及行业差异的基础上，运用动态面板 **SYS - GMM** 方法实证检验了行业市场化进程对创新效率的影响。结果显示：(1) 行业市场化程度的提高既优化了高技术产业的资源配置效率又促进了技术进步，进而促进了高技术产业创新效率的提高，且“入世”后的积极影响更大。行业特征影响着市场化进程对高技术产业创新效率的提升效果，在外向度较高、技术密集度较低的行业中，市场化进程对创新效率的促进作用更大。(2) 在行业外向度和行业技术密集度的不同门槛值区间，行业市场化进程对高技术产业创新效率、技术进步和创新资源配置效率的影响存在明显的差异。(3) 行业市场化进程通过降低政府干预、推进非国有经济发展、培育产品市场、培育要素市场、改善制度环境等传导机制，促进了高技术产业创新效率的提高，但五条传导机制的中介效应大小存在明显的差异，要素市场发展的中介效应最大，接着依次为制度环境、政府与市场关系、产品市场发展和非国有经济发展的中介效应。

4. 探讨了行业市场化进程对创新效率的影响。

从理论和实证两个层面研究了行业市场化进程如何影响高技术产业的创新产出，研究发现：(1) 市场化程度的提高对中国高技术产业创新产出有着正向的促进作用，且“入世”后的这种积极影响更大。行业特征影响着市场化进程对高技术产业创新产出的提升效果，在垄断程度较低、技术密集度较低且外向度较高的高技术行业中，市场化程度的提高对创新产出的促进作用更大。(2) 在行业市场化指数的五个方面指数中，政府与市场的关系、要素市场发育及制度环境对创新产出的贡献更大些，而五个方面指数“入世”前后的积极影响存在明显差异。(3) 在创新投入、行业外向度、行业技术密集度、企业规模和经济绩效不同的门槛值区间，市场化进程对创新产出的影响存在显著的差异，而创新投入、外向度、技术密集度、企业规模和经济绩效的适当改变可在一定程度上强化市场化进程对高技术产业创新产出的促进作用。

5. 研究了行业市场化进程是否促进了创新溢出。

将自主研发、外商直接投资、进口贸易和出口贸易等四种溢出渠道纳入同一分析框架，从理论和实证两个层面研究了行业市场化进程对创新溢出效率的影响。结果显示：(1) 行业市场化进程主要通过研发效应、资源配置效应、竞争效应、技术交易效应和人力资本效应等对全要素生产率产生积极影响；而且，在市场化程度较高的行业，研发投入、FDI、出口贸易和进口贸易对行业全要素生产率或者技术进步的正向影响都更显著；这表明了，行业市场化进程对研发投入、FDI、出口贸易和进口贸易等渠道的创新溢出都产生了促进作用。(2) 在行业市场化进程不同门槛值区间，研发投入、FDI、出口贸易和进口贸易对高技术产业全要素生产率的影响存在明显差异；这表明，行业市场化进程对四条渠道创新溢出的影响都存在门槛效应。

与已有研究不同，通过以上内容的研究，本书构建了一个 ICP-PD 的理论分析框架。本书系统地考察了行业市场化进程如何影响中国高技术产业创新，为解决中国高技术产业自主创新能力提升问题提供一个新视角。在理论上为培育和提升高技术产业自主创新能力提供了一种新的研究思路，在应用上为培育和提升产业自主创新能力提供了一条新实现途径。本书的研究，既拓展了传统产业组织理论 SCP 分析范式，又丰富和发展了创新理论，具有重要的理论价值。同时，本书的研究，可以从中国高技术产业发展的实际出发，为政府通过行业市场化改革来提升中国高技术产业的自主创新能力提供理论依据、实现途径和政策建议，具有重要的实践意义。

中国的市场化改革是由一系列经济、社会、法律体制的变革组成，涉及体制的方方面面，对中国高技术产业创新的影响远比本书的研究更为复杂，加上笔者水平有限，本书难免存在一些不足，敬请大家批评指正，共同推进这一领域的科学研究，更好地为实践服务。

戴魁早

2016年6月15日于杭州

目录

第一章

导　论

本章是开局篇和布局篇，将顺着以下思路讨论五个问题：（1）阐述提出本书研究选题的理由；（2）分析国内外的相关研究现状和趋势，找准研究问题的角度和起点；（3）界定重要概念；（4）提出研究问题的思路和方法；（5）进一步界定本书的研究范围，概述本书的基本架构及创新之处。

第一节　问题提出与研究意义

一、问题提出

随着知识经济的到来，世界经济发展已经进入高技术竞争时代。高技术产业作为利用高技术研发成果进行产品生产和服务的产业部门,① 创新是推动其发展的核心动力。从高技术产业发展较为成功的国家和地区看，研发（R&D）经费的大量投入是产业成长和发展的关键动力，因而促进研发投入的持续增长对高技术产业发展而言具有非常重要的意义。而且，对于中国这个发展中国家来说，在资源有限的硬约束下，如何有效地利用有限的创新资源，不断提高创新绩效也显得尤为重要。那么，哪些因素决定着产业创新投入的增长和创新绩效的提高呢?

国内外大量的研究都表明，企业规模（Cohen，Klepper，1996；Jefferson et al.，2006；吴延兵，2009）、盈利能力（张西征等，2012）、财税政策激励（Mohnen et al.，2008；朱平芳，徐伟民，2003）以及筹资环境（Canepa，Stoneman，2008；陈仲常，余翔，2007；解维敏，方红星，2011）等都是影响产业 R&D 投入的重要因素。而对具有清晰产权制度安排、成熟市场经济制度和完善法治环境的发达国家来说，企业规模（Freeman，Soete，1997；Gayle，2001；吴延兵，2006）、市场结构（Broadberry，Crafts，2000；Gayle，2001）和技术机会（吴延兵，2006）等都是影响产业创新绩效的重要因素。对正处于经济体制转型过程中的发展中国家——中国来说，产业 R&D 投入的增长还可能是由其市场化为导向的制度改革与完善所带来的（戴魁早，刘友金，2013a）；而且，市场化改革还可能促进产业创新绩效的提高（Jefferson et al.，2006；吴延兵，2006；成力为，孙玮，2012）。

---

① 自主创新对高技术产业的发展至关重要。由于高技术产业是利用高技术的研发成果进行高技术产品生产和服务的产业部门（史丹，李晓斌，2004），因而技术创新能力的提高在促进高技术产业发展中起着关键和核心作用。中国《高技术产业发展“十一五”规划》也明确指出，要把自主创新（包括技术创新）作为高技术产业发展的战略基点，通过完善技术创新体系、强化企业技术创新主体地位、培育自主知识产权核心技术和知名品牌，来着力提升产业自主发展能力。最后，高技术产业在一个国家产业发展过程中具有非常重要的意义。随着知识经济的到来，世界经济发展已经进入高技术竞争时代；由于高技术产业具有规模经济、范围经济、速度经济和关联经济等经济学特性（张陆洋，2001），高技术产业也日益成为推动经济持续增长的引擎。在发达国家竞相通过发展高技术产业来提高生产率、促进经济增长和保持国家竞争优势的同时，越来越多的发展中国家也将高技术产业确定为发展的战略重点和新的经济增长点（陈耀，2005）。对中国来说，发展高技术产业是优化产业结构、转变经济增长方式、培育国家竞争优势的重要战略和必然途径（金碚，2003；赵玉林，魏芳，2006）。

关于经济体制转型中制度因素对创新的影响研究，学术界还不够重视，相应的学术成果明显不足。国外的研究认为，一个软预算约束的集权经济对创新的阻碍作用（Qian，Xu，1998；Huang，Xu，1998）；其原因是，在高度集权的经济中，软预算约束使得企业家将创新资源更多地投入“寻租”领域，这会导致新产品创新投入的下降以及创新绩效的低下。与集权经济不同，自由市场经济下创新成功所带来的丰厚回报和竞争压力，则促使企业家坚持不懈地提高创新绩效（Baumol，2002）。早期针对中国的研究，大多集中于产权制度对创新绩效的影响，如姚洋和章奇（2001）、张等（2003）、杰弗森等（Jefferson et al.，2006）、吴延兵（2006）着重研究了市场化改革进程中产权制度对创新绩效的影响；[①] 结果发现，相对于其他类型产权制度企业而言，国有企业的创新绩效水平最低。[②] 鉴于仅采用产权制度指标无法准确地反映中国的市场化改革进程，成力为和孙玮（2012）[③] 采用了政府扶持、行业开放和要素市场三个指标衡量行业市场化进程，[④] 并在运用 DEA 的 Cost - Malmquist 指数测算创新效率的基础上，实证考察了市场化程度对创新绩效的影响；研究发现，政府资金扶持在长期内对创新效率产生了

---

① 这些研究都运用生产函数模型研究产权制度对创新产出的影响，在实证过程中，大多采用 R&D 资本支出（有些研究还包括 R&D 人数）来反映创新投入，采用授权专利数或新产品销售收入来代表创新产出。创新活动的绩效衡量，可以从效率绩效角度——创新效率或者结果绩效角度——创新产出进行测度；而从中国目前经济发展的需要出发，创新活动的效率绩效测度比结果绩效测度更适合中国集约型经济发展模式，它可以有效地体现有限创新资源下技术创新和资源配置的市场竞争力（官建成，陈凯华，2009）。

② 这些研究关注的市场化改革进程对绝对结果绩效——创新产出的影响，而没有关注其对创新过程的相对效率绩效——创新效率的影响；然而，在目前中国产业创新资源有限的条件下，从效率绩效角度考察产业创新活动更有利于改善创新活动的绩效，且对促进中国经济发展模式的有效转变起着重要的作用（官建成，陈凯华，2009）；可见，考察市场化改革进程对创新效率的影响也具有重要的现实意义。

③ 成力为和孙玮（2012）的研究存在一些重大缺陷，如计量模型缺乏理论依据，市场化改革进程衡量指标没有反映出全国市场化进程信息，没有考虑企业规模等市场结构因素对创新效率的影响；也没有考察市场化改革进程对创新效率的影响是否存在行业差异，而刘海云和唐玲（2009）发现，性质不同行业的效率存在着行业差异性。

④ 成力为和孙玮（2012）采用政府干预度、行业开放度和要素市场发育程度等三个方面指标，衡量行业的市场化程度。

负向影响，而行业开放及要素市场发展都显著地提高了创新效率。

纵观相关领域文献，尚未见有针对中国高技术产业的专题研究，而且中国的市场化改革是由一系列经济、社会、法律体制的变革组成，涉及体制的方方面面（樊纲等，2011），已有行业层面的研究仅选取一个或者少数几个指标，无法较准确地反映行业市场化进程的全貌，因而它们的研究结论是否可靠仍值得质疑。由此自然有这样的疑问：行业市场化进程对中国高技术产业的创新有着怎样的影响呢？行业市场化通过什么样的机制影响中国高技术产业的创新呢？

在当前创新驱动发展战略已经成为国家战略，[①] 以及发展高技术产业已经成为中国优化产业结构、转变经济增长方式、培育国家竞争优势重要战略的背景下，对这些问题进行解答有着重要的理论价值和现实意义。基于此，本书专门针对这些问题展开研究，试图通过本书的探讨，能够从理论和实证两个层面对上述问题进行较为系统地解答。

二、研究意义

本书拟在创新理论和产业组织理论以及市场化改革领域相关文献的基础上，深入系统地探讨行业市场化进程如何影响中国高技术产业的创新，具有重要的理论价值和现实意义。

首先，本书从理论和实证两个层面，系统地回答了行业市场化进程如何影响高技术产业的创新行为、创新过程、创新绩效和创新溢出，从而构建一个研究创新问题的 ICPPD 理论分析框架，丰富和

① 党的十八大明确提出了中国要实施创新驱动发展战略，促进经济发展方式加快转变。而提高产业自主创新能力，是实施创新驱动发展战略的重要方面。只有拥有强大的自主创新能力，才能在激烈的国际竞争中把握先机、赢得主动。国内外大量研究表明，自主创新能力的提高既源于研发投入的持续增长，还在很大程度上依赖于创新过程中创新资源利用效率的提升（Zhang et al. ，2004；Jefferson et al. ，2006）。因此，在当前形势下，促进创新投入的持续增长以及不断提高创新活动的绩效对提升本土企业的自主创新能力有着重要的现实意义。

发展了创新理论与市场化改革理论，具有重要的理论价值。

其次，本书系统地考察了行业市场化进程如何影响中国高技术产业创新，为解决中国高技术产业自主创新能力提升问题提供一个新视角。在理论上，为培育和提升高技术产业自主创新能力提供了一种新研究思路，在应用上，为培育和提升产业自主创新能力提供了一条新实现途径。

最后，本书的研究，可以从中国高技术产业发展的实际出发，为政府通过行业市场化改革来提升中国高技术产业的自主创新能力提供了理论依据、实现途径和政策建议，具有重要的实践意义。

第二节 国内外文献综合评述

一、创新的决定因素研究现状综述[①]

（一）创新投入的决定因素研究现状

1. 企业规模的影响

熊彼特认为，企业规模是决定创新投入的关键因素，大企业比小企业承担着更大比例的创新份额。[②] 熊彼特的观点得到了大量理

① 关于市场结构与创新的研究，详细文献见吴延兵（2007）《企业规模、市场力量与创新：一个文献综述》一文，载《经济研究》2007 年第 5 期。

② 熊彼特关于企业规模和市场力量促进创新的理论，是对传统经济理论的巨大挑战。新古典经济学将自由竞争市场视为促进经济增长的最有效的市场结构，并通过静态分析证明完全竞争是一种福利最大化的制度。熊彼特批评了主流经济学没有认识到资本主义包含着的变化，认为资源配置机制的效果应该以动态时间而不应以某时刻来衡量，要获得长期的福利最大化可能必须牺牲短期的效率。熊彼特还指出，企业拥有市场力量并没有消除竞争，而是出现了新的竞争方式。企业虽然通过创新在竞争中获得了有利地位，但其他企业也会以同样的方式取代现有企业的地位，这种创造性破坏过程推动了资本主义的发展。

论和经验支持（Demsetz，1969，Kamien，Schwartz，1970[①]；Jefferson et al.，2006；吴延兵，2009），但是，熊彼特“大企业创新激励越大”的观点也受到了很多学者的质疑，如谢雷尔（Scherer，1980）、卡米恩和思科瓦茨（Kamien，Schwartz，1982）却认为，存在一个规模的临界值，在临界值之前，研发强度随企业规模而增加；而在那些很大规模的企业中，研发强度甚至随企业规模增大而下降，而寇亨和柯乐普（Cohen，Klepper，1996）利用企业层面数据研究发现，企业规模对单位研发支出几乎没有影响。

2. 市场势力的影响

一种观点认为，关于市场力量与创新投入时要考虑可能的技术机会或市场环境的影响（Globerman，1973；Rosenber，1976；Wilson，1977；Lee，2005），即市场力量与产业R&D强度的关系取决于产业R&D专用性程度，专用性程度高的产业中，市场集中度对研发强度有显著负作用；反之亦然。第二种观点认为，市场势力与研发强度呈现倒“U”型关系（Scott，1984；Braga，Willmore，1991）。第三种观点认为，市场势力与研发行为相互影响（Levin，Reiss，1984；Lunn，1989），即市场集中度对R&D强度有显著正影响，而R&D强度对市场集中度也有促进作用。

3. 筹资环境的影响

如陈仲常和余翔（2007）的研究发现，外部筹资环境是影响企业研发投入的重要因素，但是，外部筹资环境未能充分满足企业研发筹资的需要，企业只能更多地依靠自身积累获得研发所需的资金和人力资源；而金融机构贷款和政府资金作为企业研发筹资的重要组成部分，对于弥补企业自身资金的不足发挥了一定的积极作用。而解维敏和方红星（2011）的研究显示，金融发展水平的提高推动

---

① 卡米恩和思科瓦兹（Kamien，Schwartz，1970）采用德姆赛茨模型以相同的初始产出水平对不同产业进行了比较，比较包括不同的产业结构（垄断与竞争）和不同的产业需求弹性。他们证明，无论产业结构如何，产业需求曲线的弹性越大，创新激励也就越大。通过对竞争产业和垄断产业进行比较，他们还发现，如果产业的需求曲线弹性相同，那么，垄断者创新的激励会更大。

了中国上市公司的研发投入增长，但政府干预弱化了金融发展的积极影响。

4. 其他因素的影响

如朱平芳和徐伟民（2003）的实证结果显示，财税政策激励促进了企业研发投入的增长；而陈仲常和余翔（2007）、戴魁早和刘友金（2013）的研究发现，新产品市场需求也是影响企业研发投入的重要因素；吴延兵（2009）认为，政府资助对激励企业 R&D 投入产生了重要作用；王任飞（2009）的研究结论显示，企业盈利能力也对企业 R&D 投入产生了重要影响；李春涛和宋敏（2010）则发现，CEO 的薪酬激励也能促进企业创新投入增长；此外，张杰等（2011a）以及戴魁早和刘友金（2015a，2015b）的研究还发现，中国各地区普遍存在的要素市场扭曲却抑制了企业研发投入的增长。

（二）创新绩效的决定因素研究现状

1. 企业规模的影响

大量文献发现，企业规模是影响创新绩效的重要因素，但研究发现却不尽相同。如鲍恩德等（Bound et al.，1984）研究发现，小企业占有 4.3% 的销售收入份额，却拥有 5.7% 的专利份额。而布兰德尔等（Blundell et al.，1999）以及盖尔（Gayle，2001）则发现，企业市场份额对创新数量有显著正影响。而克拉夫特（Kraft，1989）的研究却表明，企业规模对新产品销售收入份额有不显著的正影响。

2. 市场势力的影响

大量文献发现，市场势力是影响创新绩效的重要因素，但结论却不尽相同。有的研究发现，市场力量对新产品销售收入份额有显著正影响（Mansfield et al.，1971；Kraft，1989）。也有一些研究认为，市场力量与创新数量之间呈现倒“U”型特征，并且四厂商集中度为 54% 时，创新产出达到最大（Levin et al.，1985）。有的研究表明，市场力量与技术创新负相关（Koeller，1995；Blundell et al.，

1999；Broadberry，Crafts，2000；Gayle，2001）。

3. 其他因素的影响

如李平等（2007）的研究发现，人力资本和知识产权保护是影响创新绩效的重要因素，而且对不同来源的创新投入产出绩效的影响具有明显的差异，其降低了国内研发投入和FDI溢出的国外研发对自主创新的贡献度，却提升了进口和国外专利申请溢出的国外研发对自主创新的贡献度；而余永泽（2009）的研究结果显示，政府政策支持和企业自身的经营绩效也是影响创新绩效的重要因素；白俊红（2013）认为，地区经济发展水平、企业与科研机构合作、人力资本和政府资助都对创新绩效产生了显著影响；此外，吴延兵（2006）、戴魁早和刘友金（2013c）还发现，企业经济绩效也对创新绩效产生了重要影响。

二、市场化进程对创新的影响文献①

早期的研究主要关注产权结构或所有制性质对创新活动的影响。在国外，针对苏联问题的研究发现，在计划经济体制下工程技术人员面临着很多来自体制内的约束，他们因为得不到创新的收益而没有进行创新的激励（Berliner，1976）；提高工作努力的主要激励措施，是为从工业部门到国有企业的经理和工人，在不同的水平上确立产出的数量目标；在这种体制下，不可避免地会把数量目标作为最高目标，而几乎不考虑产品质量的改进（Ofer，1987）。正是由于几乎没有创新，造成苏联经济资本报酬的急剧下

① 因本书核心内容由戴魁早和刘友金（2013a，2013b，2013c）以及戴魁早（2015）修改和补充形成，所以文献未综述这些研究成果。具体文献包括论文《市场化改革对中国高技术产业研发投入的影响》（载《科学学研究》2013年第1期）（戴魁早，刘友金，2013a）、《市场化进程对创新效率的影响及行业差异：基于中国高技术产业的实证研究》（《财经研究》2013年第5期）（戴魁早，刘友金，2013b）、《行业市场化进程与创新绩效：中国高技术产业的经验分析》（载《数量经济技术经济研究》2013年第9期）（戴魁早，刘友金，2013b）、《制度环境、区域差异与知识生产效率：来自中国高技术产业的经验证据》（载《科学学研究》2015年第3期）（戴魁早，2015）。

降（Easterly，Fisher，1994）。此外，Qian 和 Xu（1998）、Huang 和 Xu（1998）的研究发现，软预算约束下官僚主义对创新产生了阻碍作用；其原因是企业家将资源投入“寻租”活动中去了；而自由市场经济为那些成功引入生产创新的企业家提供了丰厚的回报，自由市场经济中的竞争压力促使企业坚持不懈地投资于创新活动（Baumol，2002）。

在国内，早期的研究集中于产权制度对创新的影响，如姚洋和章奇（2001）的研究发现，集体、私营、外资企业的创新绩效都比国有企业高，原因是集体、私营和国外三资企业的激励和约束、监督机制结构有利于企业提高技术效率。张等（Zhang et al.，2003）的研究发现，国有企业的创新绩效低于非国有企业；而在非国有企业内部，外资企业比集体企业、股份公司有更高的创新绩效。杰弗森等（Jefferson et al.，2004）的研究表明，外资企业比国有企业有更高的研发强度。吴延兵（2006，2007）还表明，界定清晰的产权结构有利于激励技术创新和提高创新效率，不具有排他性的模糊的产权结构对技术创新和创新效率具有抑制作用。此外，李春涛和宋敏（2010）发现，国有企业在创新投入和创新产出都高于其他所有制企业，但是国有产权弱化了 CEO 薪酬激励对创新的促进作用。

鉴于仅采用产权制度指标无法准确地反映中国的市场化改革进程，成力为和孙玮（2012）采用了政府扶持、行业开放和要素市场三个指标衡量行业市场化进程，并在运用 DEA 的 Cost - Malmquist 指数测算创新效率的基础上，实证考察了市场化程度对创新绩效的影响；研究发现，政府资金扶持在长期内对创新效率产生了负向影响，而行业开放及要素市场发展都显著地提高了创新效率。

三、中国高技术产业创新研究现状

1. 中国高技术产业创新的影响因素研究

国内学术界从不同角度研究中国高技术产业创新的影响因素。

如蒋殿春和夏良科（2005）关注外商直接投资的影响，结果发现，FDI的竞争效应不利于国内企业创新能力的成长，但会通过示范效应和科技人员的流动等促进国内企业的创新活动；在国内企业中，国有企业和其他所有制企业受FDI的影响不尽相同，国有企业被FDI激发了更强的创新动力。而陈仲常和马红旗（2010）则在利用熵权法建立综合指标评价模型计算了中国高技术产业创新能力的基础上，考察了国际技术贸易对高技术产业创新能力的影响，结果表明，技术贸易对高技术产业技术创新能力具有结构性特征，1998～2002年，技术贸易的直接效应为负、间接效应为正，而2003～2007年，技术贸易的直接效应为正、间接效应为负。孙玮等（2010）关注技术来源对高技术产业创新效率的影响，研究发现，外商投资企业R&D溢出是促进中国高技术产业技术创新的主要外部力量，直接引进国际技术不仅没能帮助技术创新能力提升，反而呈现出显著的逆向技术扩散；相比于技术引进，国内技术购买对高技术产业技术创新效率影响较小。周明和李宗植（2011）利用空间面板模型分析方法，从产业集聚的视角对区域高技术产业创新能力进行了实证分析，分析结果表明，省域内的产业集聚因素和省际间的知识溢出显著影响区域高技术产业的创新产出。此外，还有一些学者研究发现，本土技术溢出（魏守华等，2009）、人力投入（支燕，2009）、企业绩效（姚公安，李琪，2009）以及企业知识基础（刘岩，蔡虹，2011）等，都是影响中国高技术产业创新的重要因素。

2. 中国高技术产业创新的投入产出效率研究

国内学者运用不同方法对创新的投入产出效率进行了测算，由于方法和数据的不同，这些研究的测算结果不尽相同。如朱有为和徐康宁（2006）、李邃等（2010）、李向东等（2011）采用随机前沿方法对中国高技术产业的创新效率进行了测算，结果显示，考察期内高技术产业研发创新效率整体偏低，但其时间演变基本呈现出逐年上升的良好态势（李向东等，2011）；而且各省区市高技术产业创新效率存在明显差异，东部高于西部、西部又高于中部，一定程度上显示出创新效率与经济发展的较好结合（李邃等，2010）。而官建成和陈凯华（2009）则综合运用数据包络分析的松弛测度模型和临界效率测度模型，对中国高技术产业技术创新活动的技术效率、纯技术效率、规模效率、规模状态进行了测度；研究表明，虽然中国高技术产业纯技术效率在逐年改善，但规模效益较差，规模效率逐年削弱，且生产规模处于最优状态的份额仅占38%。成力为等（2011）利用三阶段DEA－Windows方法测度了高技术产业的相对效率差异，研究发现，创新效率主要受制于低配置效率，而且内外资部门创新效率的差别主要在配置效率上，创新研发效率的差别主要在规模效率上，研发效率和纯技术效率差异不显著。

3. 中国高技术产业集群的创新问题研究

高技术产业集群的创新问题也吸引了一些学者的关注，如魏江和朱海燕（2006）探讨了高技术产业集群技术创新过程模式的演化，研究认为，高技术产业集群需要借助模块分包运作模式在配套企业之间进行更加丰富的技术学习活动，在群内企业之间架起协同配套网络，达到集群内网络资源共享，从而实现网络化创新。而张秀武和胡日东（2008）则实证考察了高技术产业集群技术创新的驱动力，结果表明，考虑了R&D存量因素的知识生产函数能够比较准确地揭示区域高技术产业知识生产的投入产出关系，区域内的产业集群因素和区域间的知识溢出都对区域高技术产业创新产出影响显著。朱秀梅（2008）则对高技术产业集群技术创新的路径和机理进行了实证分析，研究发现，隐性知识溢出对高技术产业集群创新具有重要的推动作用；吸收能力既对企业创新绩效具有直接作用，也对知识溢出与企业创新绩效的关系具有调节作用。

4. 中国高技术产业创新的其他问题研究

如苟仲文（2006）从中国高技术产业创新机制入手，定性地探讨了创新体系中技术创新、产业链创新、产业集聚创新、应用创新和政策创新等五方面创新内容的形成机理；研究认为，高技术产业这五个方面的创新是创新体系中不同运行机制互相作用的结果，从而形成了高技术产业完整的创新体系。而宋河发和穆荣平（2009）关注了高技术产业的自主创新能力评价，研究发现，自主创新能力测度应遵循以技术创新为中心，边界合理，符合创新价值链的过程特点，体现政府和企业创新倾向，体现自主性，绝对指标与相对指标兼顾等原则；中国高技术产业的自主创新能力上升迅速，三资企业创新能力最强，国有企业创新能力增速最慢，民营集体企业创新能力虽然上升速度较快，但近几年一直呈下降趋势。徐玲和武凤钗（2011）则利用因子分析法综合评价了31个地区高技术产业技术创新能力，研究结果显示，东部地区技术创新能力优势明显，与其经济发展水平基本一致；而影响高技术产业技术创新能力的因素，按权值大小依次为创新人力、经费投入指标与创新产出能力指标、经营环境指标等。此外，还有一些研究考察了创新对高技术产业生产率增长（李邃等，2010）、竞争力（杨杰等，2010）和出口（黄亦君，2009）的影响。

四、目前研究文献的综合性评述

综观已有的研究成果，无论是理论研究还是实证研究，仍存在一些不足：

（1）关于创新决定因素和中国高技术产业创新问题的相关研究文献，尚未考虑市场化进程的影响。而关于市场化进程对创新影响的相关文献，大多选取一个指标或者少数几个指标反映市场化进程，且行业层面的研究较少，尚未有针对中国高技术产业创新问题的专题研究。

（2）关于市场化进程对创新影响的文献，大多关注市场化进程对创新产出的影响，尚未关注行业市场化对创新投入、创新效率和创新溢出的影响，而创新投入、创新效率和创新溢出都是创新的重要环节，因而，需要系统地研究行业市场化对中国高技术产业创新的这些环节产生了怎样的影响。

(3) 关于市场化进程对创新影响的文献，尚未关注行业特征或者企业特征如何影响市场化进程对创新产生的影响，而且尚未关注市场化进程影响创新的内在机制，因而无法揭示市场化进程影响创新的内在规律。

基于此，本书试图在国内外已有研究的基础上，从行业层面构建一套较全面的评价指标体系对中国高技术产业的市场化程度进行衡量，进而采用科学合理的方法考察行业市场化进程对创新的影响及行业差异或企业差异，进而揭示行业市场化影响中国高技术产业创新行为、创新过程、创新绩效和创新扩散的内在规律，为解决中国高技术产业自主创新能力的提升问题提供一个新的解决思路，以及相应的理论依据和实现途径。

第三节 概念界定与理论框架

一、概念界定

1. 市场化进程概念

从国外来看，美国传统基金会认为，市场化进程的实质在很大程度上便是经济的自由化过程，即对于政府在生产、分配、消费等方面管束的消除过程。而经济自由化的过程，首先，是个人的经济自由权利得以逐步确立、有效实施和切实保障的过程；既包括市场基础设施的建立和完善，也包括制度性市场规则和运行市场规则的实施，以及各经济主体行为的规范（美国传统基金会，1998）。依据这一定义，美国传统基金会构建一套评价指标体系测算各个国家或地区的市场化程度；1998 年度的《经济自由化指数》分为十项因素，[①] 共有50项变量或指标。[②] 这十项因素分别是贸易政策、税收、政府的经济干预、货币政策、资本流动及外资政策、金融、工资及物价控制、产权、规制以及黑市。[③] 而欧洲复兴开发银行（EBRD）则认为，市场化进程主要体现在价格自由化、企业改革、私有化、外汇和外贸自由化、竞争性政策、金融机构改革等方面。[④]

从国内来看，卢中原和胡鞍钢（1993）较早进行的界定认为，市场化进程的内涵包括投资市场化、价格市场化、生产市场化以及商业市场化等四个方面，进而以此构建了一套评价指标对当时中国的市场化程度进行了评估。[⑤] 随后，又有一些学者及机构作了相关的研究，如陈宗胜（1999）认为，市场化进程就是市场机制在经济中对资源配置的作用程度不断增大的过程，而且，市场化进程需要

---

① 1998年度的《经济自由化指数》已涵盖了156个国家和地区的经济自由化程度。据测算，该年度中国香港在全球排名第一，新加坡第二，美国第五，中国台湾第七，中国则位列120名。从方法论角度看，传统基金会的研究并不十分复杂。根据1998年度的《经济自由（化）指数》，该机构总共设置了50项变量或指标，并将其分为十项因素，分别予以估测；然后，将分值进行加权平均，便获得某国（地区）的经济自由（化）指数。显然，该方法体现了“从基本指标到自由化指数”这样一种简洁的逻辑关系。

② 《经济自由化指数》的测算与中国学术界相关研究显著不同的是，各项因素的评估采用了分值测度的方法，即预先就分值的含义、依据等作出规定，然后，根据原始资料而对各项因素进行打分和评估。这就避免了直接从相关指标的数值获取测度结果的错误方法。该机构将各项因素的分值大致列为五等，并规定了每一等级的具体标准。分值1分表示该项因素的评定最好；5分则最差。将各项因素的分值进行加权平均，便可获得同样用分值表示的经济自由（化）指数。指数在1.99表示“经济自由”，指数2.00~2.99表示“比较自由”，3.00~3.99表示“比较不自由”，4分及以上表示“不自由”。

③ 该报告在1995年开始编制，每年编制一次；不同年份十项因素的名称和指标有所不同。2015年《经济自由度指数》10项评估因素是：营商自由、贸易自由、财政自由、政府开支、货币自由、投资自由、金融自由、产权保障、廉洁程度和劳工自由，报告对全球178个经济体的经济自由度作出排名。

④ 欧洲复兴开发银行（EBRD）在每年一度的《转型报告》（Transition Report）中对27个转型国家在各方面的改革进行打分所形成的市场化转型指标。

⑤ 详见《市场化改革对我国经济运行的影响》一文（卢中原，胡鞍钢，1993）。具体评价方法是，首先针对投资市场化指数、价格市场化指数、生产市场化指数以及商业市场化指数等四种单项的市场化指数进行测算，然后通过加权计算出一个综合的（总）的市场化指数。这一测度的优点是方法简便，资料易取；其缺陷是不够全面、深入，对市场化含义的理解较为狭隘。因此，他们所获取的总指数明显高估了中国的市场化进程（例如，根据该文，1992年中国市场化程度已达到63.23%）。他们也由此成为中国市场化测度中“宽派”的代表人物。

从体制构成、主要产业部门和地区差别等角度分别进行评估。[①] 而北京天则经济研究所（1999）[②] 则认为，市场化进程就是经济市场化的过程，主要体现在政府行为、企业行为和市场（包括商品市场、劳动力市场、金融市场、房地产市场和技术市场）之间关系的变化等方面，并从经济体制构成、产业结构和地区差别等角度进行了测算，结论是中国经济市场化程度当年已达60%。

在研究框架方面，国内外大多数研究主要侧重于从经济自由化程度界定市场化进程，而对市场体系的建设重视不够（樊刚等，2011）。为了尽量克服上述研究的不足，樊纲等（2001，2009，2010，2011）把市场体系各个方面的建设看作一个系统发育和逐步完善的过程，并从政府与市场的关系、非国有经济的发展、产品市场的发育程度、要素市场的发育程度、市场中介组织发育和法律制度环境等方面界定市场化进程的内涵。依据这样的定义，樊刚等构建了一套指标体系对中国市场化进程进行了评估。樊刚等（2011）指出市场化指数是由多方面、多个指标所构成的体系所支撑、所构成，主要体现了政府与市场的关系、非国有经济的发展、产品市场的发育程度、要素市场的发育程度、市场中介组织发育和法律制度环境五个方面市场化的进展。[③] 而且，每个"方面指数"反映市场

---

① 详见由上海人民出版社出版的著作《中国经济体制市场化进程研究》（陈宗胜，1999年）。该书关于中国市场化测度包括以下四个方面：（1）经济体制主要构成部分的市场化，即关于企业、政府及各类市场的市场化测度；（2）经济中主要产业部门的市场化，即关于农业、工业及外贸领域的市场化测度；（3）中国不同区域的市场化、即关于各省、自治区、直辖市的市场化测度与排序，以及东、西、南、北、中部各大区域的综合分析；（4）中国的总体市场化测度。据统计，在对中国的市场化测度中，该书共设立了50余个指标，通过体制构成、产业部门、地区差别三个不同的角度，分门别类地考察具体而局部的市场化程度。

② 载于1999年8月3日的《中国经济时报》。

③ 市场化指数是一个相对的而不是绝对的表示各地区市场化水平的指标，它并不是表明各地区本身"离纯粹的市场经济还有多远"。迄今，经济学理论和实践并没有给出一个百分之百市场化的模式和范例，想以一个"纯粹的"市场经济为参照系来衡量市场化的绝对程度也是不现实的。这套指数设计的主要目的在于，将各地区的市场化程度进行横向比较，同时也反映各省区市沿时间顺序的市场化程度变化，对它们的进步或退步作出评价。

化的一个特定方面，每个方面指数又由几个分项指数组成，有的分项指数下面还有二级分项指数，最下面一级的分项指数为基础指数；形成该指数体系的基础指标目前共有23项，它们都来自客观的统计数据或调查数据。①

由于市场化改革是一系列经济、社会、法律体制的变革，涉及体制的方方面面，而樊刚等（2011）的市场化进程界定提供了更加丰富的市场化内涵，因而得到了学术界广泛的认同（方军雄，2006，2007；戴魁早，刘友金，2013a；2013b；2013c；戴魁早，2016）。为了较全面地研究行业市场化进程对创新的影响，本书借鉴樊刚等（2011）定义，将行业市场化进程界定为涵盖政府与市场关系、非国有经济的发展、产品市场发育程度、要素市场发育程度和法律制度环境等五个方面进展的制度改革过程。

2. 创新概念的界定

创新概念在发展过程中的含义是不断发展变化和深入的。②

从国外来看，熊彼特认为，创新实际上是把一种从来没有过的关于生产要素和生产条件的“新组合”引入生产体系，这种新组合包括五项内容：引进新产品；引进新技术；开辟新市场；掌握新的

① 关于樊刚等（2011）的市场化指数计算，将各正向基础指标在基期年份的分省区市最大值和最小值分别定义为10分和0分（负向指标则分别为0分和10分），根据每个省区市基期年份的指标值与最大指标值和最小指标值的相对位置确定其得分，从而形成与该指标对应的基础指数。若干基础指数合成上一级分项指数或方面指数，五个方面指数合成市场化总指数。这样形成的市场化指数，反映的是不同省区市以基期年份为标准的市场化相对进程。早期的市场化指数，采用主成分分析法确定分项指数和方面指数的权重。为了避免因为改变指标的权重而导致不同年份数据不可比，最新的历年市场化指数采用算术平均法计算各分项指数和方面指数的权重，从而保持了跨年度数据的可比性。更详细的计算方法，可参见《中国市场化指数：各地区市场化相对进程2009年报告》（樊纲，王小鲁，朱恒鹏，2010）。

② 自熊彼特提出创新概念并初步奠定创新理论基础以来，随着创新理论的不断发展，国内外学术界对创新的概念和含义也不断进行着深入研究。虽然至今仍然没有一个统一的概念，甚至还存在许多争论，但是创新在社会和经济发展中的重要作用日益受到各国政府、学术界和企业界的广泛关注，并逐渐形成共识。

原材料供应来源；实现新的组织形式。[①] 美国著名学者曼斯菲尔德（Mansfield，1968）有关创新定义的观点得到后来学者的广泛认同，[②] 即创新是一项探索性活动，开始于企业对新产品的构思，而终结于新产品的销售和交货；J. M. 厄特巴克（J. M. Utterback，1974）指出，与发明或技术样品相区别，创新就是技术的实际采用或首次应用。[③] C. 弗里曼（C. Freeman，1973，1982）提出，技术创新就是新产品、新过程、新系统和新服务的首次商业性转化。尼尔森（Nelson，1986）则将创新定义为，是以其构思新颖性和成功实现为特征的有意义的非连续性事件。[④]

从国内来看，傅家骥（1998）、柳卸林（2014）等认为，狭义创新是指，始于研究开发而终于市场实现；广义创新则是，始于发明创造而终于技术扩散。而陈至立（2005）则认为，创新从内容上包括三方面的含义：一是原始性创新，即通过科研和开发，努力获得更多科学发现与技术发明；二是集成创新，即通过各种相关技术成果融合汇聚，形成具有市场竞争力的产品和产业；三是引进技术消化、吸收和再创新，在积极引进国外先进技术与设备的基础上，进行充分地消化吸收和再创新。戴魁早（2015）在借鉴傅家骥

① 熊彼特比较全面地界定了资本主义经济运行中创新的内涵，认为经济体系中的创新是由生产者主导，通过上述五个途径改进生产方式的行为。其论述主要有两点：其一，创新的主体是作为生产者的企业，尤其是那些具有冒险精神的企业家，即创新不仅仅是科学家、技术人员的任务。其二，创新的实质是将生产要素进行新的组合，不仅仅是反映科学技术变革的技术创新，还包括企业组织结构、管理模式等方面的创新。

② 索洛（Solow，1941）提出，技术创新成立必备的两个条件：新思想来源和以后阶段的实现发展。以罗默（Romer）为代表的内生增长学者将创新与技术进步归结为既有制度框架下，私人追求利润的结果。他们认为，技术进步是由经济活动参与者根据市场情况内在决定的，尽管并非所有创新都完全是市场直接推动的，但市场是影响创新的最终或关键性决定力量。伊诺思（J. L. Enos，1962）认为，技术创新是几种行为综合的结果，这些行为包括发明的选择、资本投入的保证、组织建立、制定计划、招用工人和开辟市场等。

③ 曼斯菲尔德（Mansfield，1968）、厄特巴克（J. M. Utterback，1974）的创新概念，应该包括新思想创造、研发与问题解决、商业应用三个环节，前两个环节属于技术范畴，指产品技术功能上的改进，第三个环节要求技术创新必须与商业应用相结合。

④ 创新也被定义为技术变革的集合，包括新的产品或改进的产品、过程或服务引入市场，以及模仿和不需要引入新技术知识的改进（S. Myers，D. G. Marquis，1969，1976）。

(1998）和柳卸林（2014）定义的基础上，将创新定义为是始于研究开发而终于市场实现的技术创新，并将这个过程分解为三个环节，即创新行为、创新过程和创新绩效，且用研发投入、创新效率和创新产出等指标来刻画创新的不同环节，见图 1.1。

综上所述，国内外学者给出了许多不同的有关创新的定义，其主要原因在于创新是一个涉及范围较广、内涵丰富且又十分复杂的过程，因而从不同角度进行研究将会赋予不同的含义。①

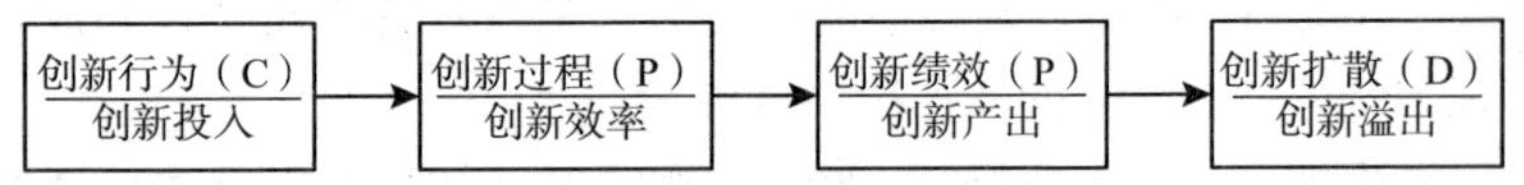

图 1.1　创新概念的界定

为了较全面地研究行业市场化对创新的影响，本书对戴魁早（2015）的创新内涵进行了拓展，将创新界定为是始于研究开发②（R&D③）而终于技术扩散（这与傅家骥（1998）的广义创新定义很接近)。并且，用创新投入、创新效率和创新产出来刻画创新行为、创新

① 对于经济学家，主要侧重于技术变化对经济发展的推动作用，并试图发现二者之间的联系。他们一般从以下三个环节进行研究和表述，即从技术发明到运用，从新产品出现到扩散，从生产到获得市场利润。对于技术专家，主要侧重于科技进步对物质性生产力的影响，并努力探究两者之间的数量关系。他们一般也从三个环节来进行研究和表述，即从技术的获取与掌握到扩散与渗透，从商业化到创造利润，从建立新的生产体系到产业结构发生变革。

② 研究与发展（R&D）活动，指为增加知识的总量（其中，包括增加人类、文化和社会方面的知识)，以及运用这些知识去创造新的应用而进行的系统的、创造性的工作。研究与试验发展活动的基本特征是：具有创造性；具有新颖性；运用科学方法；产生新的知识或创造新的应用。在上述条件中，创造性和新颖性是研究与试验发展的决定因素，产生新的知识或创造新的应用是创造性的具体体现，运用科学方法则是所有科学技术活动的基本特点。而研究水平、任务的来源（国家或省级）和研究中所采用的技术，均不是构成研究与试验发展（R&D）活动的基本要素。按活动类型，可以把研究与试验发展活动分为基础研究；应用研究；试验发展。基础研究和应用研究，统称为科学研究。

③ 联合国教科文组织（UNESCO）和经济合作与发展组织（OECD）都将 R&D 定义为：为了增加包括人、文化和社会知识在内的知识总量，并且利用这些知识总量去创造新的应用而进行的系统的、创造性的活动。联合国教科文组织的定义，是创新的应用而进行的系统的、创造性的工作。经济合作与发展组织（OECD）对 R&D 的定义是，研究与开发是在一个系统的基础上的创造性工作，目的在于丰富有关人类、文化和社会的知识库，并利用这一知识进行新的发明。

过程和创新绩效，采用全要素生产率（TFP）来刻画创新扩散的效果。

二、理论框架

自熊彼特提出创新理论以来，不同市场结构对创新的影响，一直是产业组织理论的焦点问题之一。众多学者（Cohen，Klepper，1996；Jefferson et al.，2006；吴延兵，2009；戴魁早，刘友金，2013a，2013b，2013c）在产业组织理论重要分支哈佛学派的 SCP 范式下，探究了市场结构与创新行为（R&D 投入）、创新绩效（专利产出和新产品产出）之间的关系。然而，已有研究大多是针对西方发达国家——特别是美国，这些国家有清晰的产权制度安排、成熟的市场经济制度和完善的法治环境，研究者往往将研究的重点集中于企业规模和市场集中度等非制度因素对创新行为的影响。但对处于经济转型期的国家——中国而言，制度因素也是影响企业创新行为的重要因素（Baumol，2002；吴延兵，2007，2009；蔡地，万迪昉，2012）。为此，需要在 SCP 范式的基础上，构建涵盖了制度因素 I（Institution）扩展的分析框架来探讨经济体制转型时期制度因素对创新行为（R&D 投入）的影响。在运用 SCP 范式研究中国经济体制转型时期制度因素的影响时，于良春和张伟（2010）构造了扩展的 ISCP 分析框架探讨了垄断行业市场化改革对行业效率提高的影响。

基于此，本书借鉴于良春和张伟（2010）等构建起的 ISCP 分析框架，结合前文对创新的定义（包括“创新行为→创新过程→创新绩效→创新扩散”），形成了行业市场化进程影响创新的 ICPPD 分析框架，如图 1.2 所示。由于市场化改革是推动中国制度环境变化的主要因素，因此，本书中的 I（Institution）是指高技术产业的市场化进程。作为企业或者行业创新的制度环境，市场化进程不仅会对创新行为（C，Conduct）产生影响，又会对厂商的创新过程（P，Process）产生影响，还会影响厂商的创新绩效（P，Performance），最后，会对创新扩散（D，Diffusion）产生作用。

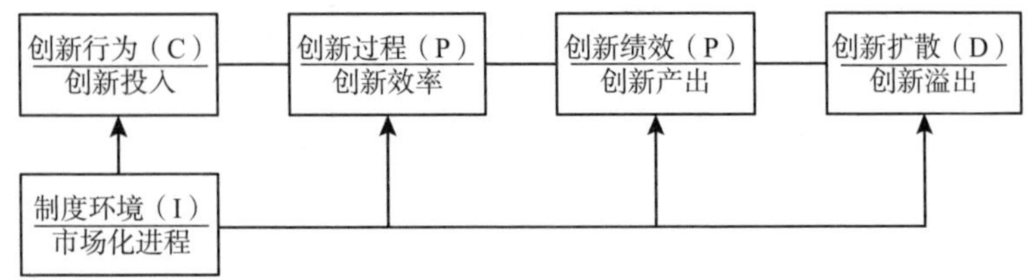

图 1.2　ICPPD 理论框架：市场化进程影响创新的理论框架

第四节　研究思路和研究方法

一、研究思路

本书研究的目标是，综合运用微观经济学、产业组织和创新等理论，以国内外学者已有的研究成果为基础，在产业组织理论框架下来研究行业市场化进程如何影响创新（包括创新投入、创新效率、创新产出和创新溢出），从而构建一个研究行业市场化进程影响创新的 ICPPD 分析框架，如图 1.2 所示；其中，I（Instituition）反映行业市场化进程，C（Conduct）表示企业或产业的创新行为，P（Process）表示企业或产业的创新过程，P（Performance）表示企业或产业的创新绩效，D（Diffusion）表示企业或产业的创新扩散。借助构建的 ICPPD 分析框架，揭示行业市场化进程影响创新投入、创新效率、创新产出和创新溢出的内在规律。在理论上探索一种培育和提升产业自主创新能力的新研究思路，在应用上寻求一条培育和提升产业自主创新能力的新实现途径。

鉴于前文对创新的定义，见图 1.2，本书将传统的产业组织分析范式——“结构→行为→绩效”（SCP）拓展为“行为→过程→绩效→扩散”（CPPD）分析框架，按照图 1.3 的研究思路展开研究：首先，在界定行业市场化进程和创新等重要概念的基础上，界定本书的主要研究对象和范围。然后，运用理论分析和实证分析相结合的方法，测算中国高技术细分行业市场化程度。接下来，借助构建的 ICPPD 分析框架，运用中国高技术产业的数据进行实证考察行业市场化进程对创新投入、创新效率、创新产出和创新溢出的影响。最后，根据研究结论，从行业市场化视角提出提升中国高技术产业自主创新能力的政策建议。

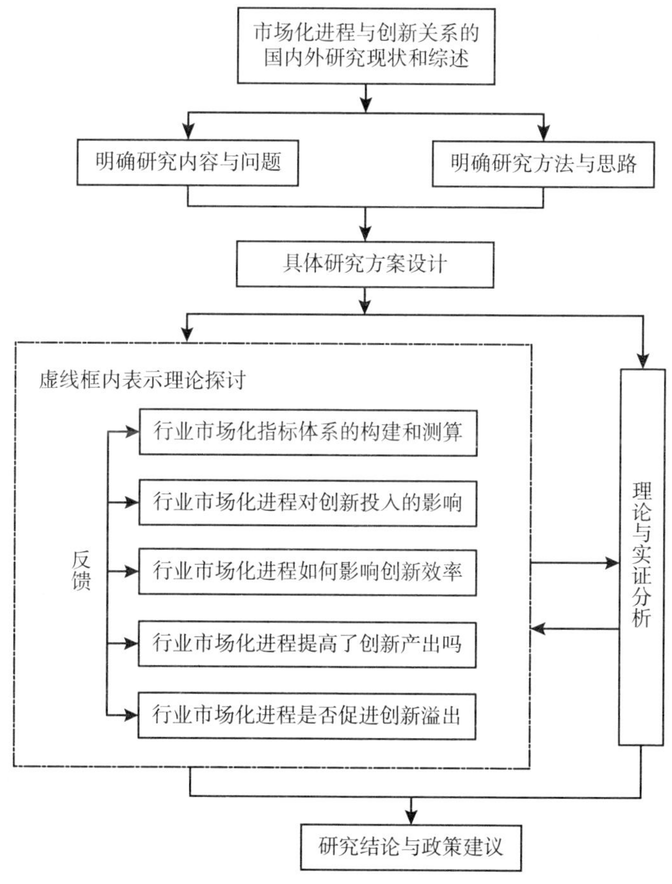

图 1.3 研究思路和技术路线示意

二、研究方法

本书通过对既有相关领域文献的梳理和归纳，从理论层面深入分析行业市场化进程如何创新的基础上，利用统计软件（如，Stata软件）及多种面板数据计量方法，对理论分析的结论进行实证检验。在实证分析中，本课题将运用较为前沿的面板数据计量分析方法、基于DEA的Malmqusit生产率指数等方法，以确保研究方法的科学性、研究结论的准确性与可靠性。

1. 理论分析与实证分析相结合的分析方法

本书不仅从理论层面系统地分析行业市场化进程对创新投入、创新效率、创新产出和创新溢出的影响，而且以理论分析为基础，运用多种面板计量方法，系统地考察了行业市场化进程如何影响中国高技术产业的创新投入、创新效率、创新产出和创新溢出。

2. 基于DEA的Malmqusit生产率指数方法

测算了高技术细分行业创新效率的变化，及其分解指数资源配置效率、技术效率的变化，以分析高技术行业创新过程效率的动态变化、特征及行业差异。

3. 运用动态面板数据GMM等计量方法

实证检验了行业市场化进程对创新投入、创新效率、创新产出和创新溢出的影响；运用乘积项方法和中介效应检验方法检验了行业市场化进程影响创新投入的传导机制；运用面板门槛模型和动态面板GMM方法，实证检验了行业市场化进程是否通过创新投入、行业外向度、行业技术密集度、企业规模和经济绩效等中介效应影响创新产出；运用面板门槛模型检验了行业市场化进程对自主研发、外商直接投资、进口贸易和出口贸易四条渠道创新溢出的影响，是否存在门槛效应。

第五节 研究内容和创新之处

一、研究范围的界定

国际上，一般采用技术密集度（R&D 经费强度或 R&D 人力强度）作为确定高技术产业的基本依据。不同时期，高技术产业涵盖的范围有所不同，具体来说：

（1）1986 年，经济合作与发展组织（OECD）第一次正式给出高技术产业的定义，用 R&D 经费强度（R&D 经费占产值的比重）作为界定高技术产业的指标。OECD 按照国际标准产业分类第 2 版（ISIC - Rev. 2），并依据 OECD 比较典型的 13 个成员 20 世纪 80 年代初的有关数据，将 R&D 经费强度明显较高的 6 类产业，航空航天制造业、计算机及办公设备制造业、电子及通信设备制造业、医药品制造业、专用科学仪器设备制造业和电气机械及设备制造业，确定为高技术产业。

（2）1994 年，OECD 重新计算了制造业的 R&D 经费强度。[①] 选用 R&D 总经费（直接 R&D 经费 + 间接 R&D 经费）占总产值的比重、直接 R&D 经费占总产值的比重和直接 R&D 经费占增加值的比重三个指标，根据 1973 ~ 1992 年 10 个更为典型的成员国的数据，将技术密集度较高的航空航天制造业、计算机及办公设备制造业、电子及通信设备制造业和医药品制造业等 4 类产业确定为高技术产业。

（3）2001 年，OECD 依照国际标准产业分类第 3 版（ISIC -

① 其原因是，随着经济发展中知识和技术因素的急剧增长，产业 R&D 经费强度发生了重大变化。

Rev. 3）重新确定了高技术产业新的分类标准，根据 1991 ~ 1997 年 13 个成员的平均 R&D 经费强度（R&D 经费占产值和增加值的比重），将制造业中的航空航天制造业，医药制造业，计算机及办公设备制造业，无线电、电视及通信设备制造业，医疗、精密和光学科学仪器制造业等五类产业确定为高技术产业。

鉴于不同时期高技术产业涵盖的范围都有所不同，因此对所研究的高技术产业范围进行界定显得十分必要。本书拟选定的所研究高技术产业为《中国高技术产业统计年鉴》中所界定的高技术产业,① 包括化学药品制造业、中药材及中成药加工业、生物制品制造业、飞机制造及修理业、航天器制造业、通信设备制造、雷达及配套设备制造业、广播电视设备制造业、电子器件制造业、电子元件制造业、家用视听设备制造业、其他电子设备制造业、电子计算机整机制造业、电子计算机外部设备制造业、办公设备制造业、医疗设备及器械制造业、仪器仪表制造业等 17 个细分行业。理由是：(1)《中国高技术产业统计年鉴》中所界定的高技术产业基本涵盖了 OECD（2001 年）和中国国家科技成果办公室所界定的高技术产业；(2)《中国高技术产业统计年鉴》为所界定的高技术产业提供了比较全面和连续的数据，这样有利于进行实证研究。

二、研究的主要内容

1. 测算了中国高技术产业市场化进程

从政府与市场的关系、非国有经济的发展、产品市场与要素市场的发育程度以及制度环境等五个方面构建一套评价行业市场化进程的指标体系；依据构建的行业市场化进程指标体系，从行业层面分析高技术产业市场化进程的总体趋势及其行业差异。测算高技术

① 中国国家科技成果办公室对高技术的定义是，高技术是指，建立在综合科学研究基础上，处于当代科技前沿，对发展生产力、促进社会文明和增强国家实力起先导作用的新技术群。而高技术对国家整体实力的影响，是通过高技术产业化的途径实现的。

产业市场化进程五个方面指数的变化趋势及行业差异，并比较“入世”前后五个方面行业市场化进程指数的差异。

2. 考察了行业市场化进程对创新投入的影响

在理论层面分析行业市场化进程影响创新投入机制的基础上，从行业层面对理论分析假说进行经验验证，以检验行业市场化进程对创新资本投入和创新人力投入的影响及其差异；并考察了五个方面行业市场化指数对创新资本投入和创新人力投入的影响差异；进一步，运用乘积项方法和中介效应检验方法，考察了行业市场化进程如何通过新产品需求、筹资环境和产权结构等传导机制影响高技术产业研发投入。

3. 揭示了行业市场化进程如何影响创新效率

首先，理论层面分析了行业市场化进程影响创新效率的机制，以及行业市场化对不同特征行业创新效率的影响差异；其次，采用Malmquist 指数测算高技术产业创新效率的动态变化，并运用动态面板 SYS - GMM 方法实证检验了行业市场化进程对创新效率的影响及行业差异；在运用门槛模型检验行业特征对市场化进程创新效率效应的影响是否存在门槛特征的基础上，运用中介效应检验方法，实证考察行业市场化进程影响高技术产业的创新效率的传导机制。

4. 探讨了行业市场化进程对创新效率的影响

在理论层面分析行业市场化进程如何通过五个方面指数影响创新产出以及行业特征如何影响行业市场化对创新产出产生的促进作用基础上，运用动态面板 SYS - GMM 方法实证检验行业市场化进程对高技术产业创新产出的影响及行业差异，以及五个方面指数对创新产出的影响差异；进一步地，运用面板门槛模型和动态面板 GMM 方法，实证检验哪些因素对行业市场化进程与创新产出之间的关系产生了中介效应。

5. 研究了行业市场化进程是否促进了创新溢出

以理论层面分析行业市场化进程影响创新溢出的理论机制为依

据，构建计量模型并运用动态面板 SYS - GMM 方法检验行业市场化进程对全要素生产率的影响，以及行业市场化进程对研发投入、FDI、出口贸易和进口贸易等四条渠道创新溢出的影响差异；在此基础上，运用面板门槛模型，实证验证了行业市场化进程对研发投入、FDI、出口贸易和进口贸易等四条渠道创新溢出的影响是否存在门槛效应。

三、研究的创新之处

本书研究的创新之处主要表现在：

第一，构建一个 ICPPD 的理论分析框架，从理论和实证两个层面系统地探讨了行业市场化进程如何影响高技术产业的创新。

这既拓展了传统产业组织理论 SCP 分析范式，又丰富和发展了创新理论。同时，本书既在理论上为培育和提升产业的自主创新能力提供了一条新思路，又为政府从行业市场化的视角培育和提升高技术产业的自主创新能力提供了理论依据、实现途径和政策建议。

第二，市场化改革进程是一个系统的过程，本书从政府与市场的关系、非国有经济的发展、产品市场的发育程度、要素市场的发育程度、市场中介组织发育和法律制度环境等方面构建了一套评价指标体系，对中国高技术细分行业市场化程度进行了衡量。本书的评价指标体系反映了更加丰富的行业市场化进程内涵，符合行业市场化进程的特点，又具有较长期间的数据，优势很明显。这为行业市场化进程的测算，提供了新的评价指标体系。

第三，构建一个涵盖制度因素的 ISEC 分析框架研究了行业市场化改革与创新投入的内在关系，在考虑产权结构、新产品需求和筹资环境影响前提下，实证考察了行业市场化水平对中国高技术产业创新投入的影响，并考察了五个方面行业市场化进程指数对创新资本投入和创新人力投入的影响差异，进一步运用乘积项方法和中介效应检验方法，检验了行业市场化进程如何通过新产品需求、筹资环境和产权结构等传导机制影响高技术产业研发投入，这是既有研究尚未涉及的领域。

第四，在应用 DEA 的 Malmquist 指数测算高技术产业创新效率的动态变化的基础上，实证考察了行业市场化进程对创新效率的影响。并分析了在外向度和技术密集度等不同行业中，以及外向度和技术密集度的不同门槛值区间，行业市场化进程对创新效率的影响是否存在差异。进一步地，运用中介效应检验方法，实证检验行业市场化进程如何通过降低政府干预、推进非国有经济发展、培育产品市场与要素市场、改善制度环境等传导机制，提升高技术产业的创新效率。

第五，首次将行业市场化进程纳入创新投入产出的理论模型中，实证分析了行业市场化进程对创新产出的影响；并考察了在垄断程度、外向度和技术密集度不同的行业中，市场化进程对创新绩效的影响是否存在行业差异，以及五个方面行业市场化进程指数对高技术产业创新产出的影响差异，这是既有研究尚未涉及的领域；进一步地，运用面板门槛模型和动态面板 GMM 方法，实证检验了行业市场化进程是否通过创新投入、行业外向度、行业技术密集度、企业规模和经济绩效等中介效应，进而促进了高技术产业创新产出水平的提高。

第六，从理论和实证两个层面，研究了行业市场化进程对创新溢出效率的影响。将自主研发、外商直接投资、进口贸易和出口贸易等四种溢出渠道纳入同一分析框架进行了研究，研究结论更具有现实指导价值。并运用乘积项方法，实证检验了行业市场化进程是否促进了自主研发、外商直接投资、进口贸易和出口贸易的创新溢出。进一步地，运用面板门槛模型检验了行业市场化进程对自主研发、外商直接投资、进口贸易和出口贸易四条渠道创新溢出的影响，是否存在门槛效应。这是既有研究尚未涉及的领域。

第二章

中国高技术产业市场化进程的衡量[①]

本章将沿着以下思路研究三个问题：（1）从政府与市场的关系、非国有经济的发展、产品市场与要素市场的发育程度以及制度环境等五个方面构建一套评价行业市场化进程的指标体系；（2）依据构建的行业市场化进程指标体系，从行业层面分析高技术产业市场化进程的总体趋势及其行业差异；（3）测算高技术产业市场化进程五个方面指数的变化趋势及行业差异，并比较“入世”前后五个方面行业市场化进程指数的差异。

第一节　行业市场化进程的评价指标体系构建

一、行业市场化衡量指标说明

学术界关于行业市场化改革与创新关系的研究，早期的文献大多以产权制度指标衡量市场化水平。姚洋和章奇（2001）、张

① 本章内容主要来源于戴魁早和刘友金（2013）《行业市场化进程与创新绩效：中国高技术产业的经验证据》一文，载《数量经济技术经济研究》2013 年第 9 期，有修改和补充。

等（Zhang et al.，2003）以及杰弗森等（Jefferson et al.，2006）采用某一类型的产权制度（国有产权、外资企业、港澳台资企业、集体所有制企业或个体所有制企业）。吴延兵（2006）则采用了两个产权变量指标来衡量市场化改革的影响，即采用国有工业企业总产值占全部工业企业总产值的比重、国有工业企业固定资产净值年平均余额占工业企业固定资产净值年平均余额的比重。进一步地，成力为和孙玮（2012）在一定程度上弥补了以上文献在衡量市场化进程方面的不足，采用了相对全面的市场化改革进程衡量指标。

成力为和孙玮（2012）的行业市场化进程衡量指标，包括政府对行业干预度、行业开放程度和行业要素市场发育程度等三个方面。理由是：

1. 市场化改革最重要的方面，是由政府分配经济资源逐步转向由市场分配资源

政府对行业干预度越低，市场化程度越高，市场越完善。而政府分配资源的方式主要由政府财政收入和支出变化反映。因此，成力为和孙玮（2012）选用利税占比（行业企业利税总额占其总产值的比例）和政府资助创新力度（政府对国有部门科技经费资助占对内资企业科技经费资助的比例）两个指标衡量政府对行业的干预程度。

2. 中国的改革开放，实际包括了内部的经济结构改革和向其他国家的外部开放两个内容

内部经济结构改革体现在非国有经济的发展，外部开放反映为引进外资的程度。对内开放和对外开放程度越高，在一定程度上说明市场发育越完善。因此，成力为和孙玮（2012）选用非国有经济的发展（行业非国有企业产值占内资总产值的比例）、行业对外开放程度（行业 FDI 产值占整个行业总产值的比例）两项指标衡量行业开放程度。

3. 要素市场是行业产品市场发展的基础

然而，相比于产品市场，中国要素市场的发育明显滞后，还存在较为明显的非市场强制力量。主要表现为金融市场对行业创新要素的信贷配给程度和中介组织的不完善。因此，成力为和孙玮（2012）选用金融与信贷市场的发育（科技经费筹集额中，金融机构信贷分配结构与创新产出结构的关联系数）、技术市场的发育程度（专利申请量与 R&D 从业人员的比重，比率越大表明创新服务中介越发达，技术市场发育越完善）两个指标衡量行业要素市场发育程度。

既有文献所采用的市场化衡量指标，从某些方面反映了行业市场化水平的变化，具有较好的借鉴意义。然而，行业市场化进程正如地区市场化改革一样，不是简单的几项规章制度的变化，而是一系列经济、社会、法律制度的变革，或者说是一系列的大规模制度变迁（樊纲等，2011）。因而，既有文献仅仅使用了一个或者几个代理变量（吴延兵，2006；成力为，孙玮，2012）衡量行业市场化进程应该是不够全面的。鉴于此，必须要有一套系统的评价指标体系，来衡量市场化的进程。

二、行业市场化评价指标体系构建

市场化进程是一个系统的过程，使得用数量指标加以测度、衡量成为一项极为复杂的工作。权衡一个行业的市场化程度，需要做好测度问题的研究。行业市场化程度的测度，是指通过某种预设的指标体系针对行业的市场化作出测算和评估。而作为评价指标体系的构建，则主要取决于对于行业市场化的理解和对资料获取难易程度的考虑。

樊纲等（2001，2009，2010，2011）构建的“中国市场化指数”，着重区域层面对经济转轨过程中各地区的市场化程度进行测度，①把市场体系各个方面的建设看作一个系统发育和逐步完善的过程，从政府与市场的关系、非国有经济的发展、产品市场的发育程度、要素市场的发育程度、市场中介组织发育和法律制度环境等方面衡量市场化的进展。② 这样的视角提供了更加丰富的市场化进程内涵，既具有符合中国各地区市场化进程的特点，又具有较长期间的数据且包括各个地区的明细数据，在实证过程中得到了广泛的应用（方军雄，2006；樊纲等，2011；戴魁早，2016）。鉴于樊纲等（2011）市场化进程的丰富内涵和评价指标体系的显著优势，以樊纲等（2011）市场化进程概念为依据构建行业市场化进程评价指标体系，应该较为科学和合理。由于樊纲等（2011）没有测算行业层面的市场化程度，因而需要对行业层面的市场化进程进行估算。而依据"中国市场化指数"的指标体系对行业市场化进程进行估算缺乏大部分数据，这就需要从行业层面重新构建一套指标体系来测算行业的市场化进程。

基于此，本书以樊纲等（2001，2009，2010，2011）的"中国市场化指数"为基础，构建了一套指标体系来测算行业的市场化程度（即行业市场化指数，用 *mark* 表示）。与"中国市场化指数"一样，本书构建的行业市场化指数也由政府与市场的关系、非国有经济的发展、产品市场与要素市场的发育程度以及制度环境等五个方面指数构成，具体评价指标体系，如表 2.1 所示。

---

① 相对于其他的指标而言，中国市场化进程指数具有如下优势，它是对经济转轨过程中的市场化程度的测度，而不是对"国际竞争力"或"经济自由度"的测度；它的指标体系设置针对中国各地区，获取的资料具有优势，不仅具有较长期间的数据，而且包括各个地区的明细数据（方军雄，2006）。正是由于该指数能够更为准确地反映中国的市场化进程，在实证研究上得到了较为广泛地应用（夏立军，方轶强，2005；方军雄，2006；樊纲等，2011）。

② 市场化指数有如下几个特点：第一，从不同方面对各省区市的市场化进程进行全面比较；第二，使用基本保持一致的指标体系对各地区的市场化进程进行持续测度，从而提供了一个反映制度变革的稳定的观测框架；第三，采用客观指标衡量各省区市市场化改革的深度和广度，避免了国外某些研究中出现的根据主观评价或印象打分而导致的偏颇；个别需要企业做出评价的指标，是基于大范围的样本调查，最大限度地避免了随机误差的影响；第四，基本上概括了市场化的各个主要方面，但同时又避免了把反映发展程度的变量同制度变量相混淆。

表 2.1　　　　行业市场化进程指数的指标体系

方面指数名称	方面指数的构成	构成方面指标的分项指标的衡量	备注
政府与市场的关系	税收干预	1－(行业利税总额/行业总产值)	[1]
	资金干预	1－(政府对国有企业科技经费资助额/政府对内资企业科技经费资助额)	
	企业干预	1－(国有及国有控股企业的销售收入/行业销售收入)； 1－(国有及国有控股企业的利税额/行业利税额)	
非国有经济的发展	产品方面	非国有企业的总产值/行业总产值	[2]
	资本方面	非国有企业的固定资产投资/行业固定资产投资	
	劳动力方面	非国有企业的从业人员数/行业从业人员数	
产品市场的发育程度	市场势力	行业勒纳指数＝(增加值－劳动力成本［即工资水平］)/总产值	
	竞争程度	行业中企业的数量（取自然对数）	[4]
要素市场的发育程度	资本市场	引进外资的程度＝外商直接投资金额数/行业总产值	[2]
		小型企业科技经费中的金融机构贷款数/行业科技经费中的金融机构贷款数； 非国有企业科技经费中的金融机构贷款数/行业科技经费中的金融机构贷款数	
	人才市场	(从业人员当年数－从业人员上年数)/从业人员上年数； (科技活动人员当年数－科技活动人员上年数)/科技活动人员上年数； (科学家和工程师当年数－科学家和工程师上年数)/科学家和工程师上年数	
	技术市场	技术引进经费数/行业研发经费数； 购买国内技术经费数/行业研发经费数	
制度环境	知识产权保护	三种专利申请受理量/行业科技人员数； 三种专利申请批准量/行业科技人员数	[2]
	产权制度	1－(国有及国有控股企业资本数/行业资本数)	[3]
	筹资环境	金融机构贷款强度＝(科技活动经费中的金融机构贷款数/销售收入)； 金融机构贷款依存度＝(科技活动经费中的金融机构贷款数/科技活动经费总额)	[4]

注：［1］参照成力为，孙玮（2012）的做法；［2］参照樊纲等（2001，2011）的做法；［3］参照吴延兵（2006）等的做法；［4］参照陈仲常，余翔（2007）的做法。

由于五个方面指数难以区分其重要程度的差异，本书取五个方面指数的算术平均值为行业市场化指数的值（限于行业层面数据的可得性与连续性，分项指标的选择在“中国市场化指数”基础上进行相应的调整）。五个方面指数的选取与衡量，具体说明如下：

（1）政府与市场的关系主要体现在政府通过税收、资金和国有企业等途径对市场进行干预的程度，干预程度越低，则市场化程度越高。税收干预和资金干预衡量指标的选取，是借鉴成力为和孙玮（2012）的做法，分别用（1 - 利税占比）和（1 - 政府对国有企业科技经费资助的份额）来反映，值越大表明政府的干预程度越低。而企业干预衡量指标，用国有及国有控股企业的产品市场占有率和利税占比的算术平均值来反映。在此基础上，对各衡量指标取算术平均值，反映政府对市场干预程度的变化。

（2）非国有经济的发展主要体现在产品、资本和劳动力等三个方面。借鉴樊纲等（2001，2011）的做法，本书选取行业非国有企业的总产值份额、固定资产投资比重和从业人员份额的算术平均值来反映非国有经济的发展；值越大表明非国有经济的发展程度越高。

（3）由于缺乏樊纲等（2001，2010，2011）选择的产品市场发育程度衡量指标的行业数据，因而需要选取替代指标来衡量；一般来说，产品市场竞争程度越高，产品市场的发育程度也就越高，因而本书可以选择反映产品市场竞争程度的指标来衡量产品市场的发育程度。而在衡量行业市场竞争程度时，国内外的大多数研究采用市场势力和企业数量等指标来反映；市场势力越小，意味着行业竞争程度越高；企业数量越多，意味着行业进入门槛越低，市场竞争越激烈。在这里，借鉴陈羽等（2007）的做法，本书选取陈和帕斯库尔（Cheung，Pascual，2004）所建立的行业勒纳指数对行业市场势力进行测算；而市场竞争程度的衡量指标，则参照陈仲常和余翔（2007）的做法，用企业数量的自然对数来反映。在此基础上，用（1 - 行业勒纳指数）与企业数的算术平均值，来衡量产品市场的发育程度。

(4) 要素市场的发育程度主要体现在资本、人才和技术等市场的发展进程上。资本市场的发育程度，可以由引进外资的程度和金融市场的发育程度来反映；对于引进外资程度的衡量指标的选取，借鉴樊纲等（2001，2009，2010，2011）的做法，采用外商直接投资金额数与行业总产值的比例来测算；而对于金融市场发育程度的衡量指标的选取则基于如下考虑，相对于大中型企业和国有企业来说，小企业和非国有企业的贷款难度更大，因而其贷款的比例更能反映行业金融市场的发育程度；基于此，本书取小企业和非国有企业的贷款比例，来衡量金融市场的发育程度。人才流动大多要通过人才市场，因而人才的流动数量能够间接地反映人才市场的发育程度；基于此，本书选取行业从业人员、科技活动人员、科学家与工程师的年变化率（取算术平均值）来衡量人才市场的发育程度。技术市场包括国际技术市场和国内技术市场，因而其发育程度衡量指标需要反映两个市场的状况，在此，分别采用技术引进经费数和购买国内技术经费数占行业研发经费数的比例来反映，对这两个指标取算术平均值来衡量技术市场的发育程度。

(5) 制度环境的改善主要体现在知识产权保护、产权制度和筹资环境等方面的变化。知识产权保护的状况采用樊纲等（2001，2009，2010，2011）的做法，选取三种专利申请的受理量和批准量与行业科技活动人员数的比例来衡量。产权制度衡量指标的选取，是借鉴吴延兵（2006）等的做法，用非国有资本占行业资本的份额来反映。筹资环境衡量指标的选取，则是采用陈仲常和余翔（2007）的做法，用金融机构贷款的强度和依存度的算术平均值来反映。在此基础上，对知识产权保护、产权制度和筹资环境各指标取算术平均值反映制度环境的变化。

三、数据来源和处理说明

行业市场化进程的相关测算数据，主要来源于历年《中国高技术产业统计年鉴》。考虑到数据的可得性、连续性和可靠性，行业市场化进程测算的样本区间为 1995～2010 年。本书的测算样本涉及化学药品制造业、中药材及中成药加工业、生物制品制造业、飞机制造及修理业、航天器制造业、通信设备制造业、雷达及配套设备制造业、广播电视设备制造业、电子器件制造业、电子元件制造业、家用视听设备制造业、其他电子设备制造业、电子计算机整机制造业、电子计算机外部设备制造业、办公设备制造业、医疗设备及器械制造业、仪器仪表制造业等 17 个高技术细分行业。

为了避免因为改变指标的权重而导致不同年份数据不可比，借鉴樊纲等（2010）的做法，本书测算的行业市场化指数采用算术平均法计算各分项指数和方面指数的权重，从而保持了跨年度数据的可比性。

第二节 高技术产业市场化进程指数测算结果

一、高技术产业市场化进程的总体趋势

从图 2.1 的中国高技术细分行业平均的市场化进程指数（mark）变动趋势可以看出，1995～2010 年的市场化指数总体呈上升趋势。其中，1995～1998 年间是一个平稳上升期；尤其是 1999 年之后市场化指数进入了一个快速上升期，由 0.194 增加到 2010 年的 0.444，这说明 1999 年以后中国高技术产业的市场化进程明显加快。值得注意的是，1998～1999 年以及 2008～2009 年的市场化指数出现了小幅下降，说明这两个时期高技术产业市场化进程受到了一定程度的不利冲击，而这种不利冲击可能与 1997 年的东南亚“金融危机”及 2008 年的全球“金融危机”有关。

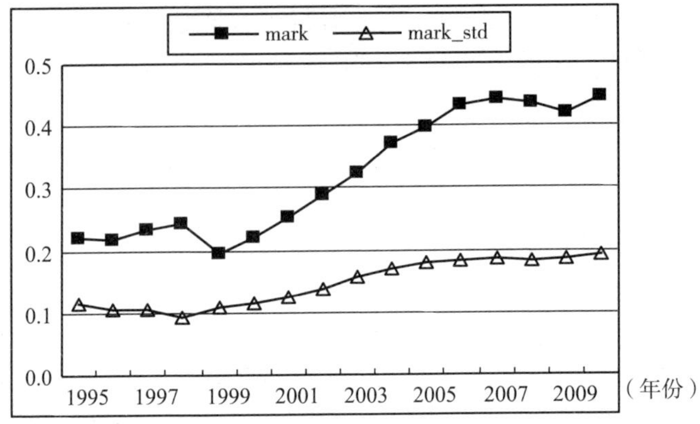

图 2.1　高技术产业平均市场化进程指数及标准差

图 2.1 还显示，1995 年以后高技术细分行业的市场化指数标准差（mark_std）在不断扩大，这说明高技术细分行业间市场化程度（mark）的差异没有缩小，并且有扩大的迹象。这从表 2.3 中细分行业市场化进程的均值和变化率可以看出。细分行业市场化进程（mark）的均值显示，1995～2010 年间，雷达及配套设备制造业、飞机制造及修理业、航天器制造业等细分行业的均值较低，mark 均值分别为 0.125、0.126 和 0.131；远远低于 mark 均值较高的高技术细分行业，如办公设备制造业、电子计算机外部设备制造业、其他电子设备制造业的均值分别达到 0.457、0.442 和 0.429。从 1995～2010 年间细分行业 mark 变化率可以看出，化学药品制造业、广播电视设备制造业、生物制品制造业等细分行业的增长率较快，变化率分别达到 203.106%、144.595%、130.631%；而航天器制造业、家用视听设备制造业、中成药制造业等行业的增长率较低，变化率仅有 40.594%、50.809%、51.385%；增长率远远低于化学药品制造业等行业。由此可见，细分行业的 mark 均值和变化率差异，进一步说明了高技术产业市场化进程存在明显的行业差异。

二、细分行业市场化进程的趋势与差异

从表2.2可以看出，1995～2010年间，17个高技术细分行业市场化进程（mark）整体上呈现出上升趋势，但是，大多数行业的上升过程是多有曲折的。从表2.3中1995～2010年的变化率数值可以看出，各个细分行业市场化进程的变化速度也存在明显的区别，说明了行业间市场化速度存在显著的差异。具体来说：（1）航天器制造业、家用视听设备制造业、中成药制造业等行业市场化的变化率较小，仅分别提高了40.594%、50.809%、51.385%。（2）化学药品制造业、广播电视设备制造业、生物制品制造业等行业变化率较大，分别提高了203.106%、144.595%、130.631%。市场化变化率最大的化学药品制造业，市场化水平的提高速度是航天器制造业的大约5倍。（3）飞机制造及修理业、航天器制造业、雷达及配套设备制造业等市场化水平整体较低的行业（mark均值分别为0.131、0.126、0.125），市场化水平的提高速度也相对较低。

表2.2和表2.3还显示，高技术细分行业的市场化水平存在明显的差异。具体来说：（1）从1995～2010年间市场化进程的均值来看，办公设备制造业、电子计算机外部设备制造业、其他电子设备制造业等行业的市场化程度较高，mark均值分别为0.457、0.442和0.429；而雷达及配套设备制造业、飞机制造及修理业、航天器制造业等市场化程度较低，mark均值分别为0.125、0.126和0.131。办公设备制造业的市场化水平大约是雷达及配套设备制造业的3.5倍。（2）从1995年市场化进程值可以看出，飞机制造及修理业、航天器制造业、雷达及配套设备制造业的市场化程度较低，mark值分别为0.114、0.101和0.092；中药材及中成药加工业、电子计算机外部设备制造业、办公设备制造业等行业的市场化程度相对较高，mark值分别为0.325、0.329和0.332。办公设备制造业的市场化程度，大约是雷达及配套设备制造业的3倍多。

表 2.2　中国高技术产业市场化进程指数的测算结果

	1995年	1996年	1997年	1998年	1999年	2000年	2001年	2002年	2003年	2004年	2005年	2006年	2007年	2008年	2009年	2010年
H01	0.161	0.167	0.191	0.206	0.133	0.167	0.194	0.233	0.279	0.356	0.377	0.422	0.438	0.450	0.454	0.488
H02	0.325	0.205	0.246	0.274	0.191	0.217	0.249	0.290	0.320	0.371	0.417	0.457	0.463	0.473	0.463	0.492
H03	0.222	0.248	0.296	0.252	0.207	0.226	0.294	0.322	0.327	0.409	0.462	0.498	0.490	0.509	0.488	0.512
H04	0.114	0.107	0.120	0.120	0.106	0.106	0.115	0.106	0.109	0.123	0.128	0.151	0.160	0.177	0.168	0.179
H05	0.101	0.102	0.108	0.114	0.111	0.115	0.123	0.125	0.124	0.137	0.136	0.148	0.156	0.144	0.131	0.142
H06	0.245	0.253	0.286	0.281	0.193	0.229	0.251	0.295	0.314	0.405	0.457	0.525	0.532	0.494	0.460	0.444
H07	0.092	0.107	0.112	0.118	0.117	0.114	0.119	0.124	0.125	0.126	0.130	0.141	0.146	0.122	0.138	0.164
H08	0.222	0.244	0.259	0.255	0.241	0.289	0.337	0.389	0.426	0.495	0.523	0.540	0.552	0.532	0.523	0.543
H09	0.246	0.242	0.247	0.243	0.163	0.205	0.238	0.307	0.363	0.445	0.462	0.512	0.521	0.525	0.505	0.534
H10	0.304	0.305	0.327	0.323	0.293	0.333	0.342	0.386	0.452	0.487	0.506	0.540	0.559	0.539	0.535	0.557
H11	0.309	0.279	0.283	0.329	0.174	0.212	0.248	0.287	0.339	0.442	0.438	0.472	0.501	0.485	0.453	0.466
H12	0.311	0.333	0.325	0.332	0.327	0.315	0.341	0.388	0.452	0.490	0.530	0.554	0.546	0.542	0.529	0.549
H13	0.245	0.231	0.216	0.185	0.196	0.230	0.363	0.383	0.450	0.473	0.506	0.555	0.563	0.557	0.536	0.556
H14	0.329	0.323	0.338	0.339	0.315	0.354	0.370	0.414	0.465	0.513	0.533	0.563	0.577	0.562	0.535	0.545
H15	0.332	0.323	0.339	0.355	0.372	0.398	0.418	0.441	0.487	0.508	0.549	0.564	0.570	0.559	0.540	0.561
H16	0.303	0.298	0.307	0.283	0.279	0.312	0.337	0.388	0.416	0.453	0.496	0.530	0.526	0.545	0.528	0.555
H17	0.211	0.212	0.228	0.218	0.184	0.218	0.249	0.291	0.353	0.392	0.432	0.470	0.485	0.489	0.463	0.485

注：表中的 H 代表细分行业编码，具体为，化学药品制造业（H01），中药材及中成药加工业（H02），生物制品制造业（H03），飞机制造及修理业（H04），航天器制造业（H05），通信设备制造业（H06），雷达及配套设备制造业（H07），广播电视设备制造业（H08），电子器件制造业（H09），电子元件制造业（H10），家用视听设备制造业（H11），其他电子设备制造业（H12），电子计算机整机制造业（H13），电子计算机外部设备制造业（H14），办公设备制造业（H15），医疗设备及器械制造业（H16），仪器仪表制造业（H17）。

（3）从2010年市场化水平看，市场化程度最低的三个行业还是飞机制造及修理业、航天器制造业、雷达及配套设备制造业，mark值分别为0.179、0.142和0.164。市场化程度最高的三个行业，则变为电子元件制造业、电子计算机整机制造业、办公设备制造业，mark值分别为0.557、0.556和0.561。办公设备制造业的市场化程度，是航天器制造业的3倍多。此外，mark值的变化还说明，电子元件制造业、电子计算机整机制造业两个行业的市场化水平提高得较快。

表2.3　　行业市场化进程指数的均值和增长率

行业及代码		mark均值			mark变化率（%）		
		1995~2001年	2002~2010年	1995~2010年	1995~2001年	2002~2010年	1995~2010年
H01	化学药品制造业	0.174	0.389	0.295	20.497	109.442	203.106
H02	中成药制造业	0.244	0.416	0.341	-23.385	69.655	51.385
H03	生物制品制造业	0.249	0.446	0.360	32.432	59.006	130.631
H04	飞机制造及修理业	0.113	0.145	0.131	0.877	68.868	57.018
H05	航天器制造业	0.111	0.138	0.126	21.782	13.600	40.594
H06	通信设备制造业	0.248	0.436	0.354	2.449	50.508	81.224
H07	雷达及配套设备制造业	0.111	0.135	0.125	29.348	32.258	78.261
H08	广播电视设备制造业	0.264	0.503	0.398	51.802	39.589	144.595
H09	电子器件制造业	0.226	0.464	0.360	-3.252	73.941	117.073
H10	电子元件制造业	0.318	0.507	0.424	12.500	44.301	83.224
H11	家用视听设备制造业	0.262	0.431	0.357	-19.741	62.369	50.809
H12	其他电子设备制造业	0.326	0.509	0.429	9.646	41.495	76.527
H13	电子计算机整机制造业	0.238	0.509	0.390	48.163	45.170	126.939
H14	电子计算机外部设备制造业	0.338	0.523	0.442	12.462	31.643	65.653
H15	办公设备制造业	0.362	0.531	0.457	25.904	27.211	68.976
H16	医疗设备及器械制造业	0.303	0.493	0.410	11.221	43.041	83.168
H17	仪器仪表制造业	0.217	0.429	0.336	18.009	66.667	129.858

三、行业市场化进程不同时间段的比较

加入WTO是中国市场化改革进一步深入的重大标志，因而“入世”前后中国高技术细分行业的市场化水平可能存在较大差异。通过对高技术细分行业“入世”前后市场化进程指数（mark）的均值进行比较可知，见表2.3：（1）“入世”前（1995～2001年间），办公设备制造业、电子计算机外部设备制造业、其他电子设备制造业等行业的市场化水平相对较高，mark均值分别为0.362、0.338和0.326。飞机制造及修理业、航天器制造业、雷达及配套设备制造业的市场化程度较低，mark均值分别为0.113、0.111和0.111。(2)“入世”后（2002～2010年间），市场化水平最高的三个行业分别是办公设备制造业、电子计算机整机制造业、电子计算机外部设备制造业等，mark均值分别为0.531、0.523和0.509。飞机制造及修理业、航天器制造业、雷达及配套设备制造业的市场化程度较低，mark均值分别为0.145、0.138和0.135。（3）“入世”后大多数细分行业市场化水平的均值都变大了，这说明“入世”后高技术细分行业的市场化水平都提高了，这也表明“入世”在一定程度上对市场化水平产生了促进作用。“入世”前后，雷达及配套设备制造业市场化水平的提升幅度最小，仅提高0.027；而电子计算机整机制造业的提升幅度最大，达到了0.271；后者的提升幅度是前者的约10倍。这也说明，“入世”前后不同细分行业市场化进程提升幅度也存在显著的差异。

比较高技术细分行业不同时间段市场化进程指数的增长率，见表2.3，可以发现：(1)“入世”前（1995～2001年间），广播电视设备制造业、电子计算机整机制造业、生物制品制造业等行业市场化水平提高速度较快，mark变化率分别为51.802%、48.163%、32.432%。飞机制造及修理业、通信设备制造业、其他电子设备制造业等行业市场化水平的提高速度较慢，mark变化率分别为0.877%、2.449%、9.646%。

但是，中成药制造业、家用视听设备制造业、电子器件制造业的市场化水平出现了负增长，mark 变化率分别为 -23.385%、-19.741%、-3.252%。(2)"入世"后（2002~2010 年间），所有高技术细分行业的市场化水平都提高了。化学药品制造业、电子器件制造业、中成药制造业等行业市场化水平提高速度较快，mark 变化率分别为 51.802%、48.163%、32.432%。航天器制造业、办公设备制造业、电子计算机外部设备制造业等行业市场化水平的提高速度较慢，mark 变化率分别为 13.600%、27.211%、31.643%。由此可见，1995~2010 年间，高技术细分行业市场化水平都提高了。但是，"入世"前中成药制造业、家用视听设备制造业、电子器件制造业等行业的市场化指数增长率出现了负值，这说明"入世"前这些行业出现了逆市场化趋势。

第三节　五方面行业市场化进程指数测算结果

一、五个方面行业市场化进程的总体趋势

从图 2.2 可以看出，1995~2010 年间，五个方面行业市场化进程指数都呈现出上升趋势，但是上升过程都是多有曲折的。从测算结果来看，行业市场化进程五个方面指数 2010 年的值都比 1995 年有显著的提高。其中，非国有经济发展（mark_2）、要素市场发育（mark_4）及产品市场发育（mark_3）的进步较快；而制度环境（mark_5）及政府与市场的关系（mark_1）的进步相对缓慢些。尤其是在政府与市场关系方面指数和非国有经济发展指数上，2008 年以来出现了一定程度倒退，这可能与 2008 年金融危机后政府加强了行政干预有关。

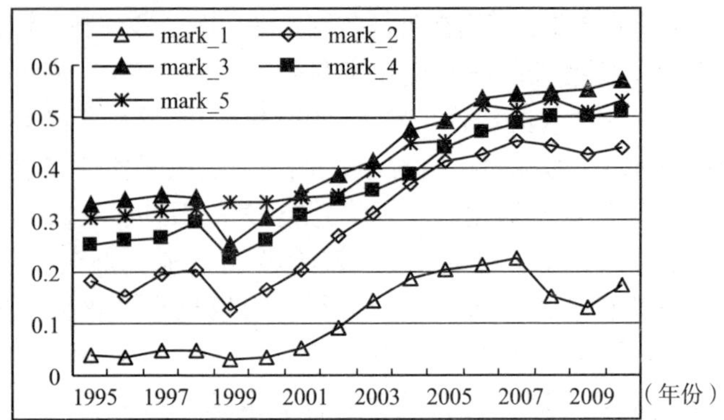

图 2.2　五个方面行业市场化进程指数的变化趋势

比较起来，在五个方面市场化进程指数中，政府与市场关系方面指数（mark_1）及要素市场发育指数（mark_4）的数值较低，行业非国有经济发展指数（mark_2）、产品市场化进程指数（mark_3）和制度环境指数（mark_5）等的数值较高。这意味着，通过减少对高技术产业发展的政府干预、促进要素市场发育，可以更有效地促进高技术产业市场化程度的提高。

二、政府与市场关系方面指数的行业差异

表 2.4 报告了中国高技术细分行业政府与市场关系方面指数（mark_1）的测算结果，表 2.5 则列出了不同时间段政府与市场关系方面指数（mark_1）的均值和变化率。从表 2.5 中可以看出，大多数细分行业的 mark_1 值都呈现出上升趋势，这说明政府对大多数高技术细分行业的干预在不断下降；也有几个细分行业（如生物制品制造业、飞机制造及修理业、航天器制造业、雷达及配套设备制造业）的 mark_1 值出现了下降或者没有变化，表明政府并未减少对这些细分行业的干预，政府干预反而得到了强化。这可能与生物制品制造业等高技术行业在国民经济中独特的重要地位有关。

表 2.4 政府与市场关系方面指数测算结果

	1995年	1996年	1997年	1998年	1999年	2000年	2001年	2002年	2003年	2004年	2005年	2006年	2007年	2008年	2009年	2010年
H01	0.093	0.096	0.091	0.098	0.119	0.139	0.139	0.142	0.149	0.145	0.132	0.127	0.147	0.167	0.166	0.169
H02	0.147	0.152	0.175	0.188	0.200	0.202	0.205	0.195	0.199	0.193	0.182	0.164	0.190	0.183	0.184	0.186
H03	0.240	0.274	0.206	0.189	0.172	0.204	0.200	0.181	0.177	0.192	0.176	0.157	0.178	0.192	0.194	0.208
H04	0.127	0.130	0.125	0.133	0.118	0.130	0.129	0.091	0.082	0.085	0.067	0.067	0.058	0.061	0.087	0.102
H05	0.160	0.111	0.100	0.044	0.103	0.125	0.060	0.054	0.065	0.063	0.037	0.046	0.052	0.049	0.040	0.072
H06	0.149	0.178	0.207	0.214	0.209	0.292	0.289	0.275	0.272	0.283	0.284	0.287	0.301	0.253	0.261	0.274
H07	0.065	0.064	0.069	0.065	0.037	0.049	0.044	0.055	0.050	0.048	0.053	0.074	0.074	0.078	0.084	0.065
H08	0.075	0.047	0.034	0.012	0.025	0.093	0.046	0.061	0.079	0.075	0.076	0.068	0.079	0.075	0.087	0.095
H09	0.138	0.163	0.154	0.145	0.150	0.157	0.172	0.162	0.172	0.210	0.214	0.264	0.246	0.237	0.272	0.296
H10	0.160	0.152	0.165	0.163	0.182	0.197	0.172	0.167	0.170	0.172	0.165	0.170	0.165	0.164	0.162	0.178
H11	0.115	0.150	0.159	0.162	0.150	0.144	0.131	0.141	0.141	0.146	0.135	0.140	0.147	0.150	0.154	0.176
H12	0.122	0.156	0.180	0.183	0.175	0.195	0.212	0.239	0.212	0.183	0.173	0.182	0.180	0.186	0.183	0.190
H13	0.231	0.238	0.250	0.247	0.259	0.280	0.294	0.310	0.328	0.323	0.342	0.358	0.362	0.375	0.363	0.387
H14	0.127	0.161	0.166	0.156	0.161	0.156	0.145	0.141	0.136	0.135	0.139	0.137	0.152	0.158	0.152	0.159
H15	0.150	0.140	0.142	0.127	0.141	0.149	0.147	0.154	0.161	0.156	0.153	0.160	0.163	0.165	0.174	0.180
H16	0.090	0.084	0.088	0.087	0.103	0.106	0.127	0.138	0.131	0.148	0.124	0.132	0.146	0.146	0.157	0.144
H17	0.075	0.068	0.075	0.071	0.083	0.103	0.114	0.111	0.116	0.104	0.113	0.115	0.118	0.115	0.125	0.134

注：表中的 H 代表细分行业编码，具体为，化学药品制造业（H01），中药材及中成药加工业（H02），生物制品制造业（H03），飞机制造及修理业（H04），航天器制造业（H05），通信设备制造业（H06），雷达及配套设备制造业（H07），广播电视设备制造业（H08），电子器件制造业（H09），电子元件制造业（H10），家用视听设备制造业（H11），其他电子设备制造业（H12），电子计算机整机制造业（H13），电子计算机外部设备制造业（H14），办公设备制造业（H15），医疗设备及器械制造业（H16），仪器仪表制造业（H17）。

显而易见，政府与市场关系方面指数（mark_1）存在明显的行业差异。具体来说：（1）不同细分行业政府干预程度存在很大的差距。例如，1995~2010年间mark_1的均值显示，电子计算机整机制造业、通信设备制造业、电子器件制造业等三个行业位居前三甲，mark_1均值分别为0.309、0.252和0.197。这说明，政府对电子计算机整机制造业等行业的干预程度较低。雷达及配套设备制造业、广播电视设备制造业、航天器制造业等行业的mark_1的均值较小，分别为0.061、0.064、0.074。这说明政府对雷达及配套设备制造业等行业干预程度较高。比较起来，电子计算机整机制造业的mark_1均值，大约是雷达及配套设备制造业的5倍。（2）政府对有些细分行业干预的程度不仅较强，而且政府干预随着时间的推移还在逐渐增强。例如，生物制品制造业、雷达及配套设备制造业、飞机制造及修理业、航天器制造业等行业不仅mark_1均值较小，而且1995~2010年间，出现了下降或者未上升，说明政府对这些行业的干预较强，而且在其他行业逐渐放松干预的情况下，反而逐渐加强了这些行业的政府干预。（3）有些行业政府干预刚开始时较强，而随着时间推移，政府干预的强度迅速下降。例如，1995~2010年间，化学药品制造业、电子器件制造业、仪器仪表制造业等的mark_1均值较小，分别为0.132、0.197、0.103，表明政府的干预相对较强；但是，这三个行业的变化率分别高达81.720%、114.493%、78.667%。说明政府的干预强度在迅速下降。（4）其他大多数行业则表现为政府干预为中等强度，而且政府干预强度逐年下降。这类型行业包括中成药制造业、办公设备制造业、电子计算机外部设备制造业等。

表2.5　　政府与市场关系方面指数的均值和增长率

行业及代码		mark_1均值			mark_1变化率		
		1995~2001年	2002~2010年	1995~2010年	1995~2001年	2002~2010年	1995~2010年
H01	化学药品制造业	0.111	0.149	0.132	49.462	19.014	81.720
H02	中成药制造业	0.181	0.186	0.184	39.456	-4.615	26.531

续表

行业及代码		mark_1 均值			mark_1 变化率		
		1995~2001年	2002~2010年	1995~2010年	1995~2001年	2002~2010年	1995~2010年
H03	生物制品制造业	0.212	0.184	0.196	-16.667	14.917	-13.333
H04	飞机制造及修理业	0.127	0.078	0.100	1.575	12.088	-19.685
H05	航天器制造业	0.100	0.053	0.074	-62.500	33.333	-55.000
H06	通信设备制造业	0.220	0.277	0.252	93.960	-0.364	83.893
H07	雷达及配套设备制造业	0.056	0.065	0.061	-32.308	18.182	0.000
H08	广播电视设备制造业	0.047	0.077	0.064	-38.667	55.738	26.667
H09	电子器件制造业	0.154	0.230	0.197	24.638	82.716	114.493
H10	电子元件制造业	0.170	0.168	0.169	7.500	6.587	11.250
H11	家用视听设备制造业	0.144	0.148	0.146	13.913	24.823	53.043
H12	其他电子设备制造业	0.175	0.192	0.184	73.770	-20.502	55.738
H13	电子计算机整机制造业	0.257	0.350	0.309	27.273	24.839	67.532
H14	电子计算机外部设备制造业	0.153	0.145	0.149	14.173	12.766	25.197
H15	办公设备制造业	0.142	0.163	0.154	-2.000	16.883	20.000
H16	医疗设备及器械制造业	0.098	0.141	0.122	41.111	4.348	60.000
H17	仪器仪表制造业	0.084	0.117	0.103	52.000	20.721	78.667

表2.5显示，“入世”前后政府与市场关系方面指数（mark_1）的均值存在明显的行业差异。具体来说：（1）“入世”前（1995~2001年间），电子计算机整机制造业、通信设备制造业、生物制品制造业、中成药制造业等行业的mark_1均值较大，分别为0.257、0.220、0.212、0.181，表明“入世”前这些行业的政府干预程度较低。“入世”后（2002~2010年间），电子计算机整机制造业、通信设备制造业的mark_1均值分别提高到0.350和0.277，表明政府对这两个行业的控制力度迅速下降了；生物制品制造业的mark_1均值变化不大，仅由0.181提高到0.186，表明政府干预的程度变化不显著；而中成药制造业的mark_1均值则下降幅度较大，由0.212降至0.184，这表明“入世”后政府加大了对中成药制造业发展的

干预力度。(2)“入世”前(1995~2001年间),雷达及配套设备制造业、广播电视设备制造业、医疗设备及器械制造业、仪器仪表制造业等行业的 mark_1 均值都小于 1,值分别为 0.056、0.047、0.098、0.084,表明“入世”前政府对这些行业的干预力度较大。“入世”后,这些行业的 mark_1 均值都变大了(“入世”后前两个行业 mark_1 均值仍然小于 1),表明了“入世”后政府对这些行业的干预力度下降了(尽管下降的幅度并不大)。(3)“入世”后,有些细分行业的 mark_1 均值都变小了。如生物制品制造业、飞机制造及修理业、航天器制造业、电子元件制造业、电子计算机外部设备制造业等行业的 mark_1 均值,分别由“入世”前的 0.212、0.127、0.100、0.170、0.153 下降到“入世”后的 0.184、0.078、0.053、0.168、0.145。这表明,“入世”后这些行业的政府干预的力度下降了。除了这五个细分行业之外,其他 12 个细分行业“入世”后的 mark_1 均值都变大了。这表明,“入世”在一定程度上降低了政府对高技术行业的干预。

表2.5中还显示,“入世”前后政府干预程度的变化速度存在明显的行业差异,这从“入世”前后不同行业 mark_1 的变化率可以看出:(1)“入世”前,生物制品制造业、航天器制造业、雷达及配套设备制造业、广播电视设备制造业、办公设备制造业等行业的 mark_1 变化率为负,值分别为 -16.667%、-62.500%、-32.308%、-38.667%、-2.000%,表明了“入世”前的1995~2001年,政府加大对这些行业的干预力度,对航天器制造业的干预力度最强。其他 12 个细分行业的政府干预力度则下降了。(2)“入世”后,中成药制造业、通信设备制造业、其他电子设备制造业等行业的 mark_1 变化率为负,值分别为 -4.615%、-0.364%、-20.502%,表明了“入世”后的2002~2010年,政府对这些行业的干预力度加强了(对其他电子设备制造业的干预最强),而放松了对其他 14 个行业的干预力度(电子器件制造业最为明显)。

三、行业非国有经济发展指数的结果分析

表 2.6 报告了中国高技术细分行业非国有经济发展指数（mark_2）的测算结果，表 2.7 则列出了非国有经济发展指数（mark_2）不同时间段的均值和变化率。可以看出，1995 ~ 2010 年间，17 个细分行业的 mark_2 值都呈现出上升趋势，这说明，中国高技术细分行业非国有经济在这一期间得到了较好发展。从表 2.6 和表 2.7 可以看出，高技术产业中非国有经济发展的程度存在明显的行业差异，具体来说：

（1）不同细分行业非国有经济发展存在很大的差距。例如，1995 ~ 2010 年间，mark_2 的均值显示，飞机制造及修理业、航天器制造业、雷达及配套设备制造业等行业的 mark_2 的均值较小，分别为 0.073、0.026、0.089。说明这三个高技术行业的国有经济比重较高，而非国有经济发展程度较低。办公设备制造业、电子计算机外部设备制造业、其他电子设备制造业等三个行业的非国有经济发展程度相对较高，mark_3 均值分别为 0.899、0.865 和 0.850。这说明，电子计算机外部设备制造业等行业非国有经济发展得较好，国有经济的比重较低。比较起来，电子计算机外部设备制造业的 mark_2 均值是雷达及配套设备制造业的 10 多倍。

（2）1995 ~ 2010 年间，有些行业非国有经济不仅刚开始发展得较好，而且非国有经济还在随着时间的推移不断壮大。例如，办公设备制造业、医疗设备及器械制造业、电子元件制造业、家用视听设备制造业、电子计算机外部设备制造业等五个行业，1995 年的非国有经济的比重已经较高，位居 17 个细分行业的前列，mark_2 值分别为 0.739、0.645、0.645、0.645、0.643；到 2010 年时，mark_2 值分别上升 0.971、0.952、0.965、0.841、0.944。

（3）有些细分行业刚开始时非国有经济的比重并不高，然而在短短的 15 年时间中，非国有经济得到了迅速发展，行业中非国有

表 2.6　　行业非国有经济发展指数的测算结果

	1995年	1996年	1997年	1998年	1999年	2000年	2001年	2002年	2003年	2004年	2005年	2006年	2007年	2008年	2009年	2010年
H01	0.336	0.349	0.389	0.463	0.289	0.338	0.401	0.458	0.509	0.624	0.627	0.693	0.704	0.738	0.774	0.808
H02	0.363	0.407	0.433	0.436	0.421	0.457	0.523	0.579	0.622	0.693	0.736	0.776	0.782	0.813	0.823	0.834
H03	0.433	0.463	0.599	0.568	0.432	0.485	0.606	0.652	0.622	0.716	0.791	0.830	0.803	0.861	0.851	0.864
H04	0.017	0.037	0.039	0.060	0.068	0.067	0.067	0.067	0.011	0.121	0.130	0.131	0.102	0.086	0.082	0.079
H05	0.009	0.017	0.013	0.014	0.013	0.021	0.043	0.031	0.029	0.024	0.022	0.050	0.052	0.042	0.018	0.021
H06	0.450	0.452	0.538	0.618	0.427	0.488	0.568	0.606	0.637	0.739	0.784	0.864	0.885	0.832	0.812	0.764
H07	0.036	0.038	0.047	0.085	0.072	0.090	0.094	0.082	0.067	0.116	0.083	0.106	0.128	0.096	0.115	0.162
H08	0.361	0.414	0.444	0.472	0.462	0.563	0.698	0.800	0.830	0.919	0.934	0.931	0.936	0.925	0.944	0.949
H09	0.482	0.496	0.492	0.544	0.365	0.455	0.505	0.604	0.687	0.818	0.807	0.876	0.889	0.905	0.894	0.905
H10	0.645	0.663	0.686	0.760	0.690	0.755	0.767	0.815	0.870	0.906	0.916	0.937	0.945	0.945	0.955	0.965
H11	0.645	0.632	0.631	0.812	0.495	0.559	0.619	0.646	0.734	0.874	0.829	0.863	0.882	0.878	0.846	0.841
H12	0.642	0.743	0.701	0.831	0.810	0.753	0.809	0.828	0.881	0.920	0.953	0.959	0.927	0.937	0.949	0.952
H13	0.383	0.393	0.376	0.485	0.462	0.496	0.764	0.731	0.832	0.908	0.920	0.950	0.957	0.970	0.968	0.973
H14	0.643	0.708	0.745	0.794	0.755	0.830	0.835	0.881	0.914	0.952	0.957	0.975	0.982	0.967	0.961	0.944
H15	0.739	0.685	0.691	0.867	0.903	0.915	0.936	0.933	0.948	0.946	0.979	0.967	0.967	0.962	0.968	0.971
H16	0.645	0.648	0.634	0.636	0.625	0.669	0.718	0.789	0.778	0.809	0.865	0.891	0.890	0.932	0.940	0.952
H17	0.433	0.425	0.440	0.422	0.350	0.405	0.469	0.536	0.624	0.673	0.729	0.777	0.795	0.833	0.807	0.812

注：表中的 H 代表细分行业编码，具体为，化学药品制造业（H01），中药材及中成药加工业（H02），生物制品制造业（H03），飞机制造及修理业（H04），航天器制造业（H05），通信设备制造业（H06），雷达及配套设备制造业（H07），广播电视设备制造业（H08），电子器件制造业（H09），电子元件制造业（H10），家用视听设备制造业（H11），其他电子设备制造业（H12），电子计算机整机制造业（H13），电子计算机外部设备制造业（H14），办公设备制造业（H15），医疗设备及器械制造业（H16），仪器仪表制造业（H17）。

表 2.7　　　　行业非国有经济发展的均值和增长率

行业及代码		均值			增长率		
		1995～2001年	2002～2010年	1995～2010年	1995～2001年	2002～2010年	1995～2010年
H01	化学药品制造业	0.366	0.659	0.531	19.345	76.419	140.476
H02	中成药制造业	0.434	0.740	0.606	44.077	44.041	129.752
H03	生物制品制造业	0.512	0.777	0.661	39.954	32.515	99.538
H04	飞机制造及修理业	0.051	0.090	0.073	294.118	17.910	364.706
H05	航天器制造业	0.019	0.032	0.026	377.778	-32.258	133.333
H06	通信设备制造业	0.506	0.769	0.654	26.222	26.073	69.778
H07	雷达及配套设备制造业	0.066	0.106	0.089	161.111	97.561	350.000
H08	广播电视设备制造业	0.488	0.908	0.724	93.352	18.625	162.881
H09	电子器件制造业	0.477	0.821	0.670	4.772	49.834	87.759
H10	电子元件制造业	0.709	0.917	0.826	18.915	18.405	49.612
H11	家用视听设备制造业	0.628	0.821	0.737	-4.031	30.186	30.388
H12	其他电子设备制造业	0.756	0.923	0.850	26.012	14.976	48.287
H13	电子计算机整机制造业	0.480	0.912	0.723	99.478	33.105	154.047
H14	电子计算机外部设备制造业	0.759	0.948	0.865	29.860	7.151	46.812
H15	办公设备制造业	0.819	0.960	0.899	26.658	4.073	31.394
H16	医疗设备及器械制造业	0.654	0.872	0.776	11.318	20.659	47.597
H17	仪器仪表制造业	0.421	0.732	0.596	8.314	51.493	87.529

经济的比重也提高了很多。例如，化学药品制造业、中成药制造业、广播电视设备制造业、电子计算机整机制造业等行业1995年的非国有经济比重还较低，mark_2 均值分别为 0.336、0.363、0.361、0.383；而到2010年时，四个行业的 mark_2 值分别上升到 0.808、0.834、0.949、0.973；1995～2010年间，四个行业的非国有经济比重分别上升了 140.476%、129.752%、162.881%、154.047%。

从表2.7可以看出，“入世”前后非国有经济发展指数（mark_2）均值存在着行业差异。具体来说：（1）“入世”前（1995~2001年间），飞机制造及修理业、航天器制造业、雷达及配套设备制造业是17个行业中，国有经济比重最低的三个行业，mark_2均值分别为0.051、0.019、0.066。“入世”后，这三个行业的mark_2均值虽都有一定程度的提高，分别上升到了0.090、0.032、0.106，但仍然显著地低于其他行业。这说明了，以上三个行业国有经济的比重很高。（2）“入世”前（1995~2001年间），办公设备制造业、电子计算机外部设备制造业、其他电子设备制造业、电子元件制造业等行业的非国有经济比重较高，mark_2均值分别为0.819、0.759、0.756和0.709。“入世”后，以上四个行业的非国有经济比重还是位居前列，mark_2均值分别为0.960、0.948、0.923和0.917。这说明，这四个行业非国有经济一直发展得较好。（3）从“入世”前后不同行业mark_2的变化率可以看出，“入世”前后非国有经济的发展速度存在明显的行业差异。“入世”前，航天器制造业非国有经济的发展速度最快，mark_2增长率高达377.778%；“入世”后，雷达及配套设备制造业非国有经济的发展速度最快，mark_2增长率为97.561%。此外，“入世”前，家用视听设备制造业中的非国有经济比重出现了负增长；而“入世”后，航天器制造业中的非国有经济比重出现了负增长。

四、其他三个方面指数的变化及行业差异

从表2.8（行业产品市场化进程指数mark_3的测算结果）和表2.9（不同时间段mark_3的均值和变化率测算结果）可以看出，1995~2010年间，17个细分行业产品市场化进程指数都呈现出上升趋势，这说明，中国高技术细分行业产品市场在这一期间得到了较好地发展。而且，产品市场化的程度存在明显行业差异，具体来说：

表 2.8　　行业产品市场化进程指数测算结果

	1995年	1996年	1997年	1998年	1999年	2000年	2001年	2002年	2003年	2004年	2005年	2006年	2007年	2008年	2009年	2010年
H01	0.534	0.514	0.521	0.527	0.587	0.582	0.598	0.614	0.667	0.711	0.725	0.781	0.73	0.743	0.726	0.728
H02	0.578	0.572	0.597	0.609	0.651	0.667	0.694	0.723	0.739	0.748	0.783	0.79	0.762	0.777	0.768	0.789
H03	0.670	0.665	0.678	0.653	0.686	0.694	0.703	0.717	0.726	0.747	0.789	0.788	0.823	0.828	0.745	0.779
H04	0.109	0.161	0.111	0.169	0.173	0.174	0.181	0.195	0.202	0.215	0.187	0.21	0.222	0.224	0.234	0.251
H05	0.089	0.075	0.063	0.094	0.096	0.108	0.209	0.283	0.396	0.402	0.442	0.474	0.436	0.494	0.402	0.417
H06	0.460	0.376	0.452	0.461	0.457	0.435	0.447	0.502	0.554	0.543	0.564	0.583	0.622	0.639	0.548	0.595
H07	0.207	0.218	0.196	0.259	0.236	0.244	0.288	0.346	0.415	0.426	0.461	0.446	0.445	0.387	0.402	0.414
H08	0.394	0.426	0.498	0.506	0.514	0.531	0.541	0.543	0.583	0.537	0.566	0.537	0.526	0.565	0.482	0.512
H09	0.303	0.329	0.328	0.344	0.361	0.375	0.371	0.423	0.466	0.475	0.517	0.543	0.562	0.582	0.531	0.568
H10	0.525	0.524	0.537	0.522	0.562	0.574	0.584	0.631	0.642	0.663	0.675	0.682	0.687	0.727	0.675	0.688
H11	0.486	0.454	0.424	0.418	0.449	0.445	0.456	0.463	0.448	0.523	0.57	0.597	0.635	0.647	0.58	0.622
H12	0.669	0.731	0.763	0.729	0.736	0.762	0.792	0.801	0.812	0.843	0.851	0.862	0.876	0.886	0.804	0.828
H13	0.739	0.791	0.785	0.804	0.815	0.832	0.857	0.878	0.895	0.905	0.922	0.917	0.935	0.946	0.896	0.911
H14	0.647	0.659	0.688	0.684	0.681	0.665	0.691	0.717	0.729	0.743	0.764	0.779	0.838	0.839	0.784	0.814
H15	0.685	0.696	0.748	0.737	0.771	0.776	0.763	0.766	0.779	0.761	0.782	0.754	0.786	0.798	0.715	0.767
H16	0.733	0.741	0.728	0.712	0.711	0.688	0.706	0.741	0.747	0.788	0.783	0.76	0.794	0.838	0.816	0.845
H17	0.702	0.717	0.715	0.68	0.7	0.681	0.716	0.729	0.775	0.791	0.832	0.806	0.801	0.796	0.822	0.848

注：表中的 H 代表细分行业编码，具体为，化学药品制造业（H01），中药材及中成药加工业（H02），生物制品制造业（H03），飞机制造及修理业（H04），航天器制造业（H05），通信设备制造业（H06），雷达及配套设备制造业（H07），广播电视设备制造业（H08），电子器件制造业（H09），电子元件制造业（H10），家用视听设备制造业（H11），其他电子设备制造业（H12），电子计算机整机制造业（H13），电子计算机外部设备制造业（H14），办公设备制造业（H15），医疗设备及器械制造业（H16），仪器仪表制造业（H17）。

表 2.9　　行业产品市场化进程的均值和增长率

行业及代码		均值			增长率		
		1995 ~ 2001 年	2002 ~ 2010 年	1995 ~ 2010 年	1995 ~ 2001 年	2002 ~ 2010 年	1995 ~ 2010 年
H01	化学药品制造业	0.552	0.714	0.643	11.985	18.567	36.330
H02	中成药制造业	0.624	0.764	0.703	20.069	9.129	36.505
H03	生物制品制造业	0.678	0.771	0.731	4.925	8.647	16.269
H04	飞机制造及修理业	0.154	0.216	0.189	66.055	28.718	130.275
H05	航天器制造业	0.105	0.416	0.280	134.831	47.350	368.539
H06	通信设备制造业	0.441	0.572	0.515	-2.826	18.526	29.348
H07	雷达及配套设备制造业	0.235	0.416	0.337	39.130	19.653	100.000
H08	广播电视设备制造业	0.487	0.539	0.516	37.310	-5.709	29.949
H09	电子器件制造业	0.344	0.519	0.442	22.442	34.279	87.459
H10	电子元件制造业	0.547	0.674	0.619	11.238	9.033	31.048
H11	家用视听设备制造业	0.447	0.565	0.514	-6.173	34.341	27.984
H12	其他电子设备制造业	0.740	0.840	0.797	18.386	3.371	23.767
H13	电子计算机整机制造业	0.803	0.912	0.864	15.968	3.759	23.275
H14	电子计算机外部设备制造业	0.674	0.779	0.733	6.801	13.529	25.811
H15	办公设备制造业	0.739	0.768	0.755	11.387	0.131	11.971
H16	医疗设备及器械制造业	0.717	0.790	0.758	-3.683	14.035	15.280
H17	仪器仪表制造业	0.702	0.800	0.757	1.994	16.324	20.798

（1）不同细分行业产品市场化程度存在很大的差距。1995 ~ 2010 年间，mark_3 的均值显示，电子计算机整机制造业、其他电子设备制造业、医疗设备及器械制造业等三个行业的产品市场化程度位居前三名，mark_3 均值分别为 0.864、0.797 和 0.758。这说明，电子计算机整机制造业等行业产品市场化程度较高。而飞机制造及修理业、航天器制造业、雷达及配套设备制造业等行业的 mark_3 的均值较小，分别为 0.189、0.280、0.337。说明这三个高技术行业的产品市场化程度还较低。比较起来，电子计算机整机制造业的 mark_3 均值，是飞机制造及修理业的约 4 倍。

（2）1995～2010 年间，有些行业产品市场化程度一直较高。例如，电子计算机整机制造业、其他电子设备制造业、医疗设备及器械制造业等行业 1995 年的产品市场化程度位居前列，mark_3 值分别为 0.739、0.669、0.733；到 2010 年时，产品市场化程度得到了进一步提高，mark_3 值分别上升 0.911、0.828、0.845。

（3）有些行业的产品市场化程度在 1995～2010 年间虽然得到了一定程度的提高，但是产品市场化水平还是相对较低。例如，飞机制造及修理业、航天器制造业、雷达及配套设备制造业等行业的产品市场化程度，在 15 年间虽然分别提高了 130.275%、368.539%、100.000%，位列提升幅度最高的三个行业；但是，三个行业 2010 年 mark_3 值分别为 0.251、0.417 和 0.414，远远低于电子计算机整机制造业的产品市场化程度（2010 年值为 0.911）。

从表 2.10（行业要素市场化进程指数 mark_4 的测算结果）和表 2.11（不同时间段 mark_4 的均值和变化率测算结果）可以看出，1995～2010 年间，17 个细分行业要素市场化进程指数都呈现出上升趋势，这说明，中国高技术细分行业要素市场在这一期间得到了较好的发展。但是，高技术细分行业的要素市场化的程度存在明显差异，具体来说：

（1）不同细分行业要素市场化进程存在很大的差异。表 2.11 中，1995～2010 年间 mark_4 的均值显示，电子器件制造业、通信设备制造业、电子计算机整机制造业等行业的要素市场化程度位居前三名，mark_4 均值分别为 0.530、0.514 和 0.502。这说明，电子器件制造业等行业要素市场的发展水平较高。而航天器制造业、雷达及配套设备制造业、中成药制造业等行业的 mark_4 的均值较小，分别为 0.135、0.226、0.337。这说明，航天器制造业等行业的要素市场发育程度还较低。比较起来，电子器件制造业的 mark_4 均值是航天器制造业的 4 倍多。

（2）1995～2010 年间，有些行业要素市场化程度得到了较大幅度的提高，而有些行业的提高幅度较小。例如，办公设备制造业、

表 2.10　行业要素市场化进程指数测算结果

	1995年	1996年	1997年	1998年	1999年	2000年	2001年	2002年	2003年	2004年	2005年	2006年	2007年	2008年	2009年	2010年
H01	0.161	0.128	0.129	0.137	0.155	0.152	0.190	0.213	0.273	0.308	0.351	0.446	0.538	0.538	0.517	0.660
H02	0.101	0.157	0.273	0.213	0.259	0.243	0.259	0.258	0.335	0.329	0.325	0.358	0.400	0.426	0.357	0.450
H03	0.139	0.174	0.216	0.267	0.331	0.329	0.220	0.257	0.321	0.334	0.393	0.541	0.451	0.471	0.347	0.468
H04	0.313	0.235	0.343	0.131	0.278	0.262	0.369	0.357	0.199	0.217	0.335	0.392	0.418	0.457	0.371	0.385
H05	0.101	0.146	0.174	0.116	0.151	0.129	0.101	0.175	0.153	0.108	0.128	0.158	0.152	0.118	0.126	0.129
H06	0.241	0.365	0.359	0.246	0.218	0.342	0.357	0.440	0.439	0.583	0.651	0.707	0.761	0.747	0.883	0.885
H07	0.233	0.117	0.207	0.228	0.262	0.215	0.152	0.204	0.246	0.205	0.207	0.244	0.226	0.221	0.317	0.325
H08	0.167	0.134	0.143	0.116	0.170	0.172	0.161	0.214	0.251	0.366	0.495	0.623	0.604	0.560	0.549	0.645
H09	0.401	0.318	0.358	0.316	0.362	0.325	0.319	0.453	0.468	0.603	0.769	0.730	0.766	0.791	0.748	0.745
H10	0.078	0.078	0.068	0.057	0.091	0.121	0.309	0.465	0.554	0.671	0.645	0.717	0.726	0.676	0.666	0.691
H11	0.183	0.239	0.287	0.309	0.280	0.332	0.333	0.378	0.359	0.439	0.546	0.561	0.617	0.635	0.635	0.594
H12	0.073	0.091	0.128	0.198	0.240	0.176	0.313	0.379	0.482	0.539	0.690	0.685	0.687	0.714	0.652	0.709
H13	0.114	0.192	0.153	0.190	0.273	0.312	0.438	0.568	0.583	0.623	0.715	0.726	0.745	0.791	0.803	0.812
H14	0.108	0.122	0.157	0.246	0.250	0.304	0.425	0.534	0.535	0.610	0.680	0.758	0.719	0.775	0.797	0.733
H15	0.051	0.067	0.088	0.083	0.123	0.128	0.271	0.320	0.480	0.443	0.508	0.527	0.591	0.486	0.519	0.505
H16	0.069	0.105	0.145	0.159	0.206	0.214	0.252	0.281	0.307	0.372	0.390	0.403	0.413	0.387	0.361	0.337
H17	0.068	0.097	0.101	0.167	0.177	0.221	0.287	0.314	0.388	0.385	0.435	0.567	0.599	0.545	0.328	0.484

注：表中的 H 代表细分行业编码，具体为，化学药品制造业（H01），中药材及中成药加工业（H02），生物制品制造业（H03），飞机制造及修理业（H04），航天器制造业（H05），通信设备制造业（H06），雷达及配套设备制造业（H07），广播电视设备制造业（H08），电子器件制造业（H09），电子元件制造业（H10），家用视听设备制造业（H11），其他电子设备制造业（H12），电子计算机整机制造业（H13），电子计算机外部设备制造业（H14），办公设备制造业（H15），医疗设备及器械制造业（H16），仪器仪表制造业（H17）。

其他电子设备制造业、电子元件制造业等行业的 mark_4 分别增长了 890.196%、871.233%、785.897%（还有些行业 mark_4 增长率超过了 100%），而飞机制造及修理业、航天器制造业、雷达及配套设备制造业等行业 mark_4 增长率仅为 23.003%、27.723%、39.485%。办公设备制造业的 mark_4 增长率，是飞机制造及修理业的 30 多倍。

表 2.11　　行业要素市场化进程的均值和增长率

行业及代码		均值			增长率		
		1995 ~ 2001 年	2002 ~ 2010 年	1995 ~ 2010 年	1995 ~ 2001 年	2002 ~ 2010 年	1995 ~ 2010 年
H01	化学药品制造业	0.150	0.427	0.306	18.012	209.859	309.938
H02	中成药制造业	0.215	0.360	0.296	156.436	74.419	345.545
H03	生物制品制造业	0.239	0.398	0.329	58.273	82.101	236.691
H04	飞机制造及修理业	0.276	0.348	0.316	17.891	7.843	23.003
H05	航天器制造业	0.131	0.139	0.135	0.000	-26.286	27.723
H06	通信设备制造业	0.304	0.677	0.514	48.133	101.136	267.220
H07	雷达及配套设备制造业	0.202	0.244	0.226	-34.764	59.314	39.485
H08	广播电视设备制造业	0.152	0.479	0.336	-3.593	201.402	286.228
H09	电子器件制造业	0.343	0.675	0.530	-20.449	64.459	85.786
H10	电子元件制造业	0.115	0.646	0.413	296.154	48.602	785.897
H11	家用视听设备制造业	0.280	0.529	0.420	81.967	57.143	224.590
H12	其他电子设备制造业	0.174	0.615	0.422	328.767	87.071	871.233
H13	电子计算机整机制造业	0.239	0.707	0.502	284.211	42.958	612.281
H14	电子计算机外部设备制造业	0.230	0.682	0.485	293.519	37.266	578.704
H15	办公设备制造业	0.116	0.487	0.324	431.373	57.813	890.196
H16	医疗设备及器械制造业	0.164	0.361	0.275	265.217	19.929	388.406
H17	仪器仪表制造业	0.160	0.449	0.323	322.059	54.140	611.765

（3）有些行业要素市场的发展程度虽在 1995 ~ 2010 年间得到了提高，但是要素市场发展的速度较慢，要素市场化程度还相对较低。例如，飞机制造及修理业、航天器制造业、雷达及配套设备制

造业等行业的要素市场化程度虽然得到了提高，但提升的幅度并不高，1995～2010 年间 mark_4 增长率分别为 23.003%、27.723%、39.485%；三个行业 2010 年的 mark_4 值仍较低，分别为 0.385、0.129 和 0.325，远远低于通信设备制造业 2010 年要素市场化程度（值为 0.885）。

从表 2.12（行业制度环境方面指数 mark_5 的测算结果）和表 2.13（不同时间段 mark_5 的均值和变化率测算结果）可以看出，1995～2010 年间，17 个细分行业制度环境方面指数都呈现出上升趋势，这说明，中国高技术细分行业制度环境在这一期间都得到了改善。但是，不同细分行业的制度环境状况存在明显差异，具体来说：

（1）不同细分行业制度环境状况存在很大的差距。例如，1995～2010 年间，mark_5 的均值显示，医疗设备及器械制造业、中成药制造业、电子计算机外部设备制造业、电子计算机整机制造业等行业的 mark_5 均值位居前列，分别为 0.149、0.137、0.134 和 0.123。这说明，医疗设备及器械制造业等行业所面对的制度环境较好。而飞机制造及修理业、航天器制造业、雷达及配套设备制造业等行业的 mark_5 的均值较小，分别为 0.028、0.021、0.021。这说明，飞机制造及修理业等行业所面对的制度环境亟待进一步改善。比较起来，医疗设备及器械制造业的 mark_5 均值是飞机制造及修理业的约 5 倍。

（2）1995～2010 年间，不同细分行业制度环境改善的速度存在明显差异。虽然，1995 年所有细分行业 mark_5 值都较小，制度环境状况都较差；但是，2010 年时，有些细分行业的 mark_5 值提升的幅度显著高于其他行业。例如，广播电视设备制造业、家用视听设备制造业、电子计算机外部设备制造业等行业的 mark_5 值分别增长了 2275.000%、1250.000%、1182.609%。比较起来，广播电视设备制造业制度环境改善的幅度是办公设备制造业的 9 倍多。

表 2.12 行业制度环境方面指数的测算结果

	1995年	1996年	1997年	1998年	1999年	2000年	2001年	2002年	2003年	2004年	2005年	2006年	2007年	2008年	2009年	2010年
H01	0.013	0.017	0.021	0.019	0.025	0.028	0.032	0.038	0.043	0.092	0.090	0.063	0.071	0.064	0.087	0.075
H02	0.038	0.065	0.068	0.080	0.043	0.102	0.132	0.111	0.155	0.211	0.259	0.197	0.181	0.166	0.183	0.201
H03	0.016	0.022	0.023	0.027	0.036	0.031	0.041	0.043	0.071	0.056	0.058	0.073	0.095	0.093	0.113	0.081
H04	0.014	0.012	0.012	0.017	0.013	0.017	0.019	0.02	0.021	0.017	0.021	0.025	0.031	0.057	0.070	0.078
H05	0.014	0.012	0.013	0.012	0.014	0.011	0.015	0.012	0.013	0.004	0.007	0.012	0.022	0.033	0.049	0.069
H06	0.019	0.018	0.022	0.025	0.026	0.031	0.039	0.072	0.09	0.112	0.133	0.228	0.218	0.174	0.223	0.171
H07	0.013	0.014	0.013	0.015	0.016	0.012	0.012	0.013	0.017	0.010	0.015	0.022	0.030	0.025	0.037	0.065
H08	0.012	0.013	0.015	0.013	0.015	0.019	0.023	0.043	0.175	0.160	0.158	0.141	0.236	0.254	0.239	0.285
H09	0.016	0.024	0.023	0.026	0.027	0.035	0.038	0.043	0.092	0.119	0.053	0.107	0.121	0.160	0.192	0.216
H10	0.012	0.008	0.006	0.013	0.008	0.018	0.018	0.019	0.024	0.073	0.069	0.056	0.062	0.083	0.127	0.103
H11	0.016	0.020	0.014	0.044	0.06	0.08	0.061	0.107	0.113	0.168	0.210	0.249	0.204	0.157	0.250	0.197
H12	0.019	0.026	0.029	0.035	0.431	0.051	0.069	0.073	0.083	0.105	0.083	0.042	0.160	0.167	0.157	0.166
H13	0.029	0.036	0.043	0.057	0.068	0.086	0.123	0.143	0.124	0.114	0.137	0.194	0.167	0.182	0.207	0.254
H14	0.023	0.029	0.038	0.065	0.069	0.085	0.094	0.137	0.151	0.165	0.169	0.175	0.164	0.220	0.271	0.295
H15	0.035	0.027	0.026	0.027	0.022	0.026	0.033	0.032	0.037	0.054	0.073	0.106	0.093	0.094	0.134	0.122
H16	0.016	0.022	0.030	0.039	0.163	0.111	0.082	0.091	0.117	0.148	0.218	0.214	0.287	0.380	0.296	0.167
H17	0.013	0.017	0.019	0.024	0.024	0.028	0.033	0.065	0.062	0.107	0.051	0.085	0.112	0.156	0.233	0.147

注：表中的 H 代表细分行业编码，具体为，化学药品制造业（H01），中药材及中成药加工业（H02），生物制品制造业（H03），飞机制造及修理业（H04），航天器制造业（H05），通信设备制造业（H06），雷达及配套设备制造业（H07），广播电视设备制造业（H08），电子器件制造业（H09），电子元件制造业（H10），家用视听设备制造业（H11），其他电子设备制造业（H12），电子计算机整机制造业（H13），电子计算机外部设备制造业（H14），办公设备制造业（H15），医疗设备及器械制造业（H16），仪器仪表制造业（H17）。

表 2.13　　行业制度环境方面指数的均值和增长率

行业及代码		均值			增长率		
		1995～2001 年	2002～2010 年	1995～2010 年	1995～2001 年	2002～2010 年	1995～2010 年
H01	化学药品制造业	0.022	0.069	0.049	146.154	97.368	476.923
H02	中成药制造业	0.075	0.185	0.137	247.368	81.081	428.947
H03	生物制品制造业	0.028	0.076	0.055	156.250	88.372	406.250
H04	飞机制造及修理业	0.015	0.038	0.028	35.714	290.000	457.143
H05	航天器制造业	0.013	0.028	0.021	7.143	475.000	392.857
H06	通信设备制造业	0.026	0.158	0.100	105.263	137.500	800.000
H07	雷达及配套设备制造业	0.014	0.026	0.021	-7.692	400.000	400.000
H08	广播电视设备制造业	0.016	0.188	0.113	91.667	562.791	2275.000
H09	电子器件制造业	0.027	0.123	0.081	137.500	402.326	1250.000
H10	电子元件制造业	0.012	0.068	0.044	50.000	442.105	758.333
H11	家用视听设备制造业	0.042	0.184	0.122	281.250	84.112	1131.250
H12	其他电子设备制造业	0.094	0.115	0.106	263.158	127.397	773.684
H13	电子计算机整机制造业	0.063	0.169	0.123	324.138	77.622	775.862
H14	电子计算机外部设备制造业	0.058	0.194	0.134	308.696	115.328	1182.609
H15	办公设备制造业	0.028	0.083	0.059	-5.714	281.250	248.571
H16	医疗设备及器械制造业	0.066	0.213	0.149	412.500	83.516	943.750
H17	仪器仪表制造业	0.023	0.113	0.074	153.846	126.154	1030.769

（3）有些行业的制度环境在 1995～2010 年间虽然得到了一定程度的改善，但是制度环境质量亟待提高。例如，飞机制造及修理业、航天器制造业、雷达及配套设备制造业等行业的制度环境，在 15 年间虽然分别提高了 457.143%、392.857%、400.000%；但是，三个行业 2010 年 mark_5 值仍然较低，分别为 0.078、0.069 和 0.065。这说明，飞机制造及修理业等行业的制度环境状况远远不如电子计算机外部设备制造业（2010 年值为 0.295）。

第四节 研究结论

研究行业市场化进程对创新的影响，准确测算高技术产业的市场化程度是前提条件。基于此，本着在对既有衡量指标优缺点进行分析的基础上，从政府与市场的关系、非国有经济的发展、产品市场与要素市场的发育程度以及制度环境等五个方面构建一套评价行业市场化进程的指标体系；并依据构建的行业市场化进程指标体系，从行业层面测算了高技术产业市场化进程指数和五个方面指数。主要结论如下：

第一，市场化改革进程是一个系统的过程，涉及一系列经济、社会、法律制度的变革，或者说是一系列的大规模制度变迁，既有文献仅仅使用一个或几个代理变量衡量行业市场化进程应该是不全面的。

本章从政府与市场的关系、非国有经济的发展、产品市场的发育程度、要素市场的发育程度、市场中介组织发育和法律制度环境等方面衡量行业市场化的进程。既提供了更加丰富的行业市场化进程内涵，且符合行业市场化进程的特点，又具有较长期间数据，优势很明显。

第二，1995～2010 年的市场化指数总体呈上升趋势。

其中，1995～1998 年间是一个平稳上升期；尤其是 1999 年之后，市场化指数进入了一个快速上升期，由 0.194 增加到 2010 年的 0.444，这说明 1999 年以后中国高技术产业的市场化进程明显加快。值得注意的是，1998～1999 年以及 2008～2009 年的市场化指数出现了小幅下降，说明这两个时期高技术产业市场化进程受到了一定程度的不利冲击，而这种不利冲击可能与 1997 年东南亚金融危机及 2008 年全球金融危机有关。

第三，1995～2010 年间，中国高技术细分行业的市场化水平存在明显的差异。

办公设备制造业、电子计算机外部设备制造业、其他电子设备制造业等行业的市场化程度较高，而雷达及配套设备制造业、飞机制造及修理业、航天器制造业等市场化程度较低。“入世”后，大多数细分行业市场化水平的均值都变大了，这说明“入世”后，高技术细分行业的市场化水平都得到了提高，这也表明“入世”对高技术产业的市场化水平有一定程度的促进作用。此外，各个细分行业市场化进程的变化速度也存在明显的区别，说明了行业间市场化速度存在显著的差异。

第四，政府与市场关系方面指数的测算结果表明，1995～2010年间，高技术产业的政府干预程度存在明显的行业差异。

政府对大多数高技术细分行业的干预程度在不断下降，但是，政府对生物制品制造业、飞机制造及修理业、航天器制造业、雷达及配套设备制造业等行业的干预力度不仅没有下降反而得到了强化，这可能与生物制品制造业等行业在国民经济中独特的重要地位有关。此外，各个细分行业政府干预强度的变化速度也存在明显的区别，且“入世”前后细分行业的政府干预的强度也差异显著。

第五，1995～2010年间，高技术产业的非国有经济、产品市场与要素市场都得到了较好的发展。

但是，不同细分行业的发展程度存在明显的差异，电子计算机整机制造业等行业的发展程度较好，而飞机制造及修理业、航天器制造业、雷达及配套设备制造业等行业的发展程度较低。此外，各个细分行业非国有经济、产品市场与要素市场的发展速度也存在明显的区别，且“入世”前后三个方面指数的发展程度也存在显著的行业差异。

第六，高技术产业的制度环境在1995～2010年间得到了较大程度的改善，但是不同细分行业的制度环境状况存在明显差异。

医疗设备及器械制造业、电子计算机外部设备制造业、电子计算机整机制造业等行业的制度环境较好，而飞机制造及修理业、航天器制造业、雷达及配套设备制造业等行业的制度环境亟待进一步改善。此外，高技术产业制度环境的改善速度存在明显的行业差异，且“入世”前后各个细分行业制度环境的改善速度也存在显著的差距。

第三章

行业市场化进程对创新投入的影响[①]

本章考察行业市场化进程对创新投入的影响，即本书的 ICPPD 理论框架中行业市场化进程（I，Institution）与创新行为（C，Conduct）之间的关系。将沿着以下思路探讨四个问题：（1）在理论层面分析的基础上，提出了行业市场化改革影响研发投入的几个重要假说；（2）从行业层面对理论假说进行经验验证，考察行业市场化进程对创新资本投入和创新人力投入的影响及其差异；（3）进一步实证考察了行业市场化进程五个方面指数对创新资本投入和创新人力投入的影响差异；（4）运用乘积项方法和中介效应检验方法，实证检验行业市场化进程如何通过新产品需求、筹资环境和产权结构等传导机制影响高技术产业研发投入。

第一节　引　　言

文献检索结果表明，从市场化改革视角关注创新投入（或 R&D 投入）的文献并不多见，目前，仅有吴延兵（2007，2009）、

① 本章内容主要由 2013 年戴魁早和刘友金的论文《市场化改革对中国高技术产业研发投入的影响》（载《科学学研究》2013 年第 1 期）修改和完善而成。

李春涛和宋敏（2010）关注了经济体制转型过程中产权结构对中国制造业 R&D 投入的影响。然而，中国的市场化改革是由一系列经济、社会、法律体制的变革组成，涉及体制的方方面面（樊纲等，2011）；其既会影响产权结构，也会影响企业（或产业）R&D 活动所处的市场环境，而陈仲常和余翔（2007）、蔡地和万迪昉（2012）的研究也发现，筹资环境和制度等市场环境的变化是影响产业 R&D 投入的重要因素。基于此，本章进一步考察经济体制转型背景下行业市场化改革对 R&D 投入的影响，试图通过文献的梳理和归纳，总结出行业市场化改革影响 R&D 投入的途径和机制，并利用中国高技术产业 1995～2010 年行业层面的面板数据，实证考察行业市场化改革对中国高技术产业 R&D 人力投入和 R&D 资本投入的影响。考虑到市场化改革主要是通过影响市场化水平、新产品需求和筹资环境等市场环境以及产权结构对企业（或者产业）R&D 投入产生的影响，在实证过程中，本章将采用市场化水平、新产品需求、筹资环境和产权结构等指标来反映市场化改革。

本章的研究对现有文献的拓展，主要体现在以下几个方面：第一，在 SCP 范式下构建一个涵盖制度因素的 ISEC 分析框架来探讨行业市场化改革与 R&D 投入的内在关系，据此提出市场化改革影响 R&D 投入的重要假说，并选取中国高技术产业的面板数据对这些假说进行实证检验。第二，已有研究仅仅采用产权结构来反映中国经济体制转轨背景下的市场化改革，然而行业市场化不仅会通过产权结构影响 R&D 投入，也会通过影响新产品需求和筹资环境对 R&D 投入产生影响。基于此，本章既考虑产权结构的影响，又考虑市场化水平、新产品需求和筹资环境等市场环境对 R&D 投入的影响。第三，实证考察了行业市场化进程五个方面指数对创新资本投入和创新人力投入的影响差异，这是既有研究尚未涉及的领域。第四，运用乘积项方法和中介效应检验方法，实证检验行业市场化进程如何通过新产品需求、筹资环境和产权结构等传导机制影响高技术产业研发投入。第五，加入 WTO 是中国市场化改革进一步深化的重大标志，因而“入世”前后市场环境和产权结构等都可能存在较大差异；为此，本章进一步实证考察了“入世”前后行业市场化进程、新产品需求、筹资环境和产权结构等对中国高技术产业R&D投入的影响是否存在差异。

第二节 理论分析与研究假说

一、分析框架

自熊彼特提出创新理论以来，不同市场结构对创新的影响一直是产业组织理论的焦点问题之一。众多学者（Cohen，Klepper，1996；Jefferson et al.，2006；吴延兵，2009）在产业组织理论重要分支哈佛学派的SCP范式下，探究了市场结构与创新行为（R&D投入）、创新绩效（专利产出和新产品产出）之间的关系。其中，不同市场结构对R&D投入的影响（结构S→行为C），是学术界关注的重中之重。然而，已有研究大多都是针对西方发达国家——特别是美国，这些国家有清晰的产权制度安排、成熟的市场经济制度和完善的法治环境，研究者往往将研究的重点集中于企业规模和市场集中度等非制度因素对创新行为的影响。但对处于计划经济或经济转型期的国家——中国而言，制度因素也是影响企业创新行为的重要因素（Baumol，2002；吴延兵，2007，2009；蔡地，万迪昉，2012）。为此，需要在SCP范式的基础上，构建涵盖了制度因素I（Institution）扩展的分析框架来探讨经济体制转型时期制度因素对创新行为（R&D投入）的影响。在运用SCP范式研究中国经济体制转型时期制度因素的影响时，于良春和张伟（2010）构造了扩展的ISCP分析框架探讨了垄断行业市场化改革对行业效率提高的影响。

基于此，本章借鉴于良春和张伟（2010）等构建起的ISCP分析框架，考虑到市场结构与创新行为的内在关系，形成了行业市场化改革对R&D投入作用机制的ISEC分析框架，如图3.1所示。由于市场化改革是推动中国市场制度转轨的主要因素，因此，本章中的I（Institution）是指，高技术产业的市场化改革；而且，行业市场化改革不仅会对结构产生影响，而且作为外部变量其会通过改变市场环境（Environments）对厂商的创新行为产生影响。ISEC框架中，S（Structure）反映细分行业的市场结构和产权结构，E（Environments）表示细分行业的市场环境（即影响企业创新行为的环境因素，主要包括新产品需求和筹资环境），C（Conduct）反映高技术行业的创新行为，在本章中主要指细分行业的R&D投入。通过ISEC框架，本章建立起市场化改革、市场结构、产权结构、市场环境与R&D投入之间的作用机制，见图3.1。

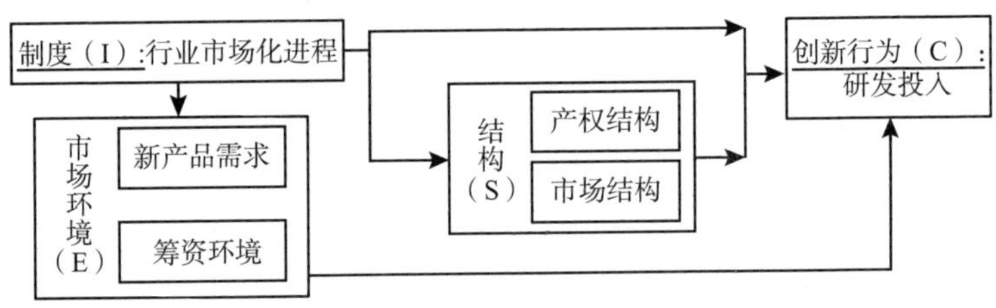

图3.1　ISEC分析框架：行业市场化进程影响R&D投入的机制

二、理论分析与研究假说

在ISEC分析框架中，行业市场化程度的提高既会对企业或者行业创新行为产生直接的影响，又会通过改变市场结构和产权结构影响高技术企业的创新行为，还会通过改变新产品的市场需求和筹资环境等市场环境对高技术企业或行业的创新行为产生影响。基于此，本章提出如下研究假说。

1. 行业市场化水平对高技术产业 R&D 投入的影响

在一个经济体内，企业规模和盈利能力等内外部因素对企业创新行为的影响要受到市场条件的约束，市场化水平的高低决定着这种影响的大小。市场化水平主要反映在政府与市场的关系、非国有经济的发展、产品市场与要素市场的发育程度、市场中介组织发育和法律制度环境五个方面的进展（樊纲等，2011）。因而，市场化水平对 R&D 投入的影响主要体现在这些方面：（1）市场化水平越高意味着政府的行政干预较少，行政性垄断扭曲配置的资源大大降低，这有助于提高 R&D 资源的配置效率，因而可以将有限的 R&D 资源更多地投入适应市场需求的新产品 R&D 活动中去。（2）市场化水平越高，也意味着要素市场的发育程度更高，可以提高 R&D 资源在市场的合理流动以及市场吸纳 R&D 资源的能力，这有利于为企业的创新活动提供 R&D 资金和 R&D 人力；而更发育的产品市场对新产品信息的传递更为有效，这会促进企业针对新产品需求信息进行 R&D 活动（陈仲常，余翔，2007）。（3）非国有经济的发展，行业中的企业数量会不断增加，产品的市场垄断水平因而会逐渐下降；而市场竞争程度的提高，会激励企业增加 R&D 投入以保持和获得竞争优势。（4）法律制度环境改善可以为企业的创新活动提供良好的外部制度环境（樊纲等，2011），这会促进企业的 R&D 投入的增长——如知识产权制度完善激励着企业更多 R&D 投入（蔡地，万迪昉，2012）。

基于此，本章提出有待检验的**假说 3.1**：经济体制改革所导致的行业市场化水平提高，促进了中国高技术产业 R&D 投入的增长。

2. 新产品需求对高技术产业 R&D 投入的影响

在经济体制转型过程中，市场化改革会促进经济增长和居民收入水平的提高（樊纲等，2011）；而居民收入水平的提高则会促进需求结构的升级，进而引致新产品市场需求的增长（沈坤荣，刘东皇，2011）。理论与实证研究表明，新产品的市场需求增长对企业（为追求利润）的 R&D 活动有着重要影响，其影响主要体现在两个方面：一方面，在市场信息有效传递的前提下，新产品需求的增加会引起新产品生产的增加或者新产品价格的提高；而新产品生产的增加和新产品价格的提高，都会激励企业加大 R&D 投入去研发更多的新产品（陈仲常，余翔，2007）；另一方面，企业的创新行为受到创新成功可能带来的收益以及成功概率的影响，而新产品需求的增加提高了创新成功可能带来的收益，也反映了市场对企业 R&D 活动的认可（即降低了 R&D 成功与否的不确定性），因而企业会有更大的动机提高 R&D 投入（Klette，Griliches，2000）。据此，本章提出以下假说：

假说 3.2a：新产品需求增长促进了中国高技术产业的 R&D 投入增长。

假说 3.2b：行业市场化水平的提高所引起的新产品需求增长，促进了中国高技术产业的 R&D 投入增长。

3. 筹资环境变化对高技术产业 R&D 投入的影响

筹资环境的变化会直接影响企业进行 R&D 活动时所能筹集到的资金，从而对企业的 R&D 投入产生外在的影响。这是因为，一方面，筹资环境的变化会影响企业所能获得的 R&D 资金的数量和成本；另一方面，筹资环境的变化会影响企业 R&D 资金的投向，不同的资金来源可能会对企业的 R&D 投入产生导向作用（陈仲常，余翔，2007）。研究表明，从计划经济体制向市场经济体制转型过程中，企业 R&D 活动所面临的筹资环境是在不断变化的；在高度集中的计划经济下，企业 R&D 活动的资金主要来源于政府的财经拨款；而在市场经济体制下，企业 R&D 活动的资金则主要来源于金融机构贷款以及企业自有资金（Baumol，2002）。在经济体制转型过程中，市场化改革有助于动员社会资金通过金融机构投入企业的 R&D 活动中；因而，市场化改革会不断地改善企业 R&D 活动的筹资环境，进而能够弥补企业自有 R&D 资金的不足。针对中国的实证研究也发现，R&D 资金缺乏是阻碍企业 R&D 活动开展的最重要因素。因此，在存在资金缺口的情况下，金融机构贷款作为中国高技术企业 R&D 资金的重要组成部分，对于促进其 R&D 投入的提高有着重要的意义（解维敏，方红星，2011）。基于此，本章提出有待检验的假说：

假说 3. 3a：筹资环境的改善，促进了中国高技术产业 R&D 投入的增长。

假说 3. 3b：行业市场化水平提高所带来的筹资环境改善，促进了中国高技术产业 R&D 投入的增长。

4. 产权结构对高技术产业 R&D 投入的影响

中国的市场化改革，是从传统计划经济体制向社会主义市场经济体制转型，从而建立起清晰的产权制度和成熟的市场经济制度。在经济体制转型过程中，产权制度和产权结构是影响创新行为的重要因素。在高度集中的计划经济下，模糊的产权制度会导致企业家将企业资源投入到“寻租”活动中去，这会对企业的研发投入产生挤出效应。而自由市场经济清晰的产权制度为那些成功引入生产创新的企业家提供了丰厚的回报，并且市场经济中的竞争压力促使企业坚持不懈地投资于创新活动，因而会不断增加研发投入（Baumol，2002）。国外的经验研究也表明，在一个预算软约束框架下分析了集权经济下的官僚主义对创新活动的投入产生了阻碍作用（Qian，Xu，1998），而分权则激励了企业对 R&D 活动的投入（Huang，Xu，1998）。吴延兵（2007）针对中国工业企业的研究也得到了类似的结论，即界定清晰的产权结构有利于 R&D 资本投入的增长。由此，有如下待检验假说：

假说 3. 4a：非国有产权比例的提高，有利于高技术产业 R&D 投入的增长；或者说，国有产权过于集中不利于高技术产业 R&D 投入增长。

假说 3. 4b：行业市场化改革所导致非国有产权比例的提高，有利于高技术产业 R&D 投入的增长。

第三节　经验证据与结果解释

一、计量模型设定

基于上面的理论分析和研究假说，本章建立如下的动态面板数据模型[①]来考察行业市场化进程对中国高技术产业 R&D 投入的影响：

$$RD_{it} = \alpha RD_{i,t-1} + \beta X_{it} + \lambda_i + \varepsilon_{it} \tag{3.1}$$

式（3.1）中，下标 i 代表行业，t 代表时间。λ_i 是不可观测的行业效应；ε_{it} 为随机扰动项。α 为系数，β 为系数向量。被解释变量 RD_{it} 表示，中国高技术产业的 R&D 投入水平，解释变量 $RD_{i,t-1}$ 表示 RD_{it} 的滞后一阶，X_{it} 为影响 R&D 投入的变量，包括行业市场化进程、新产品需求、筹资环境和产权结构和其他控制变量。控制变量为市场结构变量，主要包括市场势力和企业规模；其中，行业内如果缺乏竞争可能会导致缺乏 R&D 投入的激励，行业内如果竞争太激烈可能会对企业产生 R&D 投入资源的约束，即进入不足或过度进入都不利于激励企业进行研发；而大量研究都证实了市场力量与 R&D 投入数量之间这种倒“U”型特征，并认为四厂商集中度为 54% 时创新数量达到最大（Cohen，Klepper，1996；Jefferson et al.，2006）。熊彼特的创新理论认为，规模越大的企业可以负担得起更多的研发经费投入，而针对中国的研究也证实企业规模与 R&D 投入呈正相关关系（Jefferson et al.，

---

① 本章采用动态面板数据模型还出于以下两个方面的考虑：一方面，可以防止计量模型的设定偏误，即在回归模型中加入被解释变量的滞后项，可以起到使模型能够涵盖未考虑到的可能影响 R&D 投入的内部因素和其他外部因素；另一方面，当存在一些内生性解释变量时，可以通过运用动态面板数据方法来消除模型的内生性偏误，以得到一致估计量从而提高结论的可信度。

2006；吴延兵，2009）。

上述动态面板模型虽然纳入了时间效应，但并没有消除未观察到的特殊行业效应，同时解释变量中的市场结构、新产品需求等与R&D投入之间可能具有双向因果关系，可能存在内生性问题，这会导致估计结果发生偏差，从而使得根据估计参数进行的统计推断无效。阿勒纳诺和鲍卫（Arellano，Bover，1995）建议采用一般矩估计方法（GMM）来克服动态面板数据中出现的上述两个问题。动态面板GMM估计方法的好处在于，它通过差分或使用工具变量来控制未观察到的时间和个体效应，同时还使用前期的解释变量和滞后的被解释变量作为工具变量克服内生性问题。为了消除特定行业效应，对式（3.1）进行一次差分，即：

$$RD_{it} - RD_{i,t-1} = \alpha(RD_{i,t-1} - RD_{i,t-2}) + \beta(X_{it} - X_{i,t-1}) + (\varepsilon_{it} - \varepsilon_{i,t-1}) \tag{3.2}$$

从式（3.2）可以看出，它消除了不随时间变化的行业效应，但却包含了被解释变量的滞后项为（$RD_{it} - RD_{i,t-1}$）。为了克服所有解释变量的内生性问题以及新的残差项（$\varepsilon_{i,t} - \varepsilon_{i,t-1}$）与滞后的被解释变量（$RD_{i,t-1} - RD_{i,t-2}$）之间的相关性，必须采用工具变量来进行估计。考虑到样本观察值的有限性，此处以解释变量的一阶滞后值作为工具变量。

动态面板GMM参数估计的有效性，有赖于解释变量的滞后项作为工具变量是否有效，本章依据两种方法来识别模型设定是否有效。第一种是采用Hansen检验来识别工具变量的有效性，如果不能拒绝零假设就意味着工具变量的设定是恰当的。第二种是检验残差项ε_{it}非自相关假设，即检验GMM回归系统中差分的残差项是否存在二阶序列自相关。即便原始残差项是非自相关的，它的差分序列也可能为一阶自相关，除非原始残差序列遵循一个随机游走过程。因此，差分的残差项如果存在二阶自相关，就意味着原始残差序列是自相关并至少遵循阶数为1的移动平均过程。

二、变量选取

1. 被解释变量：R&D 投入

鉴于 R&D 人力资源在企业和行业自主研发活动中的重要性，为了较全面地反映中国高技术产业的 R&D 行为，本章选取 R&D 资本投入和 R&D 人力投入两个指标来反映 R&D 投入。借鉴国内外通常的做法，本章采用 R&D 经费内部支出与 R&D 经费外部支出之和来表示 R&D 资本投入（用 LRDK 表示），并取自然对数。由于本章的 R&D 投入包括 R&D 资本投入和 R&D 人力投入，如果 R&D 资本投入包含了劳务费，就会产生重复计算的问题；为了避免重复计算，本章的 R&D 资本投入总额中扣除了劳务费。此外，由于得到的 R&D 资本数据是以当年价格表示的，因而需要以一个价格指数将其平减为不变价。本章以当年消费物价指数和固定资产投资价格指数的加权平均值来表示，其权重分别为 0.5 和 0.5。

对于 R&D 人力投入，借鉴戴魁早（2012）的做法，采用 R&D 活动人员折合全时当量表示，并取自然对数（用 LRDL 表示）；其中，R&D 活动人员折合全时当量，是指在报告年内，实际从事科技活动人员（工作时间占制度工作时间 90% 以上）中从事基础研究、应用研究和试验发展三类活动的人员（包括直接参加上述三类项目活动的人员及这三类项目的管理和服务人员）的工作时间与 R&D 活动人员中工作时间不到制度工作时间 90% 的人员工作时间所折合的全时工作时间总和。

2. 核心解释变量

行业市场化进程变量（mark）采用第二章的测算结果。同时，基于前文的理论分析和研究假说，本章核心解释变量还包括新产品需求、筹资环境变化和产权结构等，具体说明如下：

（1）新产品需求（DNPR）。一个行业的市场规模（即市场对行业产品的需求规模）在很大程度上体现在该行业产品的销售数量；行业产品的销售数量越多，表明行业的市场规模越大。因而，本章采用了中国高技术细分行业的新产品销售收入来度量市场对行业新产品的需求，并且取自然对数。由于获得新产品销售收入是用当年价表示，因此需要对数据进行调整，具体调整方法是以1995年为不变价的工业品出厂价格指数对当年价销售收入进行调整，得到各个行业实际的新产品销售收入。

（2）筹资环境变化（ENVF）。市场化改革对高技术企业筹资环境的影响，体现在企业R&D资金来源中金融机构贷款的比重越来越高。考虑数据的可获得性，参考陈仲常和余翔（2007）的做法，本章采用金融机构贷款占R&D资金的比重变化来反映高技术细分行业筹资环境的变化，即用“高技术产业细分行业科技活动经费筹集额中金融机构贷款数额/细分行业科技活动经费筹集总额”来反映筹资环境变化；该比值变大，说明高技术细分行业筹资环境在改善。

（3）产权结构（OWN）。吴延兵（2007，2009）采用国有及国有控股企业总产值占全行业的比重来反映产权结构，然而产权制度不仅仅体现在产品方面，还体现在资本和劳动力等方面（吴晓晖等，2008）。因此，为了更好地反映国有产权在产业中的结构状况，本章进行了改进，采用国有及国有控股企业总产值占全行业的比重、国有企业固定资产投资占全行业的比重和国有企业从业人员年平均余额比重的算术平均值来反映。

3. 控制变量：市场结构

市场结构一般由集中度和企业规模反映，由于中国的市场结构特征总的来说是过度竞争，市场集中度指标不适合在这类市场中衡量市场结构；并且，在这类市场中收集计算赫芬达尔指数的数据很困难；因而，陈羽等（2007）建议采用市场势力（PCM）和企业规模（SCL）两个指标来反映市场结构。

为了考察市场势力与中国高技术产业R&D投入的倒“U”型

关系，借鉴陈羽等（2007）的做法，本章采用陈和帕斯库尔（Cheung，Pascual，2004）建立的测量行业勒纳指数方法来测算中国高技术产业的市场势力，即 $PCM_{it}=\frac{(VA_{it}-W_{it})}{F_{it}}$；其中，$PCM$ 为勒纳指数，W 为劳动力成本（即工资水平），VA 为增加值，F 为总产值，i 代表行业；并用 $PCM2$ 来表示 PCM 的平方项。

关于企业规模变量（SCL），由于行业的平均销售收入可以反映企业规模，因此，本章用大中型企业平均销售收入（大中型企业销售收入/大中型企业数）、大中型企业平均固定资产净值（大中型企业固定资产净值/大中型企业数）和大中型企业的平均人员数（大中型工业企业从业人员数/大中型工业企业数）三个指标的算术平均值来表示。

三、数据说明与描述统计

本章所使用的数据，主要来源于《中国高技术产业统计年鉴》《中国统计年鉴》以及中经网。选取的样本区间为1995～2010年，样本涉及的行业包括化学药品制造业、中药材及中成药加工业、生物制品制造业、飞机制造及修理业、航天器制造业、通信设备制造业、雷达及配套设备制造业、广播电视设备制造业、电子器件制造业、电子元件制造业、家用视听设备制造业、其他电子设备制造业、电子计算机整机制造业、电子计算机外部设备制造业、办公设备制造业、医疗设备及器械制造业和仪器仪表制造业等17个高技术行业。其中，1995～2010年的工业品出厂价格指数来源于中经网，消费物价指数和各行业的固定资产投资价格指数来源于《中国统计年鉴》相关年度，其他数据都来源于《中国高技术产业统计年鉴》相关年度，表3.1是主要变量的简单描述统计。

表 3.1 主要变量的描述统计

变量	LRDK	LRDL	mark	NDPR	ENVF	OWN	PCM2	SCL
观测值数	272	272	272	272	272	272	272	272
均值	6.1687	3.7636	0.3216	3.0772	6.3304	0.3574	0.2321	2.4718
标准差	1.8850	1.3656	0.1728	2.0080	1.7628	0.3018	0.2395	7.0094
最小值	-0.3711	-0.3011	0.0004	-2.0137	0.0488	0.0153	0.0002	0.0120
最大值	10.3245	6.8927	0.5772	7.0823	10.2845	0.999	0.9004	60.4297

从图 3.2～图 3.5 数据的散点图可以比较清楚地看出，行业市场化水平（mark）、新产品需求（DNPR）和筹资环境变化（ENVF）与中国高技术产业的 R&D 资本投入（各指标与 R&D 人力投入的散点图未列出）存在明显的同向变动特征，各指标与 R&D 投入的正相关关系十分明显；而产权结构（OWN）与中国高技术产业的 R&D 资本投入存在明显的反向变动特征，说明国有产权与 R&D 资本投入存在负相关关系；这符合本章理论分析的预期，即市场化水平的提高、新产品需求的增长和筹资环境的改善很可能是影响中国高技术产业 R&D 投入增长的重要因素，而国有产权过于集中不利于高技术产业 R&D 投入的增长。接下来，将通过计量分析来检验和揭示它们之间的相关关系。

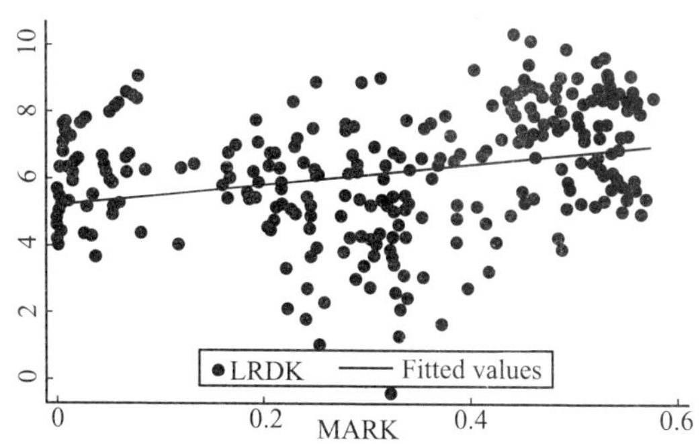

图 3.2 市场化水平与 R&D 资本投入散点图

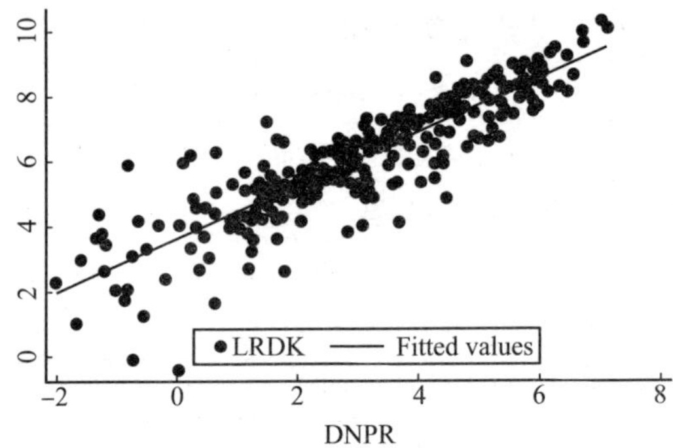

图 3.3　新产品需求与 **R&D** 资本投入散点图

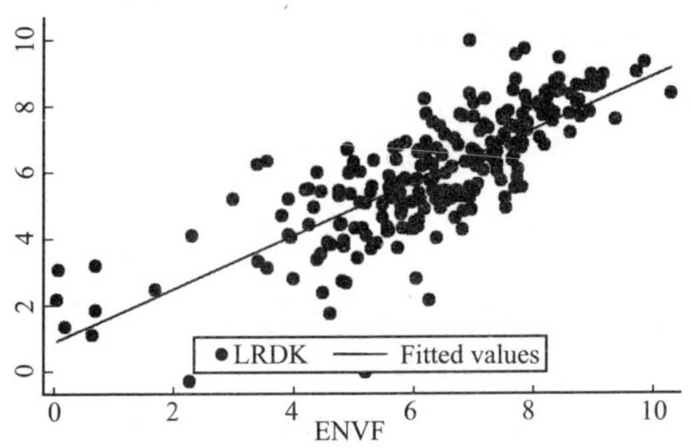

图 3.4　筹资环境与 **R&D** 资本投入散点图

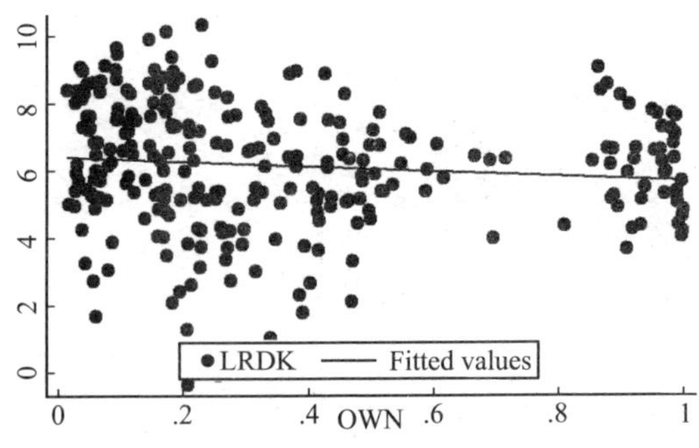

图 3.5　产权结构与 **R&D** 资本投入散点图

四、实证结果解释

加入 WTO 是中国市场化改革进一步深入的重大标志，因而“入世”前后中国高技术产业市场化水平可能存在较大差异，这也可能会影响市场化改革对 R&D 投入的贡献。因此，为了考察“入世”前后市场化改革对 R&D 投入的影响是否有差异，本章分别对“入世”前（1995～2001 年）和“入世”后（2002～2010 年）做了分段估计。在实证过程中，为了增强估计结果的有效性和一致性，本章分别使用了两种动态面板 GMM 方法进行了估计，即两步差分 GMM（difference－GMM）和两步系统 GMM（system－GMM）。表 3.2 和表 3.3 分别报告了以 LRDK 和 LRDL 为解释变量的两步差分 GMM 和两步系统 GMM 的估计结果。

表 3.2　　被解释变量为 LRDK 的 GMM 估计结果

解释变量	1995～2010 年		1995～2001 年		2002～2010 年	
	(1)	(2)	(1)	(2)	(1)	(2)
估计方法	两步差分 GMM	两步系统 GMM	两步差分 GMM	两步系统 GMM	两步差分 GMM	两步系统 GMM
滞后一期 LRDK	0.121 (0.86)	0.279*** (4.42)	0.312** (2.64)	0.251** (2.46)	0.226*** (3.37)	0.416*** (8.90)
mark	0.479*** (3.38)	0.551*** (9.24)	0.531*** (3.79)	0.302*** (5.40)	1.002** (2.41)	0.539*** (13.60)
DNPR	0.797*** (3.16)	0.780*** (20.48)	0.456** (2.32)	0.476*** (9.36)	0.666*** (6.34)	0.690*** (18.52)
ENVF	0.103 (0.71)	0.116*** (3.31)	0.057 (0.51)	0.175* (2.08)	0.001 (0.00)	0.029** (2.32)
OWN	−0.365** (−2.50)	−0.662*** (−9.11)	−0.525** (−2.98)	−0.370*** (−6.41)	−0.844 (−1.47)	−0.699*** (−13.78)
PCM2	−0.023 (−0.36)	−0.107* (−1.91)	0.029 (0.10)	−0.012 (−0.07)	0.002 (0.01)	−0.116*** (−5.04)

续表

解释变量	1995～2010年		1995～2001年		2002～2010年	
	(1)	(2)	(1)	(2)	(1)	(2)
SCL	0.001 (0.01)	0.013 (0.50)	0.074 (0.47)	0.070 (0.50)	-0.114*** (-4.65)	-0.040 (-1.25)
观测值	255	272	102	119	136	153
AR(1) 检验值 [p][a]	-2.43 [0.015]	-2.37 [0.018]	-1.80 [0.072]	-1.98 [0.048]	-1.20 [0.231]	-1.17 [0.240]
AR(2) 检验值 [p][b]	-0.47 [0.636]	1.24 [0.215]	0.95 [0.341]	1.10 [0.272]	0.17 [0.865]	-0.23 [0.819]
Hansen 检验值 [p][c]	9.91 [1.000]	15.05 [1.000]	13.71 [1.000]	14.60 [1.000]	12.64 [1.000]	13.54 [1.000]

注：(1) ***、**、*分别表示统计值在1%、5%和10%的显著性水平下显著。

(2) 圆括号内 () 的数值为t值；方括号内 [ ] 的数值为概率p值。(3) a零假设为差分后的残差项不存在一阶序列相关（若差分后的残差项存在一阶序列相关，系统GMM依然有效，参见Roodman (2006)）；b零假设为差分后的残差项不存在二阶序列相关（若差分后的残差项存在二阶序列相关，则系统GMM为无效）；c为Hansen检验的零假设为过度识别约束是有效的。(4) 考虑到样本观察值的有限性，这里以解释变量的一阶滞后值作为工具变量。(5) GMM方法所用的软件包是stata/MP 11.0，所用的程序是xtabond2。

表3.3　　被解释变量为LRDL的GMM估计结果

解释变量	1995～2010年		1995～2001年		2002～2010年	
	(1)	(2)	(1)	(2)	(1)	(2)
估计方法	两步差分GMM	两步系统GMM	两步差分GMM	两步系统GMM	两步差分GMM	两步系统GMM
滞后一期LRDL	0.213*** (3.24)	0.417*** (3.87)	0.041 (0.40)	0.226* (2.05)	0.175* (1.85)	0.341*** (3.89)
mark	0.791*** (5.51)	0.313*** (3.97)	0.002 (0.01)	0.012 (0.21)	0.753 (1.58)	0.310** (3.55)
DNPR	0.137** (2.00)	0.407*** (3.64)	0.330** (3.50)	0.392*** (6.72)	0.676*** (6.94)	0.588*** (6.94)
ENVF	0.009 (0.12)	0.002 (0.04)	0.162* (1.90)	0.327*** (3.52)	0.018 (0.34)	0.008 (0.13)

续表

解释变量	1995～2010年		1995～2001年		2002～2010年	
	(1)	(2)	(1)	(2)	(1)	(2)
OWN	0.747*** (4.25)	0.300*** (3.10)	0.079 (0.36)	0.171** (2.18)	0.837 (1.31)	0.352*** (5.44)
PCM2	-0.143** (-2.72)	-0.216** (-2.86)	-0.297 (-0.99)	-0.393** (-2.63)	-0.290 (-1.37)	-0.028 (-0.33)
SCL	0.006 (0.06)	0.119** (2.45)	0.106 (0.65)	0.263*** (4.09)	0.060 (1.13)	0.116* (2.55)
观测值	255	272	102	119	136	153
AR(1) 检验值[p][a]	-2.99 [0.003]	-2.94 [0.003]	-1.34 [0.181]	-1.36 [0.175]	-1.64 [0.101]	-1.65 [0.098]
AR(2) 检验值[p][b]	-0.04 [0.971]	-0.03 [0.979]	-0.22 [0.827]	0.23 [0.818]	1.13 [0.259]	1.25 [0.211]
Hansen 检验值[p][c]	14.85 [1.000]	13.53 [1.000]	12.13 [1.000]	13.13 [1.000]	11.50 [1.000]	13.09 [1.000]

注：(1) ***、**、*分别表示统计值在1%、5%和10%的显著性水平下显著。(2) 圆括号内()的数值为t值；方括号内[]的数值为概率p值。(3) a零假设为差分后的残差项不存在一阶序列相关（若差分后的残差项存在一阶序列相关，系统GMM依然有效，参见Roodman(2006)）；b零假设为差分后的残差项不存在二阶序列相关（若差分后的残差项存在二阶序列相关，则系统GMM为无效）；c为Hansen检验的零假设为过度识别约束是有效的。(4) 考虑到样本观察值的有限性，这里以解释变量的一阶滞后值作为工具变量。(5) GMM方法所用的软件包是stata/MP 11.0，所用的程序是xtabond2。

表3.2和表3.3的残差序列相关性检验表明，无论是两步差分GMM还是两步系统GMM的估计结果，差分后的残差只存在一阶序列相关性而无二阶序列相关性，因此，从结果可以断定原模型的误差项无序列相关性。同时，Hansen过度识别检验的结果也显示，不能拒绝工具变量有效性的零假设（p值均显著大于0.1）。这说明了模型设定的合理性和工具变量的有效性。表3.2和表3.3的估计结果中，两步系统GMM的解释变量估计值更显著，而两步差分GMM的解释变量估计值有些并不显著，这说明两步系统GMM比两步差

分 GMM 的估计更有效；也验证了阿勒纳诺和鲍卫（Arellano, Bover, 1995）的结论，即由于系统广义矩估计利用了更多的样本信息，在一般情况下比差分广义矩估计更有效。因此，本章以两步系统 GMM 的估计结果进行分析。从表 3.2 和表 3.3 可以看出，两步系统 GMM 的估计结果在方向上保持了一致，且在统计上大多显著，这说明了本章估计结果的稳健性。

1. 行业市场化进程对 R&D 投入的影响

表 3.2 和表 3.3 中不同时间段的回归结果都显示，行业市场化水平（mark）对 R&D 资本投入（LRDK）和 R&D 人力投入（LRDL）的影响始终为正且其影响程度大致相当（尽管“入世”前其对 LRDL 的回归系数不显著），并且各变量的系数方向基本相同并且变化不大，这表明回归结果具有稳健性。因此，中国高技术产业市场化水平的提高促进了 R&D 投入的增长，这验证了假说 3.1。与“入世”前相比，“入世”以后行业市场化水平的提高对 R&D 投入的促进作用更大、更显著。导致这一结果的可能原因是，加入 WTO 以后，高技术产业市场化水平迅速提高，这为企业的 R&D 活动提供了更好的外部环境；同时，高技术企业会面临越来越激烈的国际市场竞争，这样的竞争会激励其增加 R&D 投入来获得或确保产品的国际竞争优势。

从表 3.2 和表 3.3 还可以发现，行业市场化水平对 R&D 资本投入和 R&D 人力投入的影响存在差异，其对 R&D 资本投入的影响更大；而对此可能的解释是，在市场化水平不断提高的过程中，高技术企业增加 R&D 资本投入和 R&D 人力投入的难易程度可能存在差异。众所周知，研发高技术产品的高素质科研队伍引进和培养需要较长的时间，其获取的难度大于 R&D 资金；因而，在企业增加 R&D 投入时，R&D 人力投入增长的幅度会相对小些。

2. 市场环境对 R&D 投入的影响

新产品需求（DNPR）对 R&D 资本投入和 R&D 人力投入的影响始终为正，且其影响程度在研发投入的影响因素中最大；这说明，新产品需求是促进高技术产业增加研发投入的关键因素；这验证了假说 3. 2a，即新产品市场需求增长促进了高技术产业的 R&D 投入增长。这反映了在中国市场经济体制的逐步完善中，以市场为导向的高技术企业研发体系日益完善，市场需求推动着更多的科技人员和 R&D 资金参与到高技术企业的 R&D 活动中来，高技术企业 R&D 投入和新产品需求的良性互动正在逐渐形成。这一结论也印证了毕什等（Beath et al.，1994）理论分析的结论，与陈仲常和余翔（2007）的经验分析结论相一致，即企业为了追求新产品和新生产过程会增加研发投入，其背后的动机则是为了追求盈利和策略性竞争优势。比较来看，“入世”以后新产品需求对 R&D 投入的贡献更大些；而其原因可能在于，“入世”以后高技术企业面临越来越激烈的国际市场竞争对其增加 R&D 投入的激励作用比“入世”前更大。

新产品需求对 R&D 资本投入的影响，也大于其对 R&D 人力投入的影响，这样影响的差异也可能来源于高技术企业增加 R&D 资本投入和 R&D 人力投入的难易程度差异。

筹资环境变化（ENVF）对 R&D 资本投入的影响始终显著为正，对 R&D 人力投入的影响也始终为正（尽管仅在“入世”前显著）；这说明，筹资环境变化是影响高技术产业 R&D 投入的重要因素，这验证了假说 3. 3a，即市场化改革过程中筹资环境的改善促进了中国高技术产业 R&D 投入的增长；这与解维敏和方红星（2011）针对中国制造业企业的经验分析结论相一致。这一结果意味着，金融机构贷款作为中国高技术企业 R&D 筹资的重要组成部分，对于弥补企业自身资金的不足发挥了积极作用。与“入世”前比较，“入世”后的筹资环境改善对高技术产业 R&D 投入的贡献变小了。对此可能的解释是，筹资环境改善对 R&D 投入的影响可能存在边际报酬递减规律，即随着筹资环境不断改善并达到一定程度后，其对 R&D 投入的边际贡献会逐渐减少；而我们都知道，“入世”后，资本市场较“入世”前更发达、更完善，高技术企业 R&D 活动的筹资环境改善程度大幅提升，结果是其对 R&D 投入的贡献会降低。

从表 3.2 和表 3.3 中还可以发现，筹资环境对 R&D 人力投入的影响小于其对 R&D 资本投入的影响（且仅在“入世”前显著），这表明 1995 ~ 2010 年期间的融资环境未对高技术企业 R&D 人力投入产生显著的促进作用；其原因可能在于，高素质科研队伍的获取难度大于 R&D 资本的获取难度。

3. 产权结构对 R&D 投入的影响

表 3.2 的结果显示，产权结构（OWN）对 R&D 资本投入（LRDK）的影响始终显著为负，这说明国有产权比例提高不利于高技术企业的 R&D 资本投入，这说明不具有排他性的模糊产权可能是 R&D 资本投入增长的障碍；即意味着，非国有产权比例的提高会促进高技术产业 R&D 资本投入的增长，这验证了假说 3.4a，非国有产权比例的提高，促进高技术产业 R&D 投入的增长。这印证了吴延兵（2007）的结论，即界定清晰的产权结构有利于 R&D 资本投入的增长；但与吴延兵（2009）的发现存在差异，该研究发现国有产权对 R&D 资本没有显著的影响。此外，这样的研究结论与李春涛和宋敏（2010）的实证结论相反，后者发现国有企业比其他所有制类型企业的 R&D 投入更多。

从表 3.3 可以看出，产权结构（OWN）对 R&D 人力投入（LRDL）的影响始终显著为正，这说明国有产权比例的提高促进了高技术企业的 R&D 人力投入，这与假说 3.4a 的预期不相符，但却印证了吴延兵（2009）的实证结论，该研究针对中国工业行业的实证研究发现，国有产权对 R&D 人数有显著正影响。对此可能的解释是，中国国有企业的人事制度大多是事实上的终身制，研发人员的流动性很低，随着研发人员的不断培养和引进，国有企业的 R&D 人力资源存量会越积越大；而在国有企业的 R&D 活动中，R&D 人力资源存量都会全部被投入进去；其结果是，国有产权结构比例越高，R&D 人力投入也会越多。《中国高技术产业统计年鉴》数据也显示了国有高技术企业 R&D 人力投入的高强度，从 1996 ~

2010年间的平均数据来看，中国高技术细分行业中R&D人力投入与增加值之比达到了10%以上；而同一时期，国外R&D人力投入强度最大的美国和日本，也只分别在2.55%~2.74%和2.78%~3.12%。在此，值得指出的是，过高的R&D人力投入强度会带来一些负面影响，如会使投资主体不能有效地利用R&D人力投入，导致R&D人力投入产出效率低下（戴魁早，2012）。

值得注意的是，从表3.4可以看出，在中国高技术细分行业中，行业市场化水平、新产品需求、筹资环境和产权结构指标值存在较大差异。其中，办公设备制造业和计算机整机制造业市场化程度较高，分别为0.561和0.556，而航天器制造业和飞机制造及修理业市场化程度较低，分别为0.142和0.179；通信设备制造业和计算机外部设备制造业的新产品需求较高，分别为7.032和6.560，而航天器制造业和广播电视设备制造业的新产品需求较小，分别为1.765和2.937；大多数高技术细分行业的金融机构贷款比重都较高，而航天器制造业和广播电视设备制造业的金融机构贷款比重较低，分别为4.897%和4.382%；航天器制造业和飞机制造及修理业等行业国有产权比重较高，分别为0.962和0.864；而办公设备制造业和计算机整机制造业等行业国有产权比重较低，分别为0.029和0.038；这很可能意味着，市场化水平、新产品需求、筹资环境和产权结构等对高技术产业的R&D投入影响程度存在着行业差异性。

表3.4　核心解释变量的行业差异

行业	mark	DNPR	EVNF	OWN	行业	mark	DNPR	EVNF	OWN
化学药品制造业	0.488	5.715	8.715	0.155	电子元件制造业	0.557	5.983	8.351	0.036
中药材及中成药加工业	0.492	4.356	7.169	0.149	家用视听设备制造业	0.466	6.011	8.422	0.194
生物制品制造业	0.512	3.604	6.190	0.114	其他电子设备制造业	0.549	3.866	6.202	0.050

续表

行业	mark	DNPR	EVNF	OWN	行业	mark	DNPR	EVNF	OWN
飞机制造及修理业	0.179	4.778	8.340	0.864	计算机整机制造业	0.556	6.007	6.178	0.038
航天器制造业	0.142	1.765	4.897	0.962	计算机外部设备制造业	0.545	6.560	8.219	0.056
通信设备制造业	0.444	7.032	6.918	0.231	办公设备制造业	0.561	3.492	6.254	0.029
雷达及配套设备制造业	0.164	2.436	4.382	0.716	医疗设备及器械制造业	0.555	3.150	5.862	0.040
广播电视设备制造业	0.543	2.937	6.142	0.060	仪器仪表制造业	0.485	5.127	8.087	0.160
电子器件制造业	0.534	5.962	7.699	0.075					

4. 市场结构对 R&D 投入的影响

从表 3.2 和表 3.3 中还可以看出，反映市场结构的市场势力和企业规模也是影响 R&D 投入的重要因素。

市场势力平方项（PCM2）对 R&D 资本投入和 R&D 人力投入的回归系数大多显著为负，这表明市场势力与高技术产业的 R&D 投入存在显著的倒“U”型关系。这种倒“U”型关系反映了过于竞争或过于垄断的市场结构都不利于 R&D 投入的增长：一方面，在市场势力比较强的高技术行业内，企业由于缺乏竞争，导致企业缺乏创新投入的激励；另一方面，在竞争太激烈的高技术行业内，企业由于 R&D 资源的约束，会导致企业新产品研发的低投入。因此，对于中国高技术产业来说，设定一定程度的技术壁垒以形成一定程度的市场势力可能会有利于激励高技术企业增加研发投入。

不同时间段的估计结果显示，企业规模（SCL）对 R&D 资本投入的影响不显著且符号不确定，这可能意味着企业规模对中国高技术产业 R&D 资本投入的影响是模糊不确定的；而企业规模对 R&D 人力投入的影响始终显著为正，这说明企业规模越大，R&D

人力投入越多；可见，企业规模对中国高技术产业 R&D 资本投入和 R&D 人力投入有着不同的影响。究其原因，可能在于创新资本和研发人员的流动性程度不同；由于作为 R&D 人力投入的研发人员在劳动合同期限内一般不会流动，因而，其流动性远远低于创新资本的流动性；一般来说，规模越大的企业研发人员会越多，研发人员的低流动性导致企业规模越大，创新人力投入也会越多；而这对创新资本来说却不尽然。

表 3.2 和表 3.3 的结果还显示，中国高技术产业 R&D 投入的提高显现着自我强化机制（滞后一期 R&D 投入为正且显著），而且这种自我强化机制“入世”以后变得更强；这说明，中国高技术产业的 R&D 投入也受到多种其他因素的影响。这些因素包括企业的盈利能力和资源禀赋等内部因素（张西征等，2012）以及政府 R&D 政策和科技拨款资助等外部因素，如朱平芳和徐伟民（2003）对上海市的研究表明，政府的科技拨款资助和税收减免对企业研发投入具有积极效果；陈仲常和余翔（2007）的研究也发现，在存在资金缺口的情况下，政府资金作为工业企业 R&D 资金的重要组成部分，促进了其 R&D 投入增长。

5. 稳健性检验

为了确保估计结果的有效性，除了采用上述估计中变量控制和变量间的内生性问题控制等措施外，本章还做了以下的稳健性检验。

首先，使用 R&D 投入强度指标。国内外学术界也采用 R&D 投入强度来反映 R&D 投入（陈仲常，余翔，2007），在此采用 R&D 资本投入与销售收入之比来反映 R&D 资本投入强度（用 QRDK 表示），采用 R&D 资本投入与从业人员数之比反映 R&D 人力投入强度（用 QRDL 表示），在控制内生性问题的条件下，重新估计了市场化改革对 R&D 投入的影响，动态面板数据的两步系统 GMM 估计结果，如表 3.5 所示。不难看出，残差序列相关性检验和 Hansen 过度识别检验的结果表明模型设定的合理性和工具变量的有效性；比较表 3.5 与表 3.2、表 3.3 的结果，R&D 投入强度指标后，各变量系数的符号以及绝对值与前文估计结果都很接近，且表 3. 2、表 3. 3 系数的显著程度更高些，说明此前的结论具有较好的稳健性。

表 3. 5　　稳健性检验结果

解释变量	1995 ~ 2010 年		1995 ~ 2001 年		2002 ~ 2010 年	
	被解释变量 QRDK	被解释变量 QRDL	被解释变量 QRDK	被解释变量 QRDL	被解释变量 QRDK	被解释变量 QRDL
被解释变量滞后一期	0. 086 ** (2. 37)	0. 079 *** (4. 38)	0. 282 *** (8. 44)	0. 102 *** (3. 59)	0. 154 ** (2. 30)	0. 133 *** (5. 77)
mark	0. 136 ** (2. 14)	0. 157 *** (4. 01)	0. 241 *** (3. 39)	0. 213 *** (3. 72)	0. 128 *** (3. 82)	0. 178 *** (9. 77)
DNPR	0. 833 *** (10. 38)	0. 799 *** (20. 47)	0. 710 *** (13. 21)	0. 700 *** (11. 61)	0. 901 *** (107. 34)	0. 916 *** (76. 53)
ENVF	0. 058 *** (2. 10)	0. 045 *** (2. 71)	0. 078 *** (2. 91)	0. 092 *** (5. 00)	0. 005 ** (2. 08)	0. 004 (0. 48)
OWN	-0. 018 ** (-2. 08)	0. 038 *** (3. 86)	-0. 046 ** (-2. 06)	0. 054 *** (7. 65)	-0. 209 *** (-4. 86)	0. 029 (0. 97)
PCM2	-0. 018 *** (-3. 10)	-0. 035 *** (-2. 67)	-0. 011 * (-1. 66)	-0. 081 * (-1. 61)	-0. 019 *** (-4. 08)	-0. 007 ** (-3. 33)
SCL	0. 011 (1. 55)	0. 024 *** (7. 85)	0. 001 (0. 07)	0. 033 *** (6. 56)	-0. 006 (-0. 26)	0. 022 (1. 55)
观测值	272	272	119	119	153	153
AR(1) 检验值 [p][a]	-2. 56 [0. 010]	-2. 51 [0. 012]	-2. 20 [0. 028]	-2. 08 [0. 037]	-2. 53 [0. 010]	-2. 54 [0. 011]
AR(2) 检验值 [p][b]	0. 14 [0. 885]	0. 17 [0. 865]	-0. 73 [0. 468]	-0. 90 [0. 367]	1. 23 [0. 218]	1. 21 [0. 228]
Hansen 检验值 [p][c]	14. 68 [1. 000]	15. 14 [1. 000]	12. 37 [1. 000]	14. 14 [1. 000]	12. 54 [1. 000]	16. 11 [1. 000]

注：(1) ***、**、* 分别表示统计值在 1%、5% 和 10% 的显著性水平下显著。(2) 圆括号内 ( ) 的数值为 t 值；方括号内 [ ] 的数值为概率 p 值。(3) a 零假设为差分后的残差项不存在一阶序列相关（若差分后的残差项存在一阶序列相关，系统 GMM 依然有效，参见 Roodman (2006)）；b 零假设为差分后的残差项不存在二阶序列相关（若差分后的残差项存在二阶序列相关，则系统 GMM 为无效）；c 为 Hansen 检验的零假设为过度识别约束是有效的。(4) 考虑到样本观察值的有限性，这里以解释变量的一阶滞后值作为工具变量。(5) GMM 方法所用的软件包是 stata/MP 11. 0，所用的程序是 xtabond2。

其次，使用不同的 R&D 投入指标。国内外学者也有采用 R&D 经费支出与技术引进经费支出、吸收经费支出、购买国内技术经费支出、技术改造经费支出之和来反映 R&D 资本投入，采用科技活动人员数来反映 R&D 人力投入（陈羽等，2007）。这样重新衡量 R&D 投入的两步系统 GMM 估计结果仍显示（限于篇幅，估计结果未列出），无论是全样本还是分阶段的估计结果，各变量系数的符号、显著性以及绝对值与表 3.2 和表 3.3 估计结果都很接近。可见，此前得出的结论具有较好的稳健性。

最后，使用不同指标重新度量筹资环境变化。在此采用金融机构贷款强度指标来反映高技术产业筹资环境变化，即用科技活动经费筹集总额中的金融机构贷款数额与销售收入之比表示筹资环境变化。两步系统 GMM 估计检验结果仍显示（限于篇幅，估计结果未列出），无论是全样本还是分阶段的估计结果，各变量系数的符号、显著性以及绝对值与表 3.2 和表 3.3 估计结果都很接近。可见，此前得出的结论具有较好的稳健性。

第四节　方面指数的影响差异

本章第二节的理论分析表明，行业市场化进程通过五条途径（五个方面）影响着高技术产业的创新投入。那么，会有这样的疑问，行业市场化进程五个方面指数发展程度存在的差异，是否会导致方面指数对研发投入的影响程度也存在差异？为了进一步检验这个疑问，本节用行业市场化进程的五个方面指数替代计量模型（3.1）中的行业市场化进程指数（mark）进行实证检验。表 3.6 中的模型 1 和模型 4 分别报告了被解释变量分别为创新资本投入（LRDK）和创新人力投入（LRDL）的两步系统 GMM 估计结果。

表 3.6　　五个方面指数对研发投入的影响

解释变量	模型 1	模型 2	模型 3	模型 4	模型 5	模型 6
	被解释变量：LRDK			被解释变量：LRDL		
被解释变量滞后项	0.106 ** (2.22)	0.131 *** (5.82)	0.088 *** (6.51)	0.363 *** (5.85)	0.379 *** (4.78)	0.352 ** (2.35)
mark_1	-0.072 * (-1.82)	-0.316 (-0.72)	-0.034 ** (-2.28)	0.136 (1.84)	0.109 (1.15)	0.076 *** (2.90)
mark_2	0.091 * (1.96)	0.071 (0.13)	0.058 (0.56)	0.017 ** (2.27)	0.145 (0.15)	0.033 (0.58)
mark_3	0.125 *** (3.71)	0.044 * (1.95)	0.039 (1.03)	0.032 *** (3.98)	0.085 ** (2.24)	0.040 (0.57)
mark_4	0.360 * (1.91)	0.110 *** (2.71)	0.094 *** (3.02)	0.157 *** (2.83)	0.038 ** (2.30)	0.011 (0.87)
mark_5	0.143 *** (2.99)	0.105 * (1.97)	0.285 (0.78)	0.086 *** (3.44)	0.094 * (1.87)	0.183 (1.24)
DNPR	0.680 *** (4.31)	0.238 * (1.94)	0.186 (0.74)	0.734 *** (3.73)	0.707 (0.25)	0.569 (0.17)
ENVF	0.235 *** (3.35)	0.104 *** (2.91)	0.460 ** (2.15)	0.110 (0.68)	-0.312 ** (-2.30)	-0.014 (-1.09)
OWN	-0.076 *** (-3.44)	-0.040 ** (-2.42)	-0.184 *** (-4.15)	0.049 (0.80)	0.026 (0.66)	0.082 (1.42)
PCM2	-0.036 * (-1.88)	-0.021 (-1.23)	-0.150 *** (-2.93)	-0.103 *** (-3.04)	-0.057 (-1.51)	-0.028 (-1.47)
SCL	0.015 ** (2.37)	0.041 *** (2.69)	0.179 * (1.73)	0.072 * (2.04)	0.059 (0.76)	0.132 *** (3.85)
估计方法	两步系统 GMM	动态 POLS	动态 FE	两步系统 GMM	动态 POLS	动态 FE
观测值	272	272	272	272	272	272
R^2 值	—	0.756	0.782	—	0.823	0.845

续表

解释变量	模型 1	模型 2	模型 3	模型 4	模型 5	模型 6
	被解释变量：LRDK			被解释变量：LRDL		
AR(1) 检验值［p］[a]	-1.84 [0.066]	—	—	-3.38 [0.001]	—	—
AR(2) 检验值［p］[b]	0.42 [0.675]	—	—	-1.020 [0.308]	—	—
Hansen 检验值［p］[c]	15.32 [1.000]	—	—	20.339 [1.000]	—	—

注：(1) ***、**、* 分别表示统计值在 1%、5% 和 10% 的显著性水平下显著。(2) 圆括号内 () 的数值为 t 值；方括号内 [ ] 的数值为概率 p 值。(3) a 零假设为差分后的残差项不存在一阶序列相关（若差分后的残差项存在一阶序列相关，系统 GMM 依然有效，参见 Roodman (2006)）；b 零假设为差分后的残差项不存在二阶序列相关（若差分后的残差项存在二阶序列相关，则系统 GMM 为无效）；c 为 Hansen 检验的零假设为过度识别约束是有效的。(4) 考虑到样本观察值的有限性，这里以解释变量的一阶滞后值作为工具变量。(5) GMM 方法所用的软件包是 stata/MP 11.0，所用的程序是 xtabond2。

一、五个方面指数对 R&D 资本投入的影响差异

从表 3.6 中的模型 1 的两步 SYS - GMM 结果可以看出，Hansen 检验和 AB 检验均满足 GMM 估计的要求，即残差显著存在一阶自相关而不存在二阶自相关，且 Hansen 统计量不显著，这表明表 3.6 模型 1 采用的工具变量合理有效，也不存在工具变量的过度识别问题。模型 1 的结果显示，除了政府与市场关系方面指数（mark_1）的影响显著为负之外，其他四个方面市场化进程指数对创新资本投入都有显著的正向效应，这与前文理论分析的预期一致。

比较起来，四个方面市场化进程指数的正向影响中，行业要素市场发育指数（mark_4）的影响最大，行业要素市场发育程度每提高 1 个单位，创新资本投入会增长 36.0%；制度环境指数（mark_5）的影响次之，行业制度环境改善 1 个单位，创新资本投入就会增长 14.3%；产品市场发育程度指数（mark_3）的正向影响大小排名第

三，每增加一个单位会促进创新资本投入增长 12.5%。非国有经济发展指数（mark_2）也促进了高技术产业创新资本投入增长，但是，正向影响相对较小；这也意味着，非国有经济的发展并不是影响高技术企业创新资本投入的关键因素，也说明了国有经济的创新资本投入并不明显低于非国有经济企业。其原因可能在于，高技术产业国有经济的现代企业制度改革，提高了国有高技术企业的市场主体地位，这有利于国有经济创新资本投入的增长。

令人感到意外的是，政府与市场关系方面指数（mark_1）对创新资本投入（LRDK）的影响显著为负，即政府干预程度每下降一个单位，会导致创新资本投入下降 7.2%。这一结论与理论预期并不相符。这是因为，前文的理论分析表明，政府行政干预下降有助于提高 R&D 资源的配置效率，可以将有限的 R&D 资源更多地投入适应市场需求的 R&D 活动中去，从而会促进研发投入的增长。对此可能的解释是，政府为了保护和扶植高技术产业发展，会加强对高技术产业的干预力度；而政府干预程度越高，意味着对高技术产业增加研发投资、实行更加优惠财税政策与产业科技政策，等等，这些都有利于高技术产业创新资本投入的增长；反之，政府则会降低相关的扶植力度，这也会在一定程度上抑制高技术产业创新资本投入的增长。

虽然 GMM 估计量具有一致性，但是样本较小或者工具变量较弱时，其估计量较易产生大的偏差（李文星等，2008）。针对这种情况，鲍恩德（Bond，2002）建议将 GMM 估计量分别与包含被解释变量滞后项的混合估计模型（POLS）和固定效应模型（FE）的估计量进行比较，观察被解释变量滞后项的 GMM 估计系数是否介于后两个模型的对应估计量之间。由于 POLS 估计时被解释变量滞后项与不可观察的地区效应正相关，对应的估计系数应该是向上偏倚（biased upwards）；而 FE 估计时的被解释变量滞后项与随机扰动项负相关，对应的估计系数是向下偏倚（biased downwards）；因而，被解释变量滞后项的 GMM 估计系数应该在 POLS 和 FE 对应的估计系数之间。基于此，本节在表 3.6 的模型 2 和模型 3 中列出了引入 LRDK 滞后项的动态 POLS 和 FE 估计结果；比较可知，模型 1 的 LRDK 滞后项系数 0.106 介于模型 2 和模型 3 的 LRDK 滞后项系数 0.131 和 0.088 之间，这表明表 3.6 中的模型 1 的 SYS – GMM 估计结果并未因为样本数量和工具变量的选择而产生明显的偏差。以上估计结果清楚地显示，前文关于“五个方面指数对创新资本投入的影响及其差异”的结论非常稳健。

二、五个方面指数对 R&D 人力投入的影响差异

从表 3.6 中的模型 4 的两步 SYS – GMM 结果可以看出，Hansen 检验和 AB 检验均满足 GMM 估计的要求，即残差显著存在一阶自相关而不存在二阶自相关，且 Hansen 统计量不显著，这表明表 3.6 中的模型 4 采用的工具变量合理有效，也不存在工具变量的过度识别问题。显而易见，表 3.6 中的模型 4 的 LRDK 滞后项系数 0.363 介于模型 5（POLS）和模型 6（FE）的系数 0.379 和 0.352 之间，这表明表 3.6 的模型 4 两步 SYS – GMM 结果有效且无明显偏差。

从表 3.6 中的模型 4 可以看出，除了政府与市场关系方面指数（mark_1）的系数不显著之外，其他四个方面市场化进程指数对创新人力投入（LRDL）都产生了显著的促进作用。比较起来，四个方面指数的正向影响中，行业要素市场发育指数（mark_4）的影响最大，行业要素市场发育程度每提高 1 个单位，创新人力投入会增长 15.7%；制度环境指数（mark_5）的影响次之，行业制度环境改善 1 个单位，创新人力投入就会增长 8.6%；产品市场发育程度指数（mark_3）的正向影响大小排名第三，每增加一个单位会促进创新人力投入增长 3.2%。非国有经济发展指数（mark_2）也促进了高技术产业创新人力投入增长，但是，正向影响相对较小；这也说明了国有经济的创新人力投入并不明显低于非国有经济企业。值得注意的是，政府与市场关系方面指数（mark_1）对创新人力投入

(LRDL)的影响不显著为正，即政府干预程度的下降，会对创新人力增长产生正向影响，但是影响并不显著。

综上所述，五个方面市场化进程指数对创新资本投入（LRDK）和创新人力投入（LRDL）大多产生了重要影响，而且五个方面指数的影响大小、影响方向和显著性都存在明显的差异。而且，每个方面指数对创新资本投入和创新人力投入的影响也不同，对创新资本投入的影响系数大多大于创新人力投入；对两种投入的影响差异，可能源于创新人力的流动性远远低于创新资本的流动性。

第五节 传导机制的实证检验

理论分析表明，行业市场化程度的提高既会通过改变产权结构影响高技术企业的创新行为，又会通过改变新产品的市场需求和筹资环境等市场环境对高技术企业或行业的创新行为产生影响。前文的实证检验验证了新产品需求、筹资环境、产权结构对高技术产业研发投入的影响，此处进一步实证验证行业市场化进程如何通过影响新产品需求、筹资环境和产权结构等传导机制，进而对高技术产业研发投入产生促进作用，也就是检验假说 3.2b、假说 3.3b 和假说 3.4b 是否成立。为了能够有效地验证这些传导机制，本节先借助学术界常用的乘积项方法进行验证（张杰等，2016）；在此基础上，进一步运用巴娄恩和肯尼（Baron，Kenny，1986）、温忠麟和叶宝娟（2014）提出的中介效应检验方法来检验行业市场化如何通过新产品需求、筹资环境和产权结构等传导机制，影响高技术产业研发投入。

一、基于乘积项方法的实证检验

借鉴国内外通常用的乘积项方法，本节是在式（3.1）中的解释变量中 X_{it} 中加入行业市场化进程与中介变量（包括新产品需求、筹资环境和产权结构）的乘积项①来进行实证检验。加入乘积项的解释变量 X'_{it}，可以由式（3.3）表达：

$$X'_{it} = X_{it} + \eta mark_{it} \times INV_{it} \tag{3.3}$$

式（3.3）中，X_{it}与式（3.1）一致，INV 为反映新产品需求、筹资环境和产权结构的中介变量，$mark_{it} \times INV_{it}$为反映行业市场化程度与中介变量的乘积项，$\eta$ 为乘积项系数向量。加入乘积项后的两步 SYS－GMM 的估计结果如表 3.7 所示，其中，模型 1～模型 3 报告了被解释变量为创新资本投入（LRDK）的估计结果，模型 4～模型 6 报告了被解释变量为创新人力投入（LRDL）的估计结果。显而易见，解释变量系数的显著性表明了两步 SYS－GMM 的估计结果更为有效，Hansen 检验和 AB 检验均满足 GMM 估计的要求，表明所采用的工具变量合理有效，不存在工具变量的过度识别问题，模型设计具有合理性。对比表 3.7 和表 3.2、表 3.3 的结果，加入乘积项后，其他解释变量的系数值及显著性并未发生显著的变化，表明表 3.7 的估计结果具有稳健性。

1. 新产品需求影响机制的结果分析

从表 3.7 中的模型 1 和模型 4 可以看出，行业市场化进程与新产品需求（mark × DNPR）对创新资本投入（LRDK）和创新人力投入（LRDL）的影响系数都显著为正。这说明，在市场化水平越高的高技术行业，新产品需求的增长越能促进高技术企业创新资本投入和创新人力投入的增长；或者说，行业市场化水平的提高促进了新产品需求对研发投入的积极影响。这在一定程度上验证了假说 3.2b，即行业市场化水平的提高所引起的新产品需求增长促进了中国高技术产业的 R&D 投入增长。比较起来，mark × DNPR 对创新

① 在考察通过影响某一变量从而对被解释变量产生差异影响的因素时，以往研究通常采用分组检验或交互项连乘检验的方法。分组检验是指，按照某一设定的指标将样本分为不同的子样本，然后，分别对子样本进行回归从而得到不同因素在各子样本区间对被解释变量影响的差异，但这一方法面临的一个无法回避的问题是分组标准的确定，传统分组检验只是简单地依照某个影响指标对样本进行平均分组，这必然难以准确反映各种因素对被解释变量的影响。因而，本章采用乘积项法进行验证。

资本投入的影响系数远远大于对创新人力投入的影响系数（两个系数值分别为0.358和0.021），这说明，相对于创新人力投入来说，行业市场化进程对创新资本投入的这种影响更为显著；对两种投入的这种影响差异，可能与两种投入的流动性差异有关。

表3.7　　传导机制的估计结果（乘积项检验）

	模型1	模型2	模型3	模型4	模型5	模型6
	被解释变量：LRDK			被解释变量：LRDL		
中介变量	DNPR	ENVF	OWN	DNPR	ENVF	OWN
被解释变量滞后项	0.178 (4.17)	0.153** (1.30)	0.228 (0.74)	0.068 (1.38)	0.042 (0.84)	0.371* (1.86)
mark	0.251*** (3.73)	0.193*** (3.11)	0.217*** (3.93)	0.104*** (3.64)	0.122*** (4.15)	0.135*** (3.27)
DNPR × mark	0.358*** (2.89)	—	—	0.021** (2.29)	—	—
ENVF × mark	—	0.136** (2.23)	—	—	0.128*** (3.72)	—
OWN × mark	—	—	0.202* (1.87)	—	—	0.046 (0.15)
DNPR	0.591*** (3.81)	0.582** (2.33)	0.417*** (3.56)	0.368** (2.33)	0.404*** (3.93)	0.302*** (3.76)
ENVF	0.104** (2.34)	0.095** (2.41)	0.062*** (2.91)	0.084*** (2.86)	0.091* (1.95)	0.085*** (4.54)
OWN	-0.041 (-1.05)	-0.062 (-1.58)	-0.051 (-1.32)	0.052*** (4.27)	0.076*** (2.61)	0.036*** (3.12)
PCM2	-0.238*** (-4.14)	-0.245* (-1.91)	-0.232*** (-2.78)	-0.226*** (-3.88)	-0.132*** (-4.31)	-0.184** (-2.43)
SCL	0.098 (1.06)	0.167 (1.59)	0.082 (1.38)	0.131 (3.51)	0.194*** (3.57)	0.132** (2.27)
观测值	272	272	272	272	272	272

续表

	模型 1	模型 2	模型 3	模型 4	模型 5	模型 6
	被解释变量：LRDK			被解释变量：LRDL		
中介变量	DNPR	ENVF	OWN	DNPR	ENVF	OWN
AR(1) 检验值［p］[a]	-3.25 ［0.001］	-2.76 ［0.006］	-1.94 ［0.053］	-2.11 ［0.035］	-3.01 ［0.003］	-2.059 ［0.039］
AR(2) 检验值［p］[b]	-0.04 ［0.971］	-1.38 ［0.168］	-1.38 ［0.169］	-1.35 ［0.177］	-1.16 ［0.247］	-0.806 ［0.420］
Hansen 检验值［p］[c]	14.834 ［1.000］	19.435 ［1.000］	16.643 ［1.000］	21.764 ［1.000］	18.743 ［1.000］	20.043 ［1.000］

注：（1）***、**、*分别表示统计值在1%、5%和10%的显著性水平下显著。（2）圆括号内（）的数值为t值；方括号内［］的数值为概率p值。（3）a零假设为差分后的残差项不存在一阶序列相关（若差分后的残差项存在一阶序列相关，系统GMM依然有效，参见Roodman（2006））；b零假设为差分后的残差项不存在二阶序列相关（若差分后的残差项存在二阶序列相关，则系统GMM为无效）；c为Hansen检验的零假设为过度识别约束是有效的。（4）考虑到样本观察值的有限性，这里以解释变量的一阶滞后值作为工具变量。（5）GMM方法所用的软件包是stata/MP 11.0，所用的程序是xtabond2。

比较2010年细分行业的新产品需求值（见表3.4）可以发现，通信设备制造业、计算机外部设备制造业、家用视听设备制造业等行业的新产品需求量较大（DNPR值分别为7.032、6.560、6.011），而航天器制造业、雷达及配套设备制造业、广播电视设备制造业等行业的新产品需求量较小（DNPR值分别为1.765、2.436、2.937）。这表明，行业市场化进程对通信设备制造业等行业研发投入的积极影响较大；而对航天器制造业等新产品需求较小的行业研发投入的促进作用较小。对于航天器制造业等行业来说，采取相关政策措施促进新产品需求的提高，更有利于发挥行业市场化进程对研发投入的积极影响。

2. 筹资环境影响机制的结果分析

从表3.7中的模型2和模型5可以看出，行业市场化进程与筹资环境（mark × ENVF）对创新资本投入（LRDK）和创新人力投入（LRDL）的影响系数都显著为正，值分别为0.136和0.128。这说明，在市场化水平越高的高技术行业，筹资环境的改善越能促进高技术企业创新资本投入和创新人力投入的增长；或者说，行业市场化提升了筹资环境对高技术产业研发投入的正向作用。这在一定程度上验证了假说3.3b，即行业市场化水平的提高所引起的筹资环境改善促进了高技术产业的R&D投入增长。比较起来，mark × ENVF对创新资本投入和创新人力投入的影响大小无显著差异（两个系数值分别为0.358和0.021），表明了行业市场化进程通过筹资环境对两种创新资本投入产生的这种影响无明显差异。

从表3.4细分行业的筹资环境数值（ENVF）可以看出，家用视听设备制造业、电子元件制造业、飞机制造及修理业、计算机外部设备制造业等行业的筹资环境较好（ENVF值分别为8.433、8.351、8.340、8.219），而航天器制造业、雷达及配套设备制造业、医疗设备及器械制造业等行业的筹资环境相对较差（ENVF值分别为4.897、4.382、5.862）。这表明，行业市场化进程对通信设备制造业等筹资环境较好的行业研发投入的促进作用更显著；而对航天器制造业等筹资环境相对较差的行业促进作用相对较弱。对于航天器制造业等行业来说，采取相关政策措施改善筹资环境具有重要的现实意义。

3. 产权结构影响机制的结果分析

从表3.7中的模型3和模型6可以看出，行业市场化进程与产权结构（mark × OWN）对创新资本投入（LRDK）和创新人力投入（LRDL）的影响系数都为正，对创新资本投入的影响显著，但对创新人力投入的影响并不显著。这说明，在市场化水平越高的高技术行业，非国有经济的发展越能促进高技术企业创新资本投入增长（尽管对创新人力投入的促进作用不显著）；或者说，行业市场化水平的提高，促进了非国有经济发展对研发投入的积极影响。这在一定程度上验证了假说3.4b，即行业市场化水平的提高所引起的非国有经济发展促进了高技术产业的R&D投入增长。比较起来，mark × OWN对创新资本投入的影响系数远远大于对创新人力投入的影响系数（两个系数值分别为0.202和0.046），且对前者的影响显著。这说明，行业市场化进程对创新资本投入的这种影响更大且更为显著；行业市场化进程的这种影响差异，可能与创新资本投入和创新人力投入的流动性差异有关。

比较2010年细分行业的新产品需求值，见表3.4，可以发现，飞机制造及修理业、航天器制造业、雷达及配套设备制造业等行业的国有产权的比重较高（OWN值分别为0.864、0.962、0.716）；而办公设备制造业、电子元件制造业、医疗设备及器械制造业、计算机外部设备制造业、计算机整机制造业等行业的国有经济的比重较低。这表明，行业市场化进程对飞机制造及修理业等国有产权比重较重的行业研发投入的积极影响较小；而对办公设备制造业的行业研发投入的积极影响较大。对于航天器制造业等国有产权比重较高的行业来说，进一步明晰产权制度具有重要的现实意义。

综上所述，在市场化水平越高的高技术行业，新产品需求的提高、筹资环境的改善和国有经济比重的降低，越能促进高技术企业研发投入的增长。

二、基于中介效应的实证检验

基于乘积项方法的检验，证实了行业市场化通过新产品市场需求、筹资环境和产权结构对高技术产业研发投入产生了影响，但是，乘积项方法尚未能验证行业市场化如何影响新产品市场需求、筹资环境和产权结构，因此，基于乘积项方法的实证检验只是在一定程度上验证了假说3.2b、假说3.3b和假说3.4b。

为了有效地识别行业市场化通过新产品市场需求、筹资环境和产权结构影响研发投入的传导机制，以较好地验证假说3.2b、假说3.3b和假说3.4b。此处进一步借鉴中介效应的检验方法（Baron，Kenny，1986；Hayes，2009；温忠麟，叶宝娟，2014），构建如下的递归模型进行验证：

$$RD_{it} = \theta_0 + \theta_1 RD_{i,t-1} + \theta_2 mark_{it} + \eta Z_{it} + \varepsilon_{it} \tag{3.4}$$

$$W_{it} = \sigma_0 + \sigma_1 W_{i,t-1} + \sigma_2 mark_{it} + \gamma Z_{it} + \tau_{it} \tag{3.5}$$

$$RD_{it} = \psi_0 + \psi_1 RD_{i,t-1} + \psi_2 mark_{it} + \psi_3 W_{it} + \rho Z_{it} + \upsilon_{it} \tag{3.6}$$

其中，W 为中介变量，反映新产品需求（DNPR）、筹资环境（ENVF）和产权结构（OWN）的中介变量。因滞后项可以在一定程度上控制遗漏变量的影响，为了增加分析结果的稳健性，本节将中介变量滞后一期作为解释变量引入式（3.5）。根据中介效应的检验方法，第一步对式（3.4）进行回归，检验行业市场化进程（mark）的估计系数是否显著为正，若 θ_2 显著为正，则意味着行业市场化进程对研发投入增长（包括创新资本投入和创新人力投入）产生了促进作用。第二步对式（3.5）进行估计，考察行业市场化进程与中介变量之间的关系，此时又分为两种情况，当中介变量为新产品需求、筹资环境时，预期行业市场化进程的系数值 σ_2 显著为正；当中介变量为产权结构（即国有经济占比）时，预期行业市场化进程的系数估计值 σ_2 显著为负。第三步对式（3.6）进行估计，在验证新产品需求和筹资环境的中介效应时，如果系数 ψ_2 和 ψ_3 都显著为正，且 ψ_2 的绝对值小于 θ_2 的绝对值，则说明新产品需求和筹资环境存在部分性质的中介效应；在验证产权结构的中介效应时，如果系数 ψ_2 显著为正、ψ_3 显著为负，且 ψ_2 绝对值小于 θ_2 绝对值，则说明产权结构存在部分性质的中介效应。

因前文第三节实证检验的解释变量中包含了新产品需求（DNPR）、筹资环境（ENVF）和产权结构（OWN）等三个中介变量，这意味着，表 3.2 中的模型 2 和表 3.3 中的模型 2 是三种中介效应的第三步估计结果，所以，此处只需估计中介效应的第一步和第二步，如果三种中介效应的第一步和第二步估计的相关系数显著且符号与预期一致，就可以验证三种中介效应的确存在。表 3.8 报告了以创新资本投入为被解释变量的递归模型结果，模型 1 和模型 2 是新产品需求中介效应的第一步和第二步估计结果，而模型3和模型4、模型5和模型6分别是筹资环境和产权结构中介效应的第一步估计结果和第二步估计结果。表3.9报告了以创新人力投入为被解释变量的递归模型结果，由于表3.8中的模型2、模型4和模型6分别报告了三种中介效应的第二步估计结果，因而表3.9仅需要报告第一步估计结果；模型1~模型3则是三种中介效应的第一步估计结果。

1. 行业市场化影响创新资本投入的传导机制

从表3.8中的模型1可以看出，行业市场化进程的系数 θ_2（值为0.618）在1%水平上显著为正；模型2中行业市场化进程对新产品需求的系数1%水平上显著为正，值为0.105；第三步估计结果（表3.2中的模型2）显示，行业市场化进程的系数 ψ_2（值为0.551）在1%水平上显著为正，新产品需求的系数在1%水平上显著为正。而且，第三步中行业市场化进程的系数 ψ_2 值小于第一步的系数 θ_2 值，这验证了新产品需求起到了部分中介效应的作用，说明了行业市场化进程可以促进新产品需求增长这个传导机制，对高技术产业创新资本投入增长产生促进作用。

表3.8　　中介效应的检验结果（被解释变量LRDK）

	模型1	模型2	模型3	模型4	模型5	模型6
被解释变量	LRDK	DNPR	LRDK	ENVF	LRDK	OWN
估计步骤	第一步	第二步	第一步	第二步	第一步	第二步
被解释变量滞后项	0.196*** (2.54)	0.058*** (3.94)	0.109* (1.88)	0.045*** (2.67)	0.214*** (4.42)	0.094*** (3.54)
mark	0.618*** (4.35)	0.105*** (3.92)	0.743*** (4.71)	0.234*** (3.37)	0.623*** (−3.12)	−0.172*** (−3.23)
PCM2	−0.429* (−1.79)	−0.156* (−1.76)	−0.165*** (−3.53)	0.085 (2.59)	−0.029* (−1.96)	0.023 (0.70)
SCL	0.167*** (2.58)	0.063 (1.27)	0.171 (0.48)	−0.143* (−1.92)	0.027** (2.93)	0.012*** (2.95)

续表

		模型1	模型2	模型3	模型4	模型5	模型6
中介变量	DNPR	—	—	0.319*** (4.68)	0.565*** (3.13)	0.417*** (4.81)	0.054 (1.32)
	ENVF	0.108* (1.83)	0.268 (0.87)	—	—	0.102*** (2.59)	-0.093*** (-3.43)
	OWN	-0.089*** (-3.51)	0.031 (0.27)	-0.163*** (-3.61)	-0.132 (-1.55)	—	—
观测值		272	272	272	272	272	272
AR(1)检验值 [p][a]		-2.20 [0.028]	-4.747 [0.000]	-1.811 [0.070]	-1.806 [0.071]	-1.808 [0.071]	-2.74 [0.006]
AR(2)检验值 [p][b]		-1.197 [0.231]	-1.157 [0.247]	-1.231 [0.218]	-1.247 [0.212]	-1.242 [0.214]	-1.020 [0.308]
Hansen检验值 [p][c]		23.739 [1.000]	23.653 [1.000]	25.866 [1.000]	23.082 [1.000]	24.504 [1.000]	11.478 [1.000]

注：(1) ***、**、*分别表示统计值在1%、5%和10%的显著性水平下显著。(2) 圆括号内 () 的数值为t值；方括号内 [ ] 的数值为概率p值。(3) a零假设为差分后的残差项，不存在一阶序列相关（若差分后的残差项存在一阶序列相关，系统GMM依然有效，参见Roodman (2006)）；b零假设为差分后的残差项不存在二阶序列相关（若差分后的残差项存在二阶序列相关，则系统GMM为无效）；c为Hansen检验的零假设为过度识别约束是有效的。(4) 考虑到样本观察值的有限性，这里以解释变量的一阶滞后值作为工具变量。(5) GMM方法所用的软件包是stata/MP 11.0，所用的程序是xtabond2。

筹资环境中介效应的估计结果，也呈现以上的分析逻辑；具体来说，表3.8中的模型3的行业市场化进程的系数 θ_2（0.743）在1%水平上显著为正；模型4中的行业市场化进程的系数1%水平上显著为正，值为0.234；表明了行业市场化水平的提高，改善了筹资环境；第三步估计结果（见表3.2中的模型2）显示，行业市场化进程的系数 ψ_2（值为0.551）在1%水平上显著为正；筹资环境的估计系数在1%水平上显著为正，值为0.116；而且，第三步估计结果中行业市场化进程的系数 ψ_2 值（0.551）小于第一步的系数 θ_2 绝对值（0.743），这验证了筹资环境存在部分性质的中介效应，说明了行业市场化进程通过改善筹资环境，进而促进了高技术产业创新资本投入的增长。

从表3.8中的模型5可以看出，行业市场化进程的系数 θ_2（值为0.623）在1%水平上显著为正；表3.8中的模型6中行业市场化进程对产权结构的系数1%水平上显著为负，值为-0.172；第三步估计结果（表3.2中的模型2）显示，行业市场化进程的系数 ψ_2（值为0.551）在1%水平上显著为正，产权结构的系数在1%水平显著为负。而且，第三步中行业市场化进程的系数 ψ_2 值小于第一步的系数 θ_2 值，这验证了产权结构起到了部分中介效应的作用，说明了行业市场化水平的提高可以通过促进非国有经济的发展，进而对高技术产业创新资本投入产生促进作用。

2. 行业市场化影响创新人力投入的传导机制

从表3.9中的模型1可以看出，行业市场化进程的系数 θ_2（值为0.501）对创新人力投入（LRDL）在1%水平上显著为正；而前文表3.8中的模型2中行业市场化进程对新产品需求（DNPR）的影响系数在1%水平上显著为正；第三步估计结果（表3.3中的模型2）中行业市场化进程的系数 ψ_2（值为0.313）在1%水平上显著为正，新产品需求（DNPR）的系数在1%水平上显著为正。而且，第三步中行业市场化进程的系数 ψ_2 值小于第一步的系数 θ_2 值，这验证了新产品需求起到了部分中介效应的作用，说明了行业市场化进程可以通过新产品需求增长这个传导机制，对创新人力投入增长产生促进作用。由此，假说3.2b得到了较好的实证验证。

表3.9中的模型2的行业市场化进程的系数 θ_2（0.467）在1%水平上显著为正；而前文表3.8中的模型4中，行业市场化进程对筹资环境的影响系数1%水平上显著为正；第三步估计结果（表3.3中的模型2）显示，行业市场化进程的系数 ψ_2（值为0.313）在1%水平上显著为正；筹资环境的估计系数为正；而且，第三步估计结果中行业市场化进程的系数 ψ_2 值（0.313）小于第一步的系数 θ_2 绝对值（0.467），这验证了筹资环境存在部分性质的中介效应，说明了行业市场化进程通过改善筹资环境，在一定程度上促进了创新人力投入的增长（尽管不显著）。由此，假说3.3b得到了较好的实证验证。

表 3.9　　中介效应的检验结果（被解释变量 LRDL）

		模型 1	模型 2	模型 3
被解释变量		LRDL	LRDL	LRDL
估计步骤		第一步	第一步	第一步
被解释变量滞后项		0.166 * (1.79)	0.274 * (0.96)	0.201 *** (3.18)
mark		0.501 *** (4.96)	0.467 *** (2.83)	0.529 *** (4.15)
PCM2		−0.027 *** (−2.84)	−0.193 *** (−2.78)	−0.111 ** (−2.44)
SCL		0.028 ** (2.31)	0.189 (1.17)	0.154 ** (1.85)
中介变量	DNPR	—	0.382 *** (2.65)	0.355 *** (2.69)
	ENVF	0.061 *** (3.82)		0.277 *** (3.22)
	OWN	−0.175 *** (−2.68)	−0.117 * (−1.93)	
观测值		272	272	272
AR(1) 检验值 [p][a]		−2.58 [0.010]	−1.70 [0.088]	−2.53 [0.011]
AR(2) 检验值 [p][b]		−1.213 [0.225]	−1.204 [0.229]	−1.198 [0.231]
Hansen 检验值 [p][c]		25.399 [1.000]	26.541 [1.000]	25.278 [1.000]

注：（1）***、**、* 分别表示统计值在 1%、5% 和 10% 的显著性水平下显著。(2) 圆括号内（）的数值为 t 值；方括号内 [ ] 的数值为概率 p 值。(3) a 零假设为差分后的残差项不存在一阶序列相关（若差分后的残差项存在一阶序列相关，系统 GMM 依然有效，参见 Roodman (2006)）；b 零假设为差分后的残差项不存在二阶序列相关（若差分后的残差项存在二阶序列相关，则系统 GMM 为无效）；c 为 Hansen 检验的零假设为过度识别约束是有效的。(4) 考虑到样本观察值的有限性，这里以解释变量的一阶滞后值作为工具变量。(5) GMM 方法所用的软件包是 stata/MP 11.0，所用的程序是 xtabond2。

从表 3.9 中的模型 3 结果显示，行业市场化进程的系数 θ_2（值为 0.529）在 1% 水平上显著为正；而前文表 3.8 中的模型 6 中行业市场化进程对产权结构的影响系数 1% 水平上显著为负；第三步估计结果（表3.3中的模型2）显示，行业市场化进程的系数ψ_2（值为0.313）在1%水平上显著为正，产权结构的系数在1%水平上显著为正。而且，第三步中行业市场化进程的系数ψ_2值小于第一步的系数θ_2值，这验证了产权结构起到了部分中介效应的作用，说明了行业市场化水平的提高所导致的非国有经济的发展，在一定程度上抑制了创新人力投入的增长。这与前文的实证结论一致，但没有完全验证假说3.4b。这可能与两种研发投入的流动性差异有关。

以上中介效应的检验结果表明，① 行业市场化进程通过提高新产品需求、改善筹资环境、促进非国有经济发展等途径影响着中国高技术产业的研发投入，但是对创新资本投入和创新人力投入的影响存在差异，而这种影响差异可能与两种研发投入的流动性有关。这也为本章的假说3.2b、假说3.3b和假说3.4b提供了进一步的经验证据。

第六节　研究结论

本章利用中国高技术产业1995～2010年的细分行业面板数据，运用动态面板的GMM方法实证考察了行业市场化进程对高技术产业创新资本投入和创新人力投入的影响及其差异，在此基础上，实证考察五个方面行业市场化进程指数对研发投入的影响差异，并进一步实证验证了行业市场化进程如何通过新产品需求、筹资环境和产权结构等传导机制，从而影响高技术产业的研发投入增长。主要结论如下：

（1）行业市场化进程、新产品需求和筹资环境等市场环境因素对高技术产业R&D投入增长具有显著的正向影响，且“入世”后市场化水平和新产品需求对R&D投入的促进作用更大，而“入世”

---

① 递归检验方法究竟是否能够有效地检验出相应的中介效应，既有文献仍存在诸多争论。按照温忠麟和叶宝娟（2014）的解释，递归检验方法仍然是一个有效的检验方法，如果能够得到显著的估计结果，那么，该检验方法得到的结果是相对有效的。由本章的估计结果可以看出，相关系数都显著，因此，本章的中介效应检验结果具有较好的可信度。

后筹资环境改善的贡献变小了；对于不同的细分行业来说，市场环境各因素对高技术产业 R&D 投入的影响程度可能存在着差异。同时，国有产权对 R&D 资本投入和 R&D 人力投入的影响存在显著差异，即国有产权过于集中不利于 R&D 资本投入的增长，但是，却导致了过高的 R&D 人力投入强度；这种影响差异可能在于，国有企业的人事制度所带来的 R&D 人力和 R&D 资本的流动性差异。此外，市场势力与高技术产业 R&D 投入有着显著的非线性倒“U”型关系。企业规模对 R&D 资本投入的影响并不显著，但对 R&D 人力投入却有着显著的正向促进作用；企业规模的这种影响差异，也可能来源于创新资本和创新人力的流动性差异。

（2）五个方面市场化进程指数对创新资本投入（LRDK）和创新人力投入（LRDL）大多产生了重要影响，但是五个方面指数的影响大小、影响方向和显著性存在差异。对中国高技术产业研发投入增长产生促进作用的方面指数，按影响大小排列分别是要素市场发育指数、制度环境指数、产品市场发育指数、非国有经济发展指数。但是，政府与市场关系方面指数对创新人力投入的正向影响不显著，却抑制了创新资本投入的增长；这意味着，政府干预可能与政府对高技术产业的扶植政策有关。此外，每个方面指数对创新资本投入和创新人力投入的影响也不同，对创新资本投入的影响系数大多大于创新人力投入；对两种投入的影响差异可能源于创新人力的流动性远远低于创新资本的流动性。

（3）传导机制检验结果表明，在市场化水平越高的高技术行业，新产品需求的提高、筹资环境的改善和国有经济比重的降低，越能促进高技术企业研发投入的增长；反之亦然。进一步地，行业市场化进程可以通过提高新产品需求和改善筹资环境等途径影响中国高技术产业的研发投入增长，但是，行业市场化进程通过产权结构这一传导机制对创新资本投入和创新人力投入产生的影响存在差异，即促进了创新资本投入的增长，却抑制了创新人力投入的增长；这一传导机制的影响差异，可能与两种研发投入的流动性差异有关。

第四章

行业市场化进程如何影响创新效率?

本章考察行业市场化进程对创新效率的影响，即本书的 ICPPD 理论框架中行业市场化进程（I，Institution）与创新过程（P，Process）之间的关系。将沿着以下思路探讨四个问题：[①]（1）在理论层面分析行业市场化进程影响创新效率的机制，以及行业市场化对不同特征行业创新效率的影响差异；（2）采用 Malmquist 指数测算高技术产业创新效率的动态变化，并运用动态面板 SYS－GMM 方法实证检验行业市场化进程对创新效率的影响及行业差异；（3）运用门槛模型，检验行业特征对市场化进程创新效率效应的影响，是否存在门槛特征；（4）运用中介效应检验方法，实证考察行业市场化进程影响高技术产业创新效率的传导机制。

第一节　引　　言

自从熊彼特提出创新理论以来，不同市场结构对创新的激励一

① 本章的内容主要由戴魁早（2015）的论文《制度环境、区域差异与知识生产效率：来自中国高技术产业的经验证据》（载《科学学研究》2015 年第 3 期）以及戴魁早和刘友金（2013）的论文《市场化进程对创新效率的影响及行业差异：基于中国高技术产业的实证研究》（载《财经研究》2013 年第 5 期）修改和补充而成。

直是学术界关注的热点问题。学者们在产业组织理论 SCP 框架下研究了市场结构对创新投入及创新产出的影响，[①] 取得了大量的研究成果（吴延兵，2007）。[②] 对于企业或者产业的创新而言，如何利用有限的创新资源（创新投入）、不断提高创新产出（创新绩效）尤其重要，因而近期的文献越来越注重在 SCP 框架下研究哪些因素影响创新投入的产出绩效（下文简称创新绩效）[③]；研究发现，对于具有成熟市场经济制度的发达国家来说，企业规模（Gayle，2001；吴延兵，2006）、市场势力（Broadberry，Crafts，2001）和技术机会（吴延兵，2006）等都是重要的影响因素。而对于正处于经济体制转型过程中的国家来说，以市场化为导向的制度改革与完善可能也是影响创新绩效的重要因素（吴延兵，2006，成力为，孙玮，2012）。

关于经济体制转型中制度因素对创新绩效的影响研究，学术界还不够重视，相应的学术成果明显不足。国外的研究认为，一个软预算约束的集权经济对创新的阻碍作用（Qian，Xu，1998；Huang，Xu，1998）；其原因是，在高度集权的经济中，软预算约束使得企业家将创新资源更多地投入“寻租”领域，这会导致新产品创新投入的下降以及创新绩效的低下。与集权经济不同，自由市场经济下创新成功所带来的丰厚回报和竞争压力则促使企业家坚持不懈地提高创新绩效（Baumol，2002）。

在国内，中国 30 余年的市场经济体制转轨改革为研究市场化制度改革（下文简称市场化改革）对创新绩效的影响提供了便利条件（樊纲等，2011），一些学者对此展开了研究，如姚洋和章奇（2001）、张等（Zhang et al.，2003）、杰弗森等（Jefferson et al.，2006）、吴延兵（2006）着重研究了市场化改革进程中产权制度对

---

① 在 SCP 框架下，市场结构为结构（Structure，S），创新投入为行为（Conduct，C），创新产出为绩效（Performance，P）。

② 具体的研究成果，请见吴延兵在《经济研究》2007 年第 5 期发表的论文《企业规模、市场力量与创新：一个文献综述》。

③ 大多研究运用生产函数模型考察企业规模及市场势力等市场结构（S）因素对企业创新投入（行为，C）的产出绩效（P）的影响。

创新绩效的影响；结果发现，相对于其他类型产权制度的企业而言，国有企业的创新绩效水平最低。然而，这些研究存在两方面的明显不足：一方面，众所周知，中国的市场化改革是由一系列经济、社会、法律体制的变革组成，涉及体制的方方面面（樊纲等，2011）；因而，仅采用产权制度指标无法准确地反映中国的市场化改革进程。另一方面，这些研究关注的市场化改革进程对“绝对结果绩效”——创新产出的影响，[①] 而没有关注其对创新过程的“相对效率绩效”——创新效率的影响；然而，在目前中国高技术产业创新资源有限的条件下，从效率绩效角度考察产业创新活动更有利于改善创新活动的绩效，且对促进中国经济发展模式的有效转变起着重要的作用（官建成，陈凯华，2009）；可见，考察市场化进程对创新效率的影响具有重要的现实意义。

文献检索结果表明，目前仅有成力为和孙玮（2012）的研究在一定程度上弥补了以上研究在这两方面的不足；即采用了比较全面的市场化改革进程衡量指标，[②] 并在运用 DEA 的 Cost - Malmquist 指数测算创新过程“相对效率绩效”——创新效率的基础上，实证考察了市场化程度对创新效率的影响；研究发现，政府资金扶持在长期内对创新效率产生了负向影响，而行业开放及要素市场发展都显著提高了创新效率。然而，成力为和孙玮（2012）的研究存在着一些重大缺陷，如计量模型缺乏理论依据，[③] 市场化改革进程衡量

---

① 这些研究都运用生产函数模型研究产权制度对创新产出的影响，在实证过程中，大多采用 R&D 资本支出（有些研究还包括 R&D 人数）来反映创新投入，采用授权专利数或新产品销售收入来代表创新产出。创新活动的绩效衡量，可以从效率绩效角度——创新效率或者结果绩效角度——创新产出进行测度；而从中国目前经济发展的需要出发，创新活动的效率绩效测度比结果绩效测度更适合中国集约型经济发展模式，它可以有效地体现有限创新资源下技术创新和资源配置的市场竞争力（官建成，陈凯华，2009）。

② 成力为和孙玮（2012）采用政府干预度、行业开放度和要素市场发育程度等三个方面指标衡量行业的市场化程度。

③ 该研究的计量检验模型由作者直接设定，不是由能够反映创新投入产出关系的生产函数模型推导出，其科学性及合理性存疑。这是因为，我们知道，在 SCP 框架下，创新投入反映了创新行为（Conduct，C），创新产出为创新绝对结果绩效（Performance，P.）。那么，在创新过程中，创新效率反映的是创新投入→创新产出的中间环节——创新过程；因而，创新效率应该能够反映创新投入与创新产出之间的关系。

指标没有反映出全国市场化进程信息,[①] 没有考虑企业规模等市场结构因素对创新效率的影响;[②] 也没有考察市场化改革进程对创新效率的影响是否存在行业差异，而刘海云和唐玲（2009）研究发现，性质不同行业的效率存在着行业差异性。

基于此，本章进一步考察市场化改革进程对创新过程的“相对效率绩效”——创新效率的影响；为了弥补现有研究的不足，本章从以下几方面作出努力：第一，运用生产函数模型将市场化进程纳入创新投入产出的理论模型中，进而推导出一个市场化进程影响创新效率的计量模型来进行实证检验。第二，在实证过程中，应用DEA 的 Malmquist 指数测算高技术产业创新效率的动态变化,[③] 并将其进一步分解为创新资源配置效率的改善和技术水平的进步，以便较全面地考察行业市场化进程对创新效率变化的影响。第三，考虑到外向度和技术密集度等不同的行业，行业的市场化程度也不同。为此，本章分析了在外向度和技术密集度等不同的高技术行业中，行业市场化进程对创新效率的影响是否存在差异。而且，运用门槛模型进一步考察，在外向度和技术密集度的不同门槛值区间，行业市场化进程对创新效率的影响是否存在明显的差异。第四，运用中介效应检验方法，实证检验行业市场化进程如何通过降低政府干预、推进非国有经济发展、培育产品市场与要素市场、改善制度环境等传导机制，提升高技术产业的创新效率。

---

① 由于高技术产业的市场化进程是在整个国家的市场化改革进程的大环境中推进的，因而在测算行业市场化程度时，既要反映高技术细分行业的市场化进程信息，还要需要反映全国市场化进程的信息。此外，成力为和孙玮（2012）的市场化程度衡量指标没有考虑非国有经济发展在市场化改革的重要性，而国内大量的研究表明，非国有经济的发展水平在很大程度上能够体现行业的市场化进程（吴延兵，2006；陈羽等，2007）。

② 国内外大量的研究都证实，企业规模（Gayle，2001；吴延兵，2006）、市场势力（Broadberry，Crafts，2000）和技术机会（吴延兵，2006）等，都是影响创新绩效的重要因素。

③ DEA 的 Malmquist 指数，无须严格函数形式和分布等前提假设，且能够分解测算其创新效率的来源，因而在近期的研究中得到较为广泛的应用，如吴延兵（2008）、梁平等（2009）、官建成和陈凯华（2009）等都采用该方法来测算产业的创新效率。

第二节　理论机制分析

一、行业市场化进程影响创新效率的机制

行业市场化程度的提高，是如何促进高技术产业创新效率提升呢？樊纲等（2011）的研究发现，市场化进程主要体现在政府与市场的关系、非国有经济的发展、产品市场与要素市场的发育程度和制度环境改善等方面；因而，市场化进程主要通过以下途径影响创新效率的变化，见图 4.1：

（1）政府的行政干预减少会大大降低行政性垄断对资源的扭曲配置，这有助于发挥市场对创新资源（即 R&D 资源）的优化配置，可以将有限的 R&D 资源更好地投入适应市场需求的新产品 R&D 活动中去，有利于提高企业或者产业的创新效率。

（2）发育程度更高的产品市场，对价格信号、新产品信息传递更加真实灵敏，前者能够及时地反映行业的供求关系，可以更好地引导 R&D 资源在行业之间的转移调整；后者则可以促进企业针对新产品需求信息进行 R&D 活动（陈仲常，余翔，2007）；两者都会促进创新效率的提高。

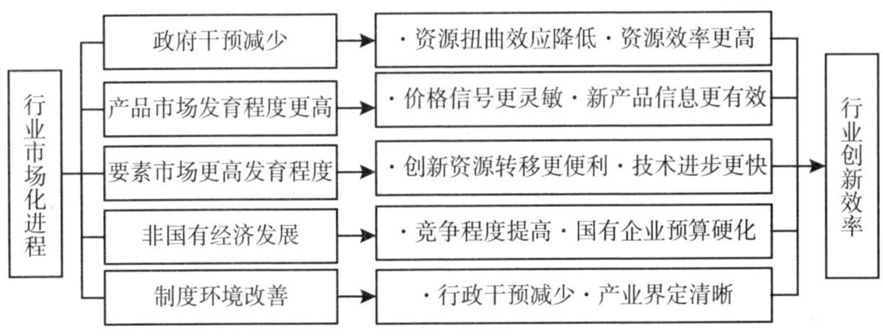

图 4.1　行业市场化进程影响创新效率的途径与机制

（3）发育程度更高的要素市场大大便利了人员和资金在企业间、行业间的转移（方军雄，2006），最终将创新资源（人员和资金）转移到相对高效的项目，其结果是创新效率的提高；而技术市场的发展，则大大便利了先进技术的扩散与溢出，有利于技术进步，进而促进创新效率的提高。

（4）非国有经济的发展，会激励原有公有制企业预算约束的硬化（陈钊，2004），也会促进产品市场竞争程度的提高；前者使得国有企业行为发生转变，最终导致企业通过裁减冗员或者通过R&D资源行业间的重新配置以改善资源配置效率（陈钊，2004；方军雄，2007）；后者会激励企业不断地提高创新资源的管理水平、优化创新资源的配置，其结果是创新效率的改善。

（5）制度环境的改善既体现在政府对经济干预的减少又体现在国有企业产权改革的深入，前者的结果是R&D资源更可能追逐收益率更高且风险更小的项目和企业（方军雄，2007），后者的结果国有企业预算约束硬化（陈钊，2004）和界定清晰的产权制度，这有利于促进创新效率的提高（Baumol，2002；Jefferson et al.，2006；方军雄，2007）。

基于此，有待检验的**假说4.1**：市场化程度的提高，促进了中国高技术产业创新效率的提升。

二、市场化进程影响创新效率的行业差异

上述的理论分析表明，市场化进程对创新效率的提升具有促进作用，但是这种作用的程度可能会受到行业特征的影响。

（1）行业外向度会影响市场化进程对创新效率的作用程度。这是因为，对于外向度较高行业中的企业来说，参与全球生产体系的优势、获取中间投入品的技术溢出效应、国际贸易中攫取的更大利益（Gorg et al.，2008）以及面临越来越激烈的竞争（刘海云，唐玲，2009），使得企业能够不断实现资源配置效率的持续优化以及

技术水平的持续提高，进而促进了创新效率的提高。由此有如下假说：

假说4.2：在外向度较高的行业中（或随着行业外向度的提高），市场化进程对高技术产业创新效率的积极影响要大些（或更大）。

（2）市场化进程对创新效率的作用程度也会受到行业技术密集度的影响；这是因为，与技术密集度较低的行业比较，高技术密集度行业的产品生产技术复杂程度更高（文东伟，冼国明，2009）；在新产品的创新过程中，产品复杂程度越高，其创新产出难度和创新风险会越大（傅家骥，1998），且其资源配置优化及技术进步的难度都更大，其结果是更低的创新效率水平。基于此，本章提出如下有待检验的假说：

假说4.3：在技术密集度较高的行业中（或随着行业技术密集度的提高），市场化进程对高技术产业创新效率的提升效果要低些（或更低）。

第三节　实证检验结果

一、计量模型

在实证文献中，考察市场化改革过程中制度因素对创新绩效的影响研究，通常采用线性或非线性创新产出模型（Jefferson et al.，2006；吴延兵，2006）。为了考察行业市场化进程对高技术产业创新效率的影响，本章将创新产出函数设定为如下形式：

$$Y_{it} = A_{it}(mark_{it})F(RDK_{it}, RDL_{it}) = A_{it}(mark_{it})RDK_{it}^{\alpha}RDL_{it}^{\beta} \quad (4.1)$$

式（4.1）中，Y_{it}表示创新产出，Y_{it}是RDK_{it}（创新资本投入）和RDL_{it}（创新人力投入）的函数，A_{it}代表创新效率，A_{it}是行业市场化进程的函数。A_{it}具体可以定义为：

$$A_{it} = Y_{it}/RDK_{it}^{\alpha}RDL_{it}^{\beta} = A_0 + \delta mark_{it} + \phi X_{it} + \lambda_i + \varepsilon_{it} \qquad (4.2)$$

式（4.2）中，$mark_{it}$表示市场化指数（反映市场化程度的高低）；X_{it}为影响A_{it}的其他因素。λ_i是不可观测的行业效应，ε_{it}为随机扰动项。在实证检验过程中，创新效率作为被解释变量，受到许多变量的影响，在实际建模过程中无法将解释变量全部列出；在这样的情况下，遗漏变量的影响就被纳入误差项中，在该遗漏变量与其他解释变量相关的情况下，就引起了内生性问题。对于这种内生性问题所导致估计结果的偏差，国内外学术界大多采用动态面板数据模型来克服；基于此，本章建立如下的动态面板数据模型进行实证检验，即：

$$A_{it} = A_0 + \varphi A_{i,t-1} + \delta mark_{it} + \varphi X_{it} + \lambda_i + \varepsilon_{it} \qquad (4.3)$$

在式（4.3）的基础上，为了考察市场化进程对创新效率的影响是否存在行业差异，本章借鉴国内外研究效率行业差异时的通常做法（刘海云，唐玲，2009），采用市场化指数与行业特征变量（包括外向度和技术密集度）[①] 的乘积项来刻画市场化进程对不同性质行业（外向度和技术密集度不同的行业）创新效率影响的差异，从而构造以下计量模型：

$$A_{it} = A_0 + \varphi A_{i,t-1} + \delta mark_{it} + \gamma mark_{it} \times OPEN_{it} + \eta mark_{it} \times DTE + \varphi X'_{it} + \lambda_i + \varepsilon_{it} \qquad (4.4)$$

式（4.4）中，$mark_{it} \times OPEN_{it}$为市场化指数与外向度的乘积项，$mark_{it} \times DTE_{it}$为市场化指数与技术密集度的乘积项。$X'_{it}$代表影响创新效率$A_{it}$的其他因素，包括行业特征变量以及市场势力、企业规模和经济绩效等。这是因为：①行业内如果竞争程度过低，企业

① 刘海云和唐玲（2009）在研究国际外包的生产率效应时，采用外包与行业特征的乘积项来刻画外包对行业特征不同的行业生产率增长的影响，研究发现，在外向度、技术密集度和行业规模等不同的行业中，外包对生产效率的影响存在差异。我们在测试过程中发现，仅有外向度和技术密集度两个行业特征的影响显著且稳定，因而实证过程中，主要考察在外向度和技术密集度不同的行业中，市场化进程对创新效率是否存在差异。

可能缺乏提升创新效率的动力；行业内如果竞争太激烈，可能会对企业产生提高创新效率的资源约束。许多研究证实了市场力量与创新产出存在着倒“U”型特征（Gayle，2001）。②熊彼特的创新理论认为，企业规模越大，越有可能产生规模报酬，因而创新活动中也能够带来规模经济，因而创新效率也会更高；盖尔（Gayle，2001）等学者的经验研究也发现，规模越大的企业对专利数量和专利被引用次数均有显著正影响（也有学者的实证研究得到了不同的结论）。[①] ③经济绩效较好的企业，可以采用更先进的技术和设备、为员工提供更好的福利和工作环境，这为提高效率提供了必要的条件；反过来，企业研发效率的提高，会给企业带来好的经济绩效；杰弗森等（Jefferson et al.，2006）、吴延兵（2006）针对中国制造业的研究，也证实了两者之间存在这样的互补关系。

式（4.3）和式（4.4）的动态面板模型虽然纳入了时间效应，但并没有消除未观察到的特殊行业效应，同时解释变量之间以及解释变量与被解释变量之间都可能存在内生性问题；变量之间的内生性问题会导致估计结果发生偏差，使得估计参数的统计推断无效。GMM 方法可以克服动态面板数据的上述两个问题（Arellano，Bover，1995），这是因为动态面板 GMM 估计方法具有如下两方面的优势：一方面，它可以通过差分或使用工具变量来控制未观察到的时间和个体效应；另一方面，它可以使用前期的解释变量和滞后的被解释变量作为工具变量克服内生性问题。具体来说，为了消除特定行业效应，对式（4.3）进行一次差分（为了简便，式（4.4）的一次差分没有列出），即：

① 由于方法和数据的不同，企业规模与如创新绩效关系的实证研究结论不尽相同。具体来看，大致可以分为三类：一是“大企业创新效率更高论”；如盖尔（Gayle，2001）的研究表明，企业市场份额和企业规模对专利数量和专利被引用次数均有显著正影响。二是“小企业创新效率更高论”；如帕维特等（Pavitt et al.，1987）的研究表明，小企业有更高的创新效率。三是“不确定论”；如弗雷曼和绍依特（Freeman，Soete，1997）也认为，小企业在进入成本低、资本密集度低的产业中创新份额较大，而在资本密集度高的产业中创新份额较小；吴延兵（2006）也证实，企业规模对中国制造业的创新产出（专利数量或者新产品销售收入）并不确定。

$$A_{i,t}-A_{i,t-1}=\varphi(A_{i,t-1}-A_{i,t-2})+\delta(mark_{i,t}-mark_{i,t-1})$$
$$+\phi(X_{i,t}-X_{i,t-1})+(\varepsilon_{i,t}-\varepsilon_{i,t-1}) \tag{4.5}$$

从式（4.5）可以看出，它消除了不随时间变化的行业效应，但却包含了被解释变量的滞后项为（$A_{i,t}-A_{i,t-1}$）。为了克服所有解释变量的内生性问题以及新的残差项（$\varepsilon_{i,t}-\varepsilon_{i,t-1}$）与滞后的被解释变量（$A_{i,t-1}-A_{i,t-2}$）之间的相关性，需要采用工具变量来进行估计。考虑到样本观察值的有限性，我们以解释变量的一阶滞后项作为工具变量。

系统 GMM 估计由于利用了更多的样本信息，在一般情况下比差分 GMM 更有效（Arellano et al.，1995；Blundell et al.，1998）。但这种有效性有赖于解释变量滞后项作为工具变量是否有效，本章依据两种方法来识别模型设定是否有效：第一种是采用 Hansen 检验来识别工具变量的有效性，如果不能拒绝零假设就意味着工具变量的设定是恰当的。第二种是检验残差项 ε_{it} 非自相关假设，即检验 GMM 回归系统中差分的残差项是否存在二阶序列自相关。系统 GMM 可以分为一步估计和两步估计，两步估计的结果对异方差和截面相关性具有较强的稳健性（Blundell et al.，1998），因而，在一般情况下优于一步估计。因此，本章采用两步系统的 GMM 方法进行估计。

二、变量选取

行业市场化进程变量（mark）采用第 2 章的测算结果，市场势力（PCM）和企业规模（SCL）两个变量选取与第 3 章一致，其他变量选取说明如下。

1. 创新效率及其分解

依据创新投入产出函数测度创新效率变化的传统方法是索洛残值法，该方法暗含的前提假设是 100% 资源配置效率水平，但现实中可能经常没有达到这样的资源配置效率水平。DEA 方法放宽了这个假设，因而能够更好地反映创新效率的变化（吴延兵，2008；梁平等，2009；夏维力，钟培，2011）。基于此，本章采用基于 DEA 方法的 Malmquist 指数来反映高技术产业的创新效率变化。DEA 方法的基本思路是以非参数方法构造出最佳创新产出前沿面，所有观测点都位于这个前沿面之上或之下，然后对决策单元的创新产出组合与最佳前沿面进行比较，进而得出个决策单元创新资源配置效率改进和技术进步的相关情况。具体地，产出视角的 DEA 模型可以将每个高技术行业看作一个创新决策单位，rd^t 和 y^t 表示时刻 t 的创新投入和产出向量，时刻 t 的生产技术定义为 $T=\{(rd^t, y^t)\}$（表示能够生产 y^t 的所有 rd^t），创新产出距离函数定义为 $D^t(y^t, rd^t)=\inf\{\phi>0:(rd^t, y^t/\phi)\in T^t\}$（inf 表示集合的最大下界）。①借助距离函数，可以构造如下形式的 Malmquist 指数：

$$MAL_o(rd^t, y^t, rd^{t+1}, y^{t+1})=\frac{D_o^{t+1}(rd^{t+1}, y^{t+1})}{D_o^t(rd^t, y^t)}\left[\frac{D_o^t(rd^{t+1}, y^{t+1})}{D_o^{t+1}(rd^{t+1}, y^{t+1})}\times\frac{D_o^t(rd^t, y^t)}{D_o^{t+1}(rd^t, y^t)}\right]^{\frac{1}{2}}=AEC\times TIC \quad (4.6)$$

Malmquist 指数是两个比值的几何均值，这两个比值反映了 $t+1$ 时刻（相对于 t）技术前沿的距离函数的变化比例。如果其值大于 1，则表明从 t 时刻到 $t+1$ 时刻创新效率提高了，小于 1 则说明创新效率下降了，等于 1 则说明创新效率不变。说明式（4.6）的第二部分表明了该指数可以进一步分解为两部分：资源配置效率的改善（记为 *AEC*）和技术水平的提高（记为 *TIC*）。*AEC* 测度了两个时刻间的相对配置效率变化，反映的是决策单元向最佳前沿面移动的程度；*TIC* 测度了最佳前沿面在两个时刻间的移动幅度，反映的是技术水平的变化。

创新产出、R&D 资本和 R&D 人力是运用 Malmquist 指数测算

---

① $D^t(y^t, rd^t)\leqslant 1$，只有当 y^t 处于 rd^t 决定的创新产出可能性集的最前沿边界上时，有 $D^t(y^t, rd^t)=1$。

创新效率（即式（4.2）和式（4.3）中的 A_{it}）所必需的变量。本章采用新产品销售收入[①]来反映创新产出，并运用1995年工业品出厂价格指数进行平减；选取 R&D 活动人员折合全时当量[②]来表示 R&D 人力投入。因国内没有统计 R&D 资本存量，因而需要估算。参照吴延兵（2006）等的做法，本章也采用永续盘存法进行估算；t 期 R&D 资本存量等于以往所有期 R&D 支出现值与 $t-1$ 期现值之和，具体的表达式为：

$$RDK_t = \sum_{i=1}^{n} \mu_t E_{t-i} + (1-\delta) RDK_{t-1} \tag{4.7}$$

式（4.7）中，RDK 代表 R&D 资本存量，E 代表 R&D 支出，k 为滞后期，μ 为贴现系数，δ 为折旧率。如果假定平均滞后期为 θ，$t-\theta$ 期的 R&D 支出为 t 时期新增的 R&D 资本存量，这样就有 $\sum_{i=1}^{n} \mu_t E_{t-i} = E_{t-\theta}$；如果再假定 $\theta=1$，即有：

$$RDK_t = E_{t-1} + (1-\delta) RDK_{t-1} \tag{4.8}$$

式（4.8）中，的4个变量的选取具体如下：①为了避免重复计算，从 R&D 支出总额中扣除了劳务费，得到当期 R&D 支出 E。②用原材料购进价格指数和固定资产投资价格指数的算术平均值来构建 R&D 支出价格指数，并以1995年为基期平减 R&D 支出得到实际值。③参考吴延兵（2006）等做法，直接将折旧率 δ 设定为15%。④依据公式 $RDK_0 = \frac{E_0}{(g+\delta)}$ 确定基期 R&D 资本存量 RDK_0，式（4.8）中，g 为行业 R&D 实际支出增长率的算术平均值。

---

① 国内外学者主要采用两个指标来反映创新产出，一是新产品销售收入指标，二是专利产出指标；专利产出为直接指标，新产品销售收入为间接指标。考虑到新产品销售收入能够反映创新成果被市场接受的程度，因而在这里采用该指标。

② R&D 活动人员折合全时当量是指，在报告年内，实际从事科技活动人员（工作时间占制度工作时间90%以上）中从事基础研究、应用研究和试验发展三类活动的人员（包括直接参加上述三类项目活动的人员及这三类项目的管理和服务人员）的工作时间与 R&D 活动人员中工作时间不到制度工作时间90%的人员工作时间所折合的全时工作时间的总和。

2. 控制变量

（1）外向度（OPEN）

借鉴戴魁早（2011）的做法，用外向度指数来反映行业外向度；外向度指数等于（a×商品出口交货值/商品销售产值 + b×商品出口交货值/商品增加值）/(a + b)，且 a + b = 1（取 a = 0.5）；用工业品出厂价格指数对出口交货值、产值和增加值进行平减。

（2）技术密集度（DTE）

行业技术密集度会随着时间的推移而不断变化，在实证分析时可以用资本化指数来反映高技术产业技术密集度变化的动态过程（戴魁早，2011）。资本化指数等于资本总额/（资本总额 + 总消费），具体用实际资产存量①和销售收入反映资本形成总额和最终总消费（并用工业品出厂价格指数对销售收入平减）。

（3）经济绩效（PER）

学术界通常采用两个衡量指标，一是销售利润率，二是销售利税率。此处借鉴吴延兵（2006）的做法，采用销售利税率（大中型工业企业利税总额/大中型工业企业销售收入）来反映行业的经济绩效。

三、数据说明

本章所使用的数据，主要来源于《中国高技术产业统计年鉴》以及中经网统计数据库。样本区间为 1995 ~ 2010 年，样本涉及化

① 实际资本存量的计算采用简化计算公式：$K_t = \frac{I_t}{P_t} + (1 - \delta_t) K_{t-1}$；其中，$K_t$ 为 t 年的实际资本存量，K_{t-1} 为 $t-1$ 年的实际资本存量，P_t 为固定资产投资价格指数，I_t 为 t 年的名义投资，δ_t 为 t 年的固定资产的折旧率。由于数据问题，在估算资本存量时存在着两个难点：一是基期的资本存量的确定；二是实际净投资（包括固定资产投资价格指数和资本折旧）的确定。以 1995 年为基期，用 1995 年底，中国高技术产业分行业的固定资产净值来表示基期的资本存量；以 1995 年为基期的固定资产投资价格指数来表示固定资产价格指数；对于资产折旧，这里采取 5% 的固定资产折旧率。

学药品制造业、中药材及中成药加工业、生物制品制造业、飞机制造及修理业、航天器制造业、通信设备制造业、雷达及配套设备制造业、广播电视设备制造业、电子器件制造业、电子元件制造业、家用视听设备制造业、其他电子设备制造业、电子计算机整机制造业、电子计算机外部设备制造业、办公设备制造业、医疗设备及器械制造业和仪器仪表制造业等 17 个高技术细分行业。1995 ~ 2010 年的工业品出厂价格指数、消费物价指数和行业固定资产投资价格指数等都来源于中经网统计数据库，其他数据都来源于《中国高技术产业统计年鉴》相关年度。

中国高技术产业创新效率（MAL）及其分解——创新资源配置效率（AEC）和技术水平的进步（TIC）的估算结果，如表 4.1 和表 4.2 所示。具体来说，高技术产业创新效率的变化，有如下一些特征：

表 4.1　　高技术细分行业创新效率及其分解（1995 ~ 2010 年均值）

行业	MAL	TIC	AEC	行业	MAL	TIC	AEC
化学药品制造业	1.077	1.139	0.946	电子元件制造业	1.173	1.146	1.023
中药材及中成药加工业	1.105	1.142	0.967	家用视听设备制造业	1.219	1.166	1.046
生物制品制造业	1.122	1.165	0.963	其他电子设备制造业	1.160	1.135	1.022
飞机制造及修理业	1.096	1.125	0.974	计算机整机制造业	1.320	1.127	1.171
航天器制造业	1.127	1.127	1.000	计算机外部设备制造业	1.134	1.158	0.980
通信设备制造业	1.140	1.144	0.996	办公设备制造业	1.241	1.154	1.076
雷达及配套设备制造业	1.131	1.150	0.984	医疗设备及器械制造业	1.143	1.138	1.004
广播电视设备制造业	1.146	1.112	1.031	仪器仪表制造业	1.133	1.154	0.982
电子器件制造业	1.145	1.139	1.005	全行业	1.153	1.142	1.011

资料来源：作者运用 DEAP 软件计算得到。

表 4.2 中国高技术产业创新效率及其分解（1995～2010 年）

	1995～1996 年	1996～1997 年	1997～1998 年	1998～1999 年	1999～2000 年	2000～2001 年	2001～2002 年	2002～2003 年	2003～2004 年	2004～2005 年	2005～2006 年	2006～2007 年	2007～2008 年	2008～2009 年	2009～2010 年
MAL	1.214	1.201	1.277	1.132	1.118	1.036	1.214	1.291	1.272	1.232	1.105	1.115	1.018	0.911	1.254
TIC	1.160	1.129	1.258	1.082	1.027	1.218	1.139	1.361	1.178	1.137	1.101	1.087	1.088	0.998	1.109
AEC	1.054	1.078	1.028	1.045	1.096	0.837	1.066	0.935	1.108	1.104	1.004	1.033	0.936	0.908	1.142

资料来源：作者运用 DEAP 软件计算得到。

（1）总体层面来看，MAL 的均值为 1.153，这说明高技术产业创新效率水平提升幅度都比较大，每年的平均增长率高达 15.3%

从创新效率增长的源泉来看，技术进步（即创新产出前沿面的抬高，下文同）是主要源泉（年均增长率达到 14.2%），而资源配置效率的改善对高技术产业创新效率提高的贡献较小，年均增长率为 1.1%。从变化趋势上看，高技术产业创新效率呈现出不断上升的趋势（贡献主要来源于技术进步）；但"入世"后的第一年（2002 年）及 2007 年下半年的全球金融危机（2007 年和 2008 年），对高技术产业资源配置效率都产生了负面影响。

（2）高技术细分行业的创新效率增长存在较大的差异

电子计算机整机制造业的创新效率增长最快，年均增长率为 32%；接着，依次是办公设备制造业和家用视听设备制造业等行业；而增长最慢的行业主要是化学药品制造业和飞机制造及修理业等，年均增长率分别为 7.7% 和 9.6%。细分行业创新效率增长的主要源泉也是技术进步；但电子计算机整机制造业却例外，其资源配置效率的贡献达到年均 17.1%。

四、结果分析

1. 市场化进程对高技术产业创新效率的影响

加入 WTO 是中国市场化进一步深入的重大标志，"入世"前后高技术产业市场化程度可能存在较大差异，其对创新效率的贡献可能也会受到影响。基于此，本章还进一步对“入世”前（1995～2001年）和“入世”后（2002～2010年）作了分段估计，以考察“入世”前后市场化进程对创新效率的影响是否有差异。全样本两步系统GMM的估计结果，如表4.3所示，列（1）、列（3）、列（5）为式（4.3）的估计结果，列（2）、列（4）、列（6）为式（4.4）的估计结果。表4.4则是以创新效率（MAL）、资源配置效率（AEC）和技术进步（TIC）为被解释变量的分段估计结果。从表4.3和表4.4的残差序列相关性检验结果可以看出，各模型估计差分后的残差大多都只存在一阶序列相关性而无二阶序列相关性，这样的估计结果表明原模型的误差项无序列相关性。同时，各模型的Hansen过度识别检验的结果，都不能拒绝工具变量有效性的零假设（p值均显著大于0.1）。这说明模型设定的合理性和工具变量的有效性。

从表4.3可以看出，市场化指数对高技术产业创新效率以及资源配置效率、技术进步的影响均显著为正；这说明市场化程度的提高既优化高技术产业的资源配置效率又促进了高技术产业技术水平的进步，进而促进了产业创新效率的提升。这在一定程度印证了方军雄（2006）的研究结论，即市场化水平的提高会改善资本配置效率。

表4.3　市场化进程对产业创新效率的影响分析Ⅰ（全样本）

解释变量	MAL		TIC		AEC	
	(1)	(2)	(3)	(4)	(5)	(6)
L. MAL	0.394* (7.45)	0.365*** (1.67)	—	—	—	—
L. TIC	—	—	0.510* (9.99)	0.512* (18.50)	—	—

续表

解释变量	MAL		TIC		AEC	
	(1)	(2)	(3)	(4)	(5)	(6)
L. AEC	—	—	—	—	0.548 * (16.55)	0.545 * (12.08)
mark	0.541 * (8.05)	1.045 ** (2.80)	0.623 * (12.11)	1.010 * (3.23)	0.643 * (7.09)	0.794 ** (2.62)
mark × OPEN	—	0.323 *** (1.97)	—	0.249 * (3.53)	—	0.193 * (3.47)
mark × DTE	—	−0.535 (−1.54)	—	−0.473 (−1.43)	—	−0.253 (−0.48)
PCM2	−0.318 * (−23.74)	−0.280 * (−8.47)	−0.302 * (−4.91)	−0.288 * (−31.90)	−0.336 * (−16.41)	−0.285 * (−18.31)
SCL	0.825 * (7.42)	0.819 * (3.00)	0.816 * (18.63)	0.787 * (4.73)	0.887 * (19.61)	0.940 * (9.86)
PER	0.694 * (2.91)	0.726 *** (1.65)	0.652 * (9.44)	0.657 * (5.12)	0.760 * (7.33)	0.774 ** (2.35)
观测值	238	238	238	238	238	238
AR(1) 检验值 [p][a]	−3.34 [0.001]	−2.98 [0.003]	−2.61 [0.009]	−2.63 [0.008]	−3.37 [0.001]	−3.29 [0.001]
AR(2) 检验值 [p][b]	1.25 [0.165]	1.06 [0.223]	1.49 [0.151]	1.46 [0.143]	1.16 [0.128]	1.10 [0.139]
Hansen 检验值 [p][c]	16.59 [1.000]	15.16 [1.000]	16.73 [1.000]	16.41 [1.000]	15.79 [1.000]	13.89 [1.000]

注：(1) ***、**、* 分别表示统计值在 10%、5% 和 1% 的显著性水平下显著。(2) 圆括号内 ( ) 的数值为 t 值；方括号内 [ ] 的数值为概率 p 值。(3) a 零假设为差分后的残差项不存在一阶序列相关（若差分后的残差项存在一阶序列相关，系统 GMM 依然有效，参见 Roodman (2006)）；b 零假设为差分后的残差项不存在二阶序列相关（若差分后的残差项存在二阶序列相关，则系统 GMM 为无效）；c 为 Hansen 检验的零假设为过度识别约束是有效的。(4) 考虑到样本观察值的有限性，此处以解释变量的一阶滞后值作为工具变量。(5) GMM 方法所用的软件包是 stata/MP 11.0，所用的程序是 xtabond2。(6) L. MAL 为变量 MAL 的滞后一阶。

表4.4分阶段的估计结果显示，市场化指数对创新效率及资源配置效率、技术进步的影响始终显著为正。这说明“入世”前后市场化程度的提高对中国高技术产业创新效率的提高，都产生了显著的促进作用。比较来看，“入世”后，市场化指数对创新效率及创新资源配置效率、技术进步的估计系数更大了，这表明“入世”后市场化程度的提高对创新效率的促进作用增强了。对此可能的解释是，加入WTO是中国市场化改革进一步深化的重要标志，政府对经济运行干预的范围和力度更小，市场更能发挥对创新资源的优化配置，非国有经济得到更好的发展，产品市场与要素市场发育程度更高，制度环境更好，这些都有利于资源配置效率的进一步优化和技术水平的进一步提高，进而会促进高技术产业创新效率的不断提高。同时，“入世”后越来越激烈的国际市场竞争会激励企业通过不断更新设备、采用更先进的适应性技术、提高创新管理水平及创新资源配置效率等途径来获得或确保产品的国际竞争优势，其结果是创新效率的大幅提高。

表4.4　市场化进程对产业创新效率的影响分析Ⅱ（分时段）

解释变量	MAL		TIC		AEC	
	1995~2001年	2002~2010年	1995~2001年	2002~2010年	1995~2001年	2002~2010年
L. MAL	0.037 (0.23)	0.008 (0.06)	—	—	—	—
L. TIC	—	—	0.221* (4.85)	0.335* (15.75)	—	—
L. AEC	—	—	—	—	0.428* (3.21)	0.295* (10.18)
mark	1.066* (3.86)	1.858* (3.66)	0.744* (4.18)	1.979* (3.28)	1.059* (4.89)	1.796* (6.43)

续表

解释变量	MAL		TIC		AEC	
	1995～2001年	2002～2010年	1995～2001年	2002～2010年	1995～2001年	2002～2010年
mark × OPEN	0.198*** (1.79)	0.074** (2.54)	0.137*** (2.22)	0.022** (2.43)	0.564*** (1.90)	0.051 (0.60)
mark × DTE	-0.613** (-2.15)	-0.178 (-0.43)	-0.533* (-3.59)	-0.049 (-0.07)	-0.739** (-2.32)	-0.336 (-0.77)
PCM2	-0.463* (-5.10)	-0.398* (-16.20)	-0.418*** (-1.75)	-0.312* (-25.47)	-0.414** (-2.29)	-0.418* (-22.44)
SCL	0.807* (5.38)	0.394 (1.13)	0.838* (11.09)	0.370 (1.36)	0.295* (2.99)	0.105* (8.57)
PER	0.341 (1.42)	1.216* (4.31)	0.005 (0.01)	1.108* (6.32)	0.171 (0.46)	1.453* (3.87)
观测值	85	136	85	136	85	136
AR(1) 检验值 [p][a]	-2.10 [0.036]	-2.74 [0.006]	-2.44 [0.015]	-3.36 [0.001]	-2.71 [0.0071]	-3.04 [0.002]
AR(2) 检验值 [p][b]	0.90 [0.369]	0.58 [0.559]	2.16 [0.031]	1.64 [0.100]	0.84 [0.402]	0.69 [0.489]
Hansen 检验值 [p][c]	12.03 [1.000]	15.83 [1.000]	15.22 [1.000]	15.93 [1.000]	14.09 [1.000]	14.48 [1.000]

注：(1) ***、**、*分别表示统计值在10%、5%和1%的显著性水平下显著。(2) 圆括号内 () 的数值为t值；方括号内 [ ] 的数值为概率p值。(3) a零假设为差分后的残差项不存在一阶序列相关（若差分后的残差项存在一阶序列相关，系统GMM依然有效，参见Roodman（2006））；b零假设为差分后的残差项不存在二阶序列相关（若差分后的残差项存在二阶序列相关，则系统GMM为无效）；c为Hansen检验的零假设为过度识别约束是有效的。(4) 考虑到样本观察值的有限性，这里以解释变量的一阶滞后值作为工具变量。(5) GMM方法所用的软件包是stata/MP 11.0，所用的程序是xtabond2。(6) L. MAL为变量MAL的滞后一阶。

2. 市场化进程对不同特征行业创新效率的影响

高技术细分行业之间市场化程度存在较大差异且呈现出扩大的趋势，见表4.5，办公设备制造业和计算机整机制造业等行业的市场化程度较高，而航天器制造业等行业的市场化程度较低。那么，市场化进程对高技术产业创新效率的影响，是否存在行业差异呢？为此，我们进一步探讨在行业特征不同的高技术行业中，市场化进程对创新效率的影响是否存在差异。从表4.3和表4.4的估计结果可以看出：

表4.5　外向度与技术密集度的行业差异

行业	OPEN	DTE	行业	OPEN	DTE
化学药品制造业	0.238	0.381	电子元件制造业	1.444	0.312
中药材及中成药加工业	0.030	0.418	家用视听设备制造业	1.311	0.172
生物制品制造业	0.260	0.544	其他电子设备制造业	0.986	0.504
飞机制造及修理业	0.334	0.452	计算机整机制造业	3.551	0.046
航天器制造业	0.002	0.670	计算机外部设备制造业	0.808	0.176
通信设备制造业	1.547	0.171	办公设备制造业	1.737	0.194
雷达及配套设备制造业	0.259	0.431	医疗设备及器械制造业	0.712	0.408
广播电视设备制造业	0.405	0.229	仪器仪表制造业	0.416	0.350
电子器件制造业	1.647	0.435			

首先，行业外向度与市场化进程乘积项（mark × OPEN）对创新效率各指标不同时间段的估计结果都显著为正（仅“入世”后对资源配置效率的系数不显著），这说明在外向度较高的行业中，市场化进程对资源配置效率优化和技术进步的促进作用更显著，进而对创新效率的提升效果更好（或者意味着，随着行业外向度的提高，市场化进程对创新效率的促进作用更显著）。对此可能的解释是，对于外向度较高行业中的企业来说，参与全球生产体系的优势、获取中间投入品的技术溢出效应、国际贸易中攫取的更大利益（Gorg et al.，2008）以及面临越来越激烈的竞争（刘海云，唐玲，2009），使得企业能够不断地实现资源配置效率的持续优化以及技

术水平的持续提高，进而促进创新效率的提高。这个结论意味着，在计算机整机制造业和通信设备制造业等外向度较高的行业中，见表4.5，市场化进程对创新效率的促进作用更显著。比较起来，“入世”后外向度对市场化进程提升创新效率的积极影响下降了。究其原因可能在于，一方面，外向度提高对市场化进程提升创新效率的效果可能存在边际报酬递减规律，即随着行业外向度提高到一定的水平后，在这些行业中，市场化程度的提高对资源配置效率和技术进步的促进作用会逐渐减少，进而导致其对创新效率提升效果的降低；另一方面，由于“入世”后高技术产业外向度水平迅速上升，以致其上升的幅度大于创新效率上升的幅度，从而导致“入世”后外向度的积极影响有所下降。

其次，技术密集度与行业市场化进程乘积项（$mark \times DTE$）对创新效率各指标的估计结果都为负，说明在技术密集度较高的行业中，市场化程度的提高对创新效率的积极影响较小（或者意味着，随着行业技术密集度的提高，市场化进程对创新效率的积极影响会下降）。对此可能的解释是，与技术密集度较低的行业比较，技术密集度较高行业中的产品生产技术复杂程度更高（文东伟，冼国明，2009）；在新产品的创新过程中，产品复杂程度越高，其创新产出难度和创新风险会越大（傅家骥，1998），且其资源配置优化及技术进步的难度都更大，其结果是更低的创新效率水平。该结论意味着，在航天器制造业等技术密集度较高的行业中，见表4.5，市场化进程对创新效率的积极影响更小些。比较起来，“入世”后技术密集度对市场化进程提升创新效率的抑制作用减弱了（且不显著）。对此可能的解释是：一方面，在技术密集度较高的行业中，“入世”使得企业可以更容易将非核心业务剥离出去，企业因而能够更好地积累起消费者需求和研发等方面的知识，能够更好地针对其核心产品进行创新（李晓华，2005），有利于促进其资源配置效率的提高；另一方面，外购中间投入增加，可以使得企业获得更多的技术溢出效应（刘海云，唐玲，2009），有利于其技术水平的不断提升。因而，“入世”后，在技术密集度较高的行业中，市场化进程对创新效率的积极影响变大了。

综上所述，对中国高技术产业来说，在外向度较高、技术密集度较低的行业中，行业市场化程度的提高对创新效率的积极影响更大。

3. 控制变量对高技术产业创新效率的影响

从表4.3和表4.4的估计结果还可以看出，各控制变量也对高技术产业创新效率产生了不同程度的影响。具体来说：

首先，市场势力平方项（PCM2）对创新效率各指数的不同时间段回归系数大多显著为负，这表明市场势力与创新效率存在着倒“U”型关系。这种倒“U”型关系反映了过于竞争或过于垄断的行业都不利于高技术产业创新资源配置的优化与技术水平的提高。对此可能的解释是：一方面，在市场势力较大的行业内，由于缺乏竞争，导致企业缺乏提高创新效率（包括优化创新资源配置效率和提高技术水平）的激励；另一方面，在竞争太激烈的高技术行业内，企业因受到创新资源投入能力、优化资源配置能力和提高技术水平能力的制约，创新效率因而会较低。

其次，企业规模（SCL）在整个样本期对创新效率各指数的影响显著为正，这说明规模较大的高技术企业既能够优化配置资源又能够有效地实现技术进步，因而其创新效率高于小规模企业，即规模较大的企业实现了创新活动的规模经济。这验证了熊彼特的假说，与盖尔（Gayle，2001）等学者的经验研究相一致；但与吴延兵（2006）等研究结论并不一致，他们发现企业规模并不是创新效率的影响因素。从表4.4还可以看出，企业规模在“入世”前后对创新效率的影响并不一致，“入世”前显著为正，而“入世”后不显著；这表明“入世”前大企业的创新效率显著高于小企业，而“入世”后两类企业的创新效率差异并不明显。对此可能的解释是，在“入世”以前，大企业因资金实力雄厚、人员素质和管理水平较高，存在着规模经济和范围经济，因而创新效率显著高于小企业。

而“入世”后，小企业可以更好地利用全球网络进行创新，从而能够获得创新的外部规模经济和范围经济；此外，还可以通过灵活的组织安排以及业务核心化所产生的优势，更好地针对消费者的需求进行新产品创新（李晓华，2005），这都有利于小企业创新效率的提升。其结果是，“入世”后两类企业的创新效率差异不断缩小，直到不明显。

最后，经济绩效（PER）不同时间段对创新效率各指数的影响不一致，“入世”前不显著，“入世”后显著为正；这说明“入世”前经济绩效的影响不确定，而“入世”后的影响积极。前者的原因可能在于，绩效好的企业可以采用更先进的技术和设备、为员工提供更好的福利和工作环境，这为创新资源配置的优化和技术进步提供了必要的条件；但较好的绩效，也会可能导致企业危机感缺失、竞争意识的较弱等，因而会有较低的创新效率（吴延兵，2006）；这两者相互作用，导致了经济绩效的影响不确定。而后者的原因则可能在于，“入世”后的国际竞争对经济绩效好的企业产生危机感和紧迫感，从而激励企业不断提高资源配置效率及技术水平以维持产品的竞争优势。

4. 稳健性检验

为了确保前文估计结果的有效性，除了采用上述估计中变量控制和变量间内生性问题控制等措施外，本章还做了以下的稳健性检验，即对高技术产业创新效率进行重新测算。学术界在研究创新问题时，还经常使用专利申请数来反映创新产出（吴延兵，2006）；基于此，本章采用专利申请数作为创新产出对创新效率进行了重新测算，两步系统 GMM 的重新估计后的结果，如表 4.6 所示。残差序列相关性检验和 Hansen 过度识别检验的结果表明，模型设定的合理性和工具变量的有效性。将表 4.6 的结果与表 4.3、表 4.4 相比较可以看出，重新测算创新效率以后并未使结果在系数符号和显著性发生变化。

表 4.6　　稳健性检验

解释变量	MAL			TIC			AEC		
	1995～2001年	2002～2010年	1995～2010年	1995～2001年	2002～2010年	1995～2010年	1995～2001年	2002～2010年	1995～2010年
L. MAL	0.022 (0.14)	0.071 (0.53)	0.455*** (1.93)	—	—	—	—	—	—
L. TIC	—	—	—	0.269* (10.81)	0.329* (14.27)	0.522* (14.25)	—	—	—
L. AEC	—	—	—	—	—	—	0.352* (3.02)	0.299* (14.65)	0.611* (6.13)
mark	1.868* (4.50)	0.476 (1.05)	0.808 (0.88)	1.665** (2.39)	0.378 (1.05)	0.898** (2.34)	1.048 (0.75)	0.768* (3.25)	0.636 (1.51)
mark × OPEN	−0.137 (−0.48)	0.612*** (1.54)	−0.100 (−0.17)	0.410 (0.38)	0.354** (2.20)	−0.144 (−0.61)	0.838 (0.41)	0.297** (2.18)	−0.077 (−0.49)
mark × DTE	−0.174 (−0.57)	−0.387*** (−1.93)	−0.426 (−1.10)	−0.039 (−0.12)	−0.573** (−2.75)	−0.472 (−1.14)	−0.272 (−0.78)	−0.447* (−3.07)	−0.058 (−0.09)
PCM2	1.842* (5.52)	0.831* (6.07)	0.704* (3.79)	1.692* (29.58)	0.870* (6.79)	0.796* (5.23)	1.603* (6.31)	1.038* (8.44)	0.824* (6.84)
SCL	−0.487* (−5.46)	−0.379* (−15.55)	−0.334* (−10.11)	−0.377* (−3.82)	−0.324* (−19.84)	−0.344* (−17.05)	−0.556* (−4.59)	−0.417* (−26.88)	−0.314* (−8.35)
PER	0.346 (1.46)	1.279* (7.89)	0.620*** (1.96)	0.020 (0.09)	1.371* (3.70)	0.732** (2.75)	0.552 (1.09)	1.308* (4.65)	0.487*** (1.62)

续表

解释变量	MAL			TIC			AEC		
	1995 ~ 2001 年	2002 ~ 2010 年	1995 ~ 2010 年	1995 ~ 2001 年	2002 ~ 2010 年	1995 ~ 2010 年	1995 ~ 2001 年	2002 ~ 2010 年	1995 ~ 2010 年
观测值	85	136	238	85	136	238	85	136	238
AR(1) 检验值 [p][a]	-2.07 [0.039]	-2.73 [0.006]	-2.98 [0.003]	-2.74 [0.006]	-3.38 [0.001]	-2.64 [0.008]	-2.16 [0.031]	-3.00 [0.003]	-3.22 [0.001]
AR(2) 检验值 [p][b]	0.86 [0.389]	0.58 [0.560]	1.16 [0.151]	1.20 [0.172]	-1.10 [0.193]	1.46 [0.144]	0.96 [0.339]	0.81 [0.418]	0.95 [0.249]
Hansen 检验值 [p][c]	12.21 [1.000]	15.92 [1.000]	15.33 [1.000]	15.91 [1.000]	15.68 [1.000]	16.38 [1.000]	15.32 [1.000]	15.28 [1.000]	14.69 [1.000]

注：(1) ***、**、* 分别表示统计值在 10%、5% 和 1% 的显著性水平下显著。(2) 圆括号内 ( ) 的数值为 t 值；方括号内 [ ] 的数值为概率 p 值。(3) a 零假设为差分后的残差项不存在一阶序列相关（若差分后的残差项存在一阶序列相关，系统 GMM 依然有效，参见 Roodman (2006)）；b 零假设为差分后的残差项不存在二阶序列相关（若差分后的残差项存在二阶序列相关，则系统 GMM 为无效）；c 为 Hansen 检验的零假设为过度识别约束是有效的。(4) 考虑到样本观察值的有限性，这里以解释变量的一阶滞后值作为工具变量。(5) GMM 方法所用的软件包是 stata /MP 11.0，所用的程序是 xtabond2。(6) L. MAL 为变量 MAL 的滞后一阶。

第四节　门槛特征分析

上文基于乘积项的研究发现，市场化进程对不同特征行业创新效率的影响存在差异，换句话说，行业特征可以改变行业市场化进程对创新效率的影响大小。但是，乘积项检验[①]假定了行业特征变量的影响是单调递增或递减。国内外相关领域的研究结果显示，外向度和技术密集度等特征变量对创新效率的影响并不是简单的线性关系（Jefferson et al.，2006；吴延兵，2006；戴魁早，刘友金，2016），由此自然会引出这样的疑问，行业特征变量与行业市场化进程的创新效应会不会也不是简单的线性关系呢？是否要超过一定“门槛”外向度的行业，行业市场化对创新效率的影响大小或者显著性会存在显著差异呢？（其他行业特征变量依此类推）这些疑问意味着，在行业特征变量的不同门槛值区间，行业市场化进程对创新效率的影响，可能存在明显的差异。为了检验这些疑问，本节对上文的乘积项方法进行了改进，采用近年来在诸多领域研究中得到广泛应用的“门槛回归”方法进行检验。[②]

一、门槛模型设定

本节先重点介绍单一门槛模型的设定，进而扩展到多门槛模

① 在考察通过影响某一变量对被解释变量产生差异影响的因素时，以往研究通常采用组检验或交互项连乘检验。分组检验是按照某一设定的指标将样本分为不同的子样本，从而得到不同因素在各子样本区间对被解释变量影响的差异，但这一方法面临的问题是分组标准的确定，传统分组检验只是简单地依照某个影响指标对样本进行平均分组，这必然难以准确反映各种因素对被解释变量的影响。交互项连乘检验在相关研究中也得到广泛应用，但是该方法的局限在于其所测定的指标影响是单调递增或递减的，但事实往往并非如此。近年来发展的“门槛回归”方法作为分组检验方法的一种扩展，针对上述两种检验方法的局限进行了改进，在诸多领域研究中得到应用（李平，许家云，2011）。

② 汉森（Hansen，1999）发展的门槛面板模型，可以避免人为划分门槛变量区间所带来的偏误（李平，许家云，2011），能够根据数据本身的特点内生地划分各企业特征变量的区间，进而研究企业特征变量不同门槛值区间要素市场扭曲对创新效率的影响。

型。单一门槛回归的基本思想是，在模型内的某一行业特征存在一个门槛水平的情况下，对于 $g_{it} \leqslant \gamma$ 与 $g_{it} > \gamma$ 两种情况而言，行业市场化进程对被解释变量创新效率的影响存在着明显的差异。单一门槛模型表述如下：

$$A_{it} = \alpha_0 + \alpha_1 mark_{it} I(g_{it} \leqslant \gamma) + \alpha_2 mark_{it} I(g_{it} > \gamma) + \beta X_{it} + \lambda_i + \varepsilon_{it} \quad (4.9)$$

式（4.9）中，g_{it} 为门槛变量，反映各个行业特征变量；γ 为行业特征变量特定的门槛值，α_1 和 α_2 分别为门槛变量在 $g_{it} \leqslant \gamma$ 与 $g_{it} > \gamma$ 时解释变量——行业市场化进程变量（mark）对被解释变量 A_{it} 的影响系数，$I(\cdot)$ 为一个指标函数，$\varepsilon_{it} \sim iidN(0, \sigma^2)$ 为随机干扰项；其他符号反映的内容与式（4.1）相同。

式（4.9）中，γ 残差平方和为 $S(\gamma) = \hat{e}(\gamma)'\hat{e}(\gamma)$，如果 γ 越接近门槛水平，模型的残差平方和就越小（Chan，1993），这样，可以通过最小化 $S(\gamma)$ 获得 γ 的估计值，即 $\gamma = \arg\min S(\gamma)$，进而可以估计出其他参数。参数估计后，还需要进行以下两个方面的检验：

一是检验式（4.9）中系数 α_1 和 α_2，是否存在显著性的差异。如果检验结果表明 $\alpha_1 = \alpha_2$，说明式（4.9）没有表现出明显的门槛特征。该检验的原假设为 H_0：$\alpha_1 = \alpha_2$，对应的备择假设为 H_1：$\alpha_1 \neq \alpha_2$，检验统计量为 $F = \frac{[S_0 - S(\gamma)]}{\sigma^2}$，其中，$\sigma^2 = \frac{1}{T} \times \hat{e}(\gamma)'\hat{e}(\gamma) = \frac{1}{T} \times S(\gamma)$，$S_0$ 为原假设下的残差平方和。在原假设的条件下，各个行业特征变量的门槛值 γ 无法识别，因而 F 统计量的分布是非标准的。这种情况下，可以采用汉森（Hansen，1999）的自抽样法（Bootstrap）获得其渐近分布，从而可以构造其 p 值。

二是检验行业特征变量门槛的估计值是否等于其真实值。原假设为 H_0：$\hat{\gamma} = \gamma_0$，由于存在多余参数的影响，需要使用极大似然估计量检验门槛值（Hansen，1996），来获得似然比检验统计量：$LR_1 = [S_1(\gamma) - S_1(\hat{\gamma})]/\hat{\sigma}^2$。这个统计量是非标准的，汉森（Hansen，1996）

建议采用一个简单的计算公式计算其非拒绝域，即当 $LR_1(\gamma_0) \leqslant c(\tau)$时，不能拒绝原假设，其中，$c(\tau) = -2\ln(1 - \sqrt{1-\tau})$，$\tau$ 为显著水平。

以上只是假设各个行业特征变量存在一个门槛的情况，但从计量的角度看可能会存在多个门槛，在此以双重门槛模型为例做以下简要说明，模型设定如：

$$A_{it} = \alpha_0 + \alpha_1 mark_{it} I(g_{it} \leqslant \gamma_1) + \alpha_2 mark_{it} I(\gamma_1 < g_{it} \leqslant \gamma_2) + \alpha_3 mark_{it} I(g_{it} > \gamma_2) + \beta X_{it} + \lambda_i + \varepsilon_{it} \quad (4.10)$$

式（4.10）的估计方法为先假设单一模型中估计出的 $\hat{\gamma}_1$ 是已知的，再进行 γ_2 的搜索，得到误差平方和最小时的 $\hat{\gamma}_2$ 值；$\hat{\gamma}_2$ 值是渐近有效的，$\hat{\gamma}_1$ 却不具有此性质（Bai，1997）。这样，再固定 $\hat{\gamma}_2$ 对 $\hat{\gamma}_1$ 进行重新搜索，可得到优化后的一致估计量。以此类推，行业市场化进程对创新效率影响的多重门槛模型，可在单一门槛模型和双重门槛模型的基础上进行扩展，在此不再赘述。

二、门槛模型检验

通过上述分析，可将行业外向度和行业技术密集度作为行业市场化进程影响创新效率的门槛变量，依次在不存在门槛、一个门槛和两个门槛的设定下进行估计，可以得到 F 统计量和自抽样法（Bootstrap）的显著性及 10% 水平临界值，如表 4.7 所示。从表 4.7 中的门槛检验结果可以看出，当被解释变量为 MAL 时，行业外向度（OPEN）和行业技术密集度（DTE）的仅有单一门槛通过 1% 或 5% 水平下的显著性检验；当被解释变量为 TIC 时，行业外向度（OPEN）和行业技术密集度（DTE）的单一门槛通过了 10% 水平下的显著性检验；而当被解释变量为 AEC 时，行业外向度（OPEN）和行业技术密集度（DTE）在 10% 显著性水平下存在两个门槛值。

表 4.7　门槛效果检验

被解释变量		MAL		TIC		AEC	
门槛变量		OPEN	DTE	OPEN	DTE	OPEN	DTE
单一门槛		3.532** [0.045]	5.754*** [0.004]	7.834** [0.023]	10.5696** [0.039]	6.107*** [0.000]	8.897*** [0.000]
双重门槛		2.235 [0.230]	3.647 [0.193]	6.087 [0.155]	6.434 [0.126]	6.087*** [0.000]	2.293* [0.100]
三重门槛		1.539 [0.670]	2.321 [0.216]	4.023 [0.285]	2.453 [0.285]	1.126 [0.400]	1.060 [0.300]
10%临界值	单一	2.749	4.012	6.012	8.213	3.994	7.078
	双重	3.293	4.218	6.568	6.527	1.854	3.254
	三重	2.812	3.056	5.241	4.945	4.888	4.473

注：（1）***、**、*分别表示统计值在1%、5%和10%的显著性水平下显著。
（2）表中的数字为门槛检验对应的 F 统计量，临界值为自抽样法（Bootstrap）反复抽样 300 次得到的结果。

表4.8则列出了不同解释变量情况下，行业外向度（OPEN）和行业技术密集度（DTE）对应的门槛估计值和相应的95%置信区间。比较不同解释变量时两个变量的门槛值可以发现，被解释变量MAL时OPEN门槛值1.343与被解释变量TIC时OPEN门槛值1.358、被解释变量AEC时OPEN第二门槛值1.405很接近；而被解释变量MAL时DTE门槛值0.429与被解释变量TIC时DTE门槛值0.436、被解释变量AEC时DTE第二门槛值0.438很接近。

表 4.8　门槛值估计结果

被解释变量	门槛变量	门槛值 1		门槛值 2	
		估计值	95%置信区间	估计值	95%置信区间
MAL	外向度（OPEN）	1.343	[1.908，0.886]	—	—
	技术密集度（DTE）	0.429	[0.925，0.026]	—	—
TIC	外向度（OPEN）	1.358	[1.921，0.916]	—	—
	技术密集度（DTE）	0.436	[1.039，0.051]	—	—
AEC	外向度（OPEN）	0.158	[0.891，0.012]	1.405	[1.916，0.941]
	技术密集度（DTE）	0.183	[0.328，0.103]	0.438	[0.963，0.064]

三、门槛结果分析

将行业外向度（OPEN）和行业技术密集度（DTE）对应的门槛值代入式（4.9）和式（4.10），可以估计出行业市场化进程（mark）的影响系数。为了控制变量之间的内生性问题，此处使用两步系统GMM方法进行估计，相关结果报告于表4.9，其中，模型1和模型2报告了被解释变量MAL的估计结果，模型3和模型4、模型5和模型6分别报告了被解释变量TIC和AEC的估计结果。显而易见，表4.9中的模型1～模型6的残差序列相关性和Hansen过度识别结果显示了模型设定的合理和工具变量的有效。

从表4.9中的模型1可以看出，在行业外向度（OPEN）不同的门槛值区间，行业市场化进程（mark）的系数有明显的区别。当行业外向度值低于1.343时，行业市场化进程对创新效率的影响系数为0.051；当大于这个值时，其系数值变为0.206。这说明了在行业外向度小于门槛值1.343的高技术行业中，行业市场化程度的提高对创新效率的积极影响较小，而对于跨过门槛值的行业来说，行业市场化进程的影响大小提高了3倍。可见，在行业外向度的不同门槛值区间，行业市场化进程对创新效率的影响大小存在显著的差别。从表4.5可以看出，行业外向度跨过门槛值的高技术行业有通信设备制造业、电子器件制造业、电子元件制造业、计算机整机制造业、办公设备制造业，因而对于其他行业来说，适当提高行业外向度，能够有效地提高行业市场化对创新效率的积极影响。

表4.9中的模型2结果显示，在行业技术密集度（DTE）不同的门槛值区间，行业市场化进程（mark）的系数存在明显的差异。当行业技术密集度低于0.429时，行业市场化进程对创新效率的影响系数显著为正，值为0.163；当行业技术密集度大于这个门槛值

时，行业市场化进程的系数显著为负，值为 -0.011。这说明在行业技术密集度跨过门槛值0.429时，行业市场化程度的提高不再有利于创新效率的提升。可见，在行业技术密集度的不同门槛值区间，行业市场化进程对创新效率的影响大小存在显著的差别。从表4.5可以看出，行业技术密集度跨过门槛值的高技术行业有生物制品制造业、飞机制造及修理业、航天器制造业、雷达及配套设备制造业、电子器件制造业、其他电子设备制造业，因而对这些行业来说，采取相关措施适当降低行业技术密集度，有利于提高行业市场化进程的积极影响。

表4.9　　门槛模型的参数估计结果

	模型1	模型2	模型3	模型4	模型5	模型6
被解释变量	MAL		TIC		AEC	
门槛变量	OPEN	DTE	OPEN	DTE	OPEN	DTE
mark01	0.051*** (2.95)	0.163** (2.30)	0.023** (2.18)	0.126*** (2.67)	0.032 (0.99)	0.040*** (3.03)
mark02	0.206* (2.01)	-0.011 (-0.71)	0.114*** (2.78)	0.016 (0.85)	0.025*** (3.19)	-0.084 (-1.19)
mark03	—	—	—	—	0.183* (4.01)	-0.184** (-2.39)
PCM2	-0.125*** (-3.12)	-0.075*** (-3.64)	-0.060** (-2.57)	-0.058 (-1.05)	-0.072*** (-3.10)	-0.238*** (-3.21)
SCL	0.173*** (2.77)	0.097* (1.98)	0.148*** (2.77)	0.135** (2.13)	0.090*** (2.85)	0.179*** (2.85)
PER	0.115** (2.42)	0.093* (1.94)	0.136 (1.21)	0.091*** (3.31)	0.101** (2.29)	0.193 (0.43)
观测值	255	255	255	255	255	255
AR(1)值[p][a]	-2.51 [0.012]	-2.213 [0.027]	-2.183 [0.029]	-2.205 [0.027]	-2.240 [0.025]	-2.72 [0.007]

续表

	模型 1	模型 2	模型 3	模型 4	模型 5	模型 6
被解释变量	MAL		TIC		AEC	
门槛变量	OPEN	DTE	OPEN	DTE	OPEN	DTE
AR(2) 值 [p][b]	0.62 [0.534]	-0.505 [0.613]	-0.744 [0.457]	-0.752 [0.452]	-0.588 [0.557]	-0.35 [0.729]
Hansen 值 [p][c]	14.86 [1.000]	15.196 [1.000]	13.621 [1.000]	20.286 [1.000]	17.053 [1.000]	12.92 [1.000]

注：(1) ***、**、* 分别表示统计值在 10%、5% 和 1% 的显著性水平下显著。(2) 圆括号内 () 的数值为 t 值；方括号内 [ ] 的数值为概率 p 值。(3) a 零假设为差分后的残差项不存在一阶序列相关 [若差分后的残差项存在一阶序列相关，系统 GMM 依然有效，参见 Roodman (2006)]；b 零假设为差分后的残差项不存在二阶序列相关 (若差分后的残差项存在二阶序列相关，则系统 GMM 为无效)；c 为 Hansen 检验的零假设为过度识别约束是有效的。(4) 考虑到样本观察值的有限性，这里以解释变量的一阶滞后值作为工具变量。(5) GMM 方法所用的软件包是 stata/MP 11.0，所用的程序是 xtabond2。(6) L. MAL 为变量 MAL 的滞后一阶。

当被解释变量 TIC 时，在行业外向度（OPEN）和技术密集度不同的门槛值区间，行业市场化进程（mark）的系数大小或者显著性存在显著差异。表 4.9 中的模型 3 显示，当行业外向度值低于 1.358 时，mark 的影响系数为 0.023；跨过这个门槛值时，mark 的系数变为 0.114。这说明在行业外向度的不同门槛值区间，行业市场化进程对创新效率的影响大小存在显著的差别。从表 4.5 可以看出，行业外向度跨过门槛值 1.358 的行业有通信设备制造业、电子器件制造业、电子元件制造业、计算机整机制造业、办公设备制造业，因而对于其他行业来说，适当提高行业外向度，有利于提升行业市场化对技术进步的促进作用。同时，表 4.9 中的模型 4 显示，当行业技术密集度低于 0.436 时，行业市场化进程对技术进步的影响系数显著为正，值为 0.126；当跨过这个门槛值时，mark 的系数不显著为正，值为 0.016。这说明，在行业技术密集度的不同门槛值区间，行业市场化进程对技术进步的影响大小存在显著的差别。

行业技术密集度跨过门槛值的高技术行业有生物制品制造业、飞机制造及修理业、航天器制造业、雷达及配套设备制造业、其他电子设备制造业，因而对这些行业来说，采取相关措施适当降低行业技术密集度有着重要的现实意义。

当被解释变量 AEC 时，在行业外向度（OPEN）和技术密集度（DTE）不同的门槛值区间，mark 的影响存在显著差异。从表 4.9 中的模型 5 可以看出，当行业外向度值低于第一个门槛值 0.158 时，mark 的系数不显著为正，值为 0.032；跨过第一个门槛值时，mark 的系数显著了，值为 0.025；当跨过第二个门槛值 1.405 时，mark 的系数为 0.183，且显著。从表 4.5 可以看出，行业外向度跨过门槛值 1.405 的行业有通信设备制造业、电子器件制造业、电子元件制造业、计算机整机制造业、办公设备制造业，这意味着，促进行业外向度的提高，能够强化行业市场化对资源配置效率的促进作用。同时，表 4.9 中的模型 6 显示，当行业技术密集度值低于第一个门槛值 0.183 时，mark 的系数显著为正，值为 0.040；跨过第一个门槛值时，mark 的系数不显著为负；当跨过第二个门槛值 0.438 时，mark 的系数显著为负，值为 -0.184。这说明在行业技术密集度的不同门槛值区间，行业市场化进程对创新资源配置效率的影响大小存在显著的差别。行业技术密集度低于门槛值 0.183 的高技术行业，仅有家用视听设备制造业、计算机整机制造业、计算机外部设备制造业，因而对于其他行业来说，采取相关措施适当降低行业技术密集度有着重要的现实意义。

综上所述，行业外向度和行业技术密集度的不同门槛值区间，行业市场化进程对高技术产业创新效率、技术进步和创新资源配置效率的影响存在明显的差异。在行业外向度较高的门槛值区间和技术密集度较低的门槛值区间，行业市场化进程的积极影响更大、更显著。以上结论也表明，外向度和技术密集度等行业特征的适当改变，可以有效地促进行业市场化进程对创新效率的积极影响。

第五节　传导机制检验

前文的理论机制表明，行业市场化进程通过降低政府行政干预、促进非国有经济发展、培育产品市场与要素市场、改善制度环境等五条途径（或五个方面）促进高技术产业创新效率的提高。前文虽然实证检验了行业市场化对创新效率的影响，但尚未验证行业市场化进程如何通过这五个方面的传导机制，对高技术产业创新效率产生促进作用。而实证检验五个方面的传导机制，有助于我们更好地理解行业市场化影响创新效率的内在规律。

一、计量模型和估计方法说明

为了有效地识别行业市场化进程通过政府与市场关系、非国有经济发展、产品市场发展、要素市场发展、制度环境改善影响创新效率的传导机制，此处借鉴中介效应的检验方法（Baron，Kenny，1986；Hayes，2009；温忠麟，叶宝娟，2014），构建如下的递归模型进行验证：

$$A_{it} = \alpha_0 + \alpha_1 A_{i,t-1} + \alpha_2 mark_{it} + \rho X_{it} + \varepsilon_{it} \tag{4.11}$$

$$G_{it} = \beta_0 + \beta_1 G_{i,t-1} + \beta_2 mark_{it} + \vartheta X_{it} + \tau_{it} \tag{4.12}$$

$$RD_{it} = \chi_0 + \chi_1 RD_{i,t-1} + \chi_2 mark_{it} + \chi_3 W_{it} + \varphi X_{it} + \upsilon_{it} \tag{4.13}$$

其中，G 为中介变量，反映政府与市场关系指数（mark_1）、非国有经济发展指数（mark_2）、产品市场发展指数（mark_3）、要素市场发展指数（mark_4）、制度环境指数（mark_5）的中介变量。因滞后项可以在一定程度上控制遗漏变量的影响，为了增加分析结果的稳健性，本节将中介变量滞后一期作为解释变量引入式（4.12）。

根据中介效应的检验方法，第一步对式（4.11）进行回归，检验行业市场化进程（mark）的估计系数是否显著为正，若 α_2 显著为正，则意味着行业市场化进程促进了创新效率的提高。第二步对式（4.12）进行估计，分别考察行业市场化进程与五个中介变量之间的关系，预期行业市场化进程的系数值 β_2 显著为正。第三步对式（4.13）进行估计，如果系数 χ_2 和 χ_3 都显著为正，且 χ_2 的绝对值小于 α_2 的绝对值，则说明五个中介变量存在部分性质的中介效应。

需要说明的是，根据第三步的检验结果，如果系数 χ_2 不显著，则表明这个过程中某个方面指数的中介效应是完全的，即行业市场进程要影响创新效率，必然经过中介变量 G。相反，如果 χ_2 是显著的，则表明这一过程中，某个方面指数的中介效应是部分中介效应，即行业市场进程要影响创新效率，有一部分是经过中介变量 G 进行的。中介变量为部分中介效应时，该方面指数中介效应大小可由公式 $\frac{\beta_2\chi_3}{(\beta_2\chi_3+\chi_2)}$ 来计算。

因前文第三节实证检验已经验证了行业市场化进程对创新效率产生了显著的促进作用，这意味着，表 4.3 中的模型 1 是五种中介效应的第一步估计结果。所以，本节只需估计中介效应的第二步和第三步。如果五种中介效应的第二步和第三步估计的相关系数显著且符号与预期一致，就可以验证五种中介效应存在。表 4.10 报告了递归模型的估计结果（鉴于本章的研究目的，本节仅列出了被解释变量为创新效率 MAL 的估计结果，创新效率的分解指数结果未报告），其中，模型 1 和模型 2 是政府干预的中介效应的第二步和第三步估计结果，而模型 3 和模型 4 是非国有经济发展中介效应的第二步和第三步估计结果，模型 5 和模型 6、模型 7 和模型 8、模型 9 和模型 10 分别是产品市场发展、要素市场发展、制度环境中介效应的第二步估计结果和第三步估计结果。显而易见，表 4.10 中的两步 SYS - GMM 结果显示了 Hansen 检验和 AB 检验均满足 GMM 估计的要求，这表明工具变量合理有效，也不存在工具变量的过度识别问题。

二、中介效应的估计结果分析

1. 政府干预的中介效应分析

从表4.10中的模型1第二步估计结果可以看出，行业市场化进程对政府与市场关系方面指数（mark_1）的系数β_2（值为0.202）在1%水平上显著为正；模型2中第三步估计结果中，行业市场化进程对创新效率的系数χ_2（值为0.371）在10%水平上显著为正；而且，政府与市场方面指数的系数χ_3（值为0.289）在1%水平显著为正。比较起来，第三步中行业市场化进程的系数χ_2值（0.317）小于第一步（即表4.3中的模型1估计结果）的系数α_2值（0.541），验证了政府与市场关系起到了部分中介效应的作用，说明了行业市场化进程可以通过降低政府干预这个传导机制，对高技术产业创新效率的提高产生促进作用。

政府与市场关系方面指数的中介效应大小，可以通过公式$\frac{\beta_2\chi_3}{(\beta_2\chi_3+\chi_2)}$来测算，测算结果为0.154。这表明，行业市场化进程对高技术产业创新效率的提升作用，有15.4%是通过降低政府的行政干预实现的，这也就证明了政府干预在行业市场化提高产业创新效率的过程中具有较为重要的中介作用。

2. 非国有经济发展的中介效应

表4.10中的模型3的估计结果显示，非国有经济发展中介效应的第二步估计结果中，行业市场化进程对非国有经济发展（mark_2）的系数β_2（值为0.131）在1%水平上显著为正。表4.10中的模型4中第三步估计结果中，行业市场化进程对创新效率的系数χ_2在1%水平上显著为正，值为0.268；非国有经济发展的系数χ_3在1%水平显著为正，值为0.147。而且，第三步中行业市场化进程的系数χ_2值（0.268）小于第一步（即表4.3中的模型1估计结果）的系数α_2值（0.541），验证了非国有经济发展起到了部分中介效应

的作用，说明了行业市场化进程可以通过非国有经济发展这个传导机制，提升了高技术产业的创新效率。

依据公式$\frac{\beta_2 \chi_3}{(\beta_2 \chi_3 + \chi_2)}$，可以测算出非国有经济发展的中介效应大小，测算结果为0.067。这表明，行业市场化进程对高技术产业创新效率的提升作用，有6.7%是通过促进非国有经济发展实现的，这也就证明了非国有经济发展在行业市场化提高产业创新效率的过程中具有较为重要的中介作用。

表4.10　　中介效应的检验结果

	模型1	模型2	模型3	模型4	模型5	模型6
中介效应	政府干预		非国有经济发展		产品市场发展	
被解释变量	mark_1	MAL	mark_2	MAL	mark_3	MAL
估计步骤	第二步	第三步	第二步	第三步	第二步	第三步
被解释变量滞后项	0.162*** (4.15)	0.251*** (3.73)	0.158*** (3.11)	0.227*** (3.93)	0.134*** (3.64)	0.166*** (2.98)
mark	0.202*** (3.76)	0.371* (1.86)	0.131*** (3.27)	0.268** (2.15)	0.119*** (3.75)	0.305*** (4.54)
PCM2	-0.515 (-1.11)	-0.281*** (-3.63)	-0.396 (-1.59)	-0.475*** (-2.96)	0.438* (1.79)	-0.543*** (-3.33)
SCL	0.104 (0.34)	0.391* (1.95)	0.495* (1.89)	0.162*** (2.75)	0.584 (0.86)	0.423*** (2.55)
PER	0.329 (1.41)	0.176*** (3.78)	0.621 (1.14)	0.312 (1.32)	0.523 (0.27)	-0.326 (-1.42)
G	—	0.289*** (5.26)	—	0.147*** (4.42)	—	0.316** (2.26)
观测值	255	255	255	255	255	255
AR(1)检验值[p][a]	-2.77 [0.001]	-3.056 [0.002]	-3.005 [0.003]	-3.114 [0.002]	-3.25 [0.006]	-3.050 [0.002]
AR(2)检验值[p][b]	-0.50 [0.620]	-0.39 [0.698]	-0.40 [-0.688]	-1.08 [0.268]	-0.99 [0.321]	-0.97 [0.334]
Hansen检验值[p][c]	20.963 [1.000]	18.745 [1.000]	15.493 [1.000]	17.435 [1.000]	19.678 [1.000]	21.295 [1.000]

续表

	模型 7	模型 8	模型 9	模型 10
中介变量	要素市场发展		制度环境	
被解释变量	mark_4	MAL	mark_5	MAL
估计步骤	第二步	第三步	第二步	第三步
被解释变量滞后项	0. 058 *** (3. 94)	0. 263 *** (3. 73)	0. 159 * (1. 88)	0. 045 *** (2. 67)
mark	0. 335 *** (3. 58)	0. 338 *** (3. 78)	0. 243 ** (2. 46)	0. 304 *** (3. 24)
PCM2	-0. 278 (-0. 96)	-0. 435 *** (2. 59)	-0. 164 * (-1. 78)	-0. 369 ** (-2. 38)
SCL	0. 368 (0. 57)	0. 256 ** (2. 44)	0. 693 (0. 73)	0. 364 * (1. 85)
PER	-0. 185 (-0. 56)	0. 238 * (1. 93)	0. 334 (1. 06)	0. 326 ** (2. 07)
G	—	0. 461 *** (2. 67)		0. 501 *** (3. 38)
观测值	255	255	255	255
AR(1) 检验值 [p][a]	-2. 954 [0. 003]	-3. 224 [0. 001]	-1. 78 [0. 075]	-2. 921 [0. 003]
AR(2) 检验值 [p][b]	-0. 77 [0. 441]	-0. 18 [0. 860]	-0. 23 [0. 813]	-0. 76 [0. 448]
Hansen 检验值 [p][c]	18. 547 [1. 000]	19. 435 [1. 000]	20. 342 [1. 000]	18. 832 [1. 000]

注：(1) ***、**、* 分别表示统计值在 10%、5% 和 1% 的显著性水平下显著。(2) 圆括号内 ( ) 的数值为 t 值；方括号内 [ ] 的数值为概率 p 值。(3) a 零假设为差分后的残差项不存在一阶序列相关（若差分后的残差项存在一阶序列相关，系统 GMM 依然有效，参见 Roodman (2006))；b 零假设为差分后的残差项不存在二阶序列相关（若差分后的残差项存在二阶序列相关，则系统 GMM 为无效）；c 为 Hansen 检验的零假设为过度识别约束是有效的。(4) 考虑到样本观察值的有限性，这里以解释变量的一阶滞后值作为工具变量。(5) GMM 方法所用的软件包是 stata/MP 11. 0，所用的程序是 xtabond2。(6) L. MAL 为变量 MAL 的滞后一阶。

3. 产品市场发展的中介效应

从表4.10中的模型5可以看出，行业市场化进程对产品市场发展指数（mark_3）的系数β_2（值为0.119）在1%水平上显著为正；表4.10中的模型6中第三步估计结果中，行业市场化进程对创新效率的系数χ_2（值为0.305）在10%的水平上显著为正；而且，中介变量（G）——产品市场发展指数的系数χ_3（值为0.316）在1%水平显著为正。比较起来，第三步中行业市场化进程的系数χ_2值（0.385）小于第一步（即表4.3中的模型1的估计结果）的系数α_2值（0.541），这验证了产品市场发展起到了部分中介效应的作用，说明了行业市场化进程可以通过产品市场发展这个传导机制，对高技术产业创新效率的提高产生促进作用。

产品市场发展的中介效应大小可以通过公式$\frac{\beta_2\chi_3}{(\beta_2\chi_3+\chi_2)}$来测算，测算结果为0.110。这表明，行业市场化进程对高技术产业创新效率的提升作用，有11.4%是通过产品市场发展实现的，这也就证明了产品市场发展在行业市场化提高产业创新效率的过程中具有较为重要的中介作用。

4. 要素市场发展的中介效应

表4.10中的模型7为要素市场发展中介效应的第二步估计结果，行业市场化进程对要素市场发展（mark_4）的系数β_2（值为0.335）在1%水平上显著为正。而在表4.10中的模型8中第三步估计结果中，行业市场化进程对创新效率的系数χ_2在1%水平上显著为正，值为0.338；要素市场发展（mark_4）的系数χ_3在1%水平显著为正，值为0.461。而且，第三步中行业市场化进程的系数χ_2值（0.338）小于第一步（即表4.3中的模型1估计结果）的系数α_2值（0.541），这验证了要素市场发展起到了部分中介效应的作用，说明了行业市场化进程可以通过促进要素市场发展这个传导机制，提升了高技术产业的创新效率。

依据公式$\frac{\beta_2\chi_3}{(\beta_2\chi_3+\chi_2)}$，可以测算出要素市场发展的中介效应大

小，测算结果为0.314。这表明，行业市场化进程对高技术产业创新效率的提升作用，有31.4%是通过促进要素市场发展实现的，这也就证明了要素市场发展在行业市场化提高产业创新效率的过程中具有较为重要的中介作用。

5. 制度环境改善的中介效应

制度环境中介效应第二步估计结果，见表4.10中的模型9，可以看出，行业市场化进程对制度环境（mark_5）的系数β_2（值为0.243）在5%水平上显著为正；表4.10中的模型10中第三步估计结果中，行业市场化进程对创新效率的系数χ_2（值为0.304）在10%水平上显著为正；而且，制度环境的系数χ_3（值为0.501）在1%水平显著为正。比较起来，第三步中行业市场化进程的系数χ_2值（0.304）小于第一步（即表4.3中的模型1的估计结果）的系数α_2值（0.541），这验证了制度环境起到了部分中介效应的作用，说明了行业市场化进程可以通过改善制度环境这个传导机制，对高技术产业创新效率的提高产生促进作用。

制度环境的中介效应大小可以通过公式$\frac{\beta_2\chi_3}{(\beta_2\chi_3+\chi_2)}$来测算，测算结果为0.285。这表明，行业市场化进程对高技术产业创新效率的提升作用，有28.5%是通过改善制度环境实现的，这也就证明了制度环境的改善在行业市场化提高产业创新效率过程中的重要中介作用。

综上所述，中介效应的检验结果表明，行业市场化进程通过降低政府干预、推进非国有经济发展、培育产品市场与要素市场、改善制度环境等传导机制，促进了高技术产业创新效率的提高，这也为本章的假说4.1提供了进一步的经验证据。但是，行业市场化进程五条传导机制的中介效应大小存在明显的差异，要素市场发展的中介效应最大（31.4%），制度环境的中介效应次之（28.5%），接下来分别是政府与市场关系的中介效应（15.4%）、产品市场发展的中介效应（11.0%）和非国有经济发展的中介效应（6.7%）。

第六节 研究结论

本章运用动态面板的GMM方法，实证考察了市场化进程对创新效率的影响及行业差异；在此基础上，运用面板门槛模型考察了行业特征的影响是否存在门槛效应；并进一步构建递归模型，实证检验了行业市场化进程影响高技术产业创新效率的传导机制。主要结论如下：

（1）行业市场化程度的提高既优化了高技术产业的资源配置效率又促进了技术进步，进而促进了高技术产业创新效率的提高，且“入世”后的积极影响更大。行业特征影响着市场化进程对高技术产业创新效率的提升效果，在外向度较高、技术密集度较低的行业中，市场化进程对创新效率的促进作用更大。此外，企业规模和经济绩效也是高技术产业创新效率的影响因素（尽管其影响“入世”前后不同），而市场势力与创新效率却存在倒“U”型的关系。

（2）门槛模型的检验结果显示，行业外向度和行业技术密集度的不同门槛值区间，行业市场化进程对高技术产业创新效率、技术进步和创新资源配置效率的影响存在明显的差异。在行业外向度较高的门槛值区间和技术密集度较低的门槛值区间，行业市场化进程的积极影响更大、更显著。这也意味着，外向度和技术密集度等行业特征的适当改变，可以有效地促进行业市场化进程对创新效率的积极影响。

（3）中介效应的检验结果表明，行业市场化进程通过降低政府干预、推进非国有经济发展、培育产品市场与要素市场、改善制度环境等传导机制，促进了高技术产业创新效率的提高。但是，行业市场化进程五条传导机制的中介效应大小存在明显的差异，要素市场发展的中介效应最大（31.4%），制度环境的中介效应次之（28.5%），接下来分别是政府与市场关系的中介效应（15.4%）、产品市场发展的中介效应（11.0%）和非国有经济发展的中介效应（6.7%）。

第五章

行业市场化进程提高了创新产出吗?

本章考察行业市场化进程对创新产出的影响,① 即本书的 ICP-PD 理论框架中行业市场化进程(I, Institution)与创新绩效(P, Performance)之间的关系。将沿着以下思路探讨三个问题:(1) 在理论层面,分析行业市场化进程如何通过五个方面指数影响创新产出,以及行业特征如何影响行业市场化对创新产出产生的促进作用;(2) 运用动态面板 SYS-GMM 方法,实证检验行业市场化进程对高技术产业创新产出的影响及行业差异,以及五个方面指数对创新产出的影响差异;(3) 运用面板门槛模型和动态面板 GMM 方法,实证检验哪些因素对行业市场化进程与创新产出之间关系产生了中介效应。

第一节 引 言

文献检索结果表明,研究市场化改革进程对中国创新产出的文

① 本章的内容主要由戴魁早和刘友金(2013)的论文《行业市场化进程与创新绩效:中国高技术产业的经验分析》(载《数量经济技术经济研究》2013 年第 9 期)修改和补充而成。

献并不多,[①] 且早期的研究大多集中于经济体制转型过程中产权制度对创新产出的影响,如姚洋和章奇(2001)、张等(Zhang et al.,2003)、杰弗森等(Jefferson et al.,2006)、吴延兵(2006)关注了不同产权制度企业的创新效率,研究发现,相对于其他类型的所有制企业来说,国有产权企业的创新效率最低。近期也有少数研究力求采用更为全面的指标来反映市场化进程;如成力为和孙玮(2012)采用政府干预度、行业开放度和要素市场发育程度等三个方面指标来反映,结果显示,政府资金扶持在长期内对创新绩效产生了负向影响,而行业开放以及要素市场发展都显著地提高了创新效率。然而,中国的市场化改革是由一系列经济、社会、法律体制的变革组成,涉及体制的方方面面(樊纲等,2011)。可见,已有研究所选取的指标无法准确地反映中国的市场化进程,因而它们无法反映市场化转型对创新绩效影响的全貌。

本章进一步考察市场化进程对创新绩效(即创新产出)的影响,在现有文献的基础上,本章做出了以下贡献:第一,运用政府与市场的关系、非国有经济的发展、产品市场与要素市场的发育程度和制度环境等五个方面构建的指标体系衡量行业市场化进程,能够更为全面且准确地反映中国高技术细分行业的市场化进程,因而也能够更好地揭示行业市场化进程对创新产出的影响。第二,已有研究没有考察市场化进程对创新产出影响的行业差异性;然而,对于不同性质的行业而言,市场化程度会不同,因而其对创新绩效的影响可能会存在差异。基于此,本章进一步考察了在垄断程度、外向度和技术密集度不同的行业中,市场化进程对创新绩效的影响是否存在行业差异。第三,实证考察了行业市场化进程五个方面指数对高技术产业创新产出的影响差异,这是既有研究尚未涉及的领

① 国外也有少数相关成果,研究认为,一个软预算约束的集权经济对创新的阻碍作用(Qian,Xu,1998;Huang,Xu,1998);其原因是,在高度集权的经济中,软预算约束使得企业家将创新资源更多地投入到“寻租”领域,这会导致新产品创新投入的下降以及创新绩效的低下。与集权经济不同,自由市场经济下创新成功所带来的丰厚回报和竞争压力则促使着企业家坚持不懈地提高创新绩效(Baumol,2002)。

域；且实证考察了“入世”前后的行业市场化进程对创新产出的影响是否存在差异。第四，运用面板门槛模型和动态面板GMM方法，实证检验了行业市场化进程是否通过创新投入、行业外向度、行业技术密集度、企业规模和经济绩效等中介效应，进而促进了高技术产业创新产出水平的提高。

第二节　理论分析：途径与机制

一、行业市场化进程对创新产出的影响

在一个经济转型的经济体内，企业（或产业）资源配置效率的高低要受到市场化水平的约束（方军雄，2006，2007）。对经济体制转型中的中国来说，行业市场化水平的高低则主要反映在政府与市场的关系、非国有经济的发展、产品市场与要素市场的发育程度和制度环境等方面的进展（樊纲等，2011）。因而，市场化进程对创新产出（即创新绩效）的影响，主要体现在以下几个方面：

第一，市场化水平越高，意味着政府行政干预较少。转型中的中国主要制度特征之一是政府对经济的干预，即政府通过控制审批、许可、资金、获得技术和其他稀缺资源的权力以及制定产业政策等方式对经济施行调控（方军雄，2007）；从资源配置效率方面来看，政府干预会产生显著的负面作用（钱颖一，1999）。市场化水平的提高，也意味着政府对经济运行干预的范围和力度的逐步缩小，行政性垄断扭曲资源的配置大大降低，有助于发挥市场对创新资源（即R & D资源）的优化配置作用，可以将有限的R & D资源更好地投入适应市场需求的新产品R & D活动中去，其结果是R & D资源更可能追逐回报丰厚、风险较小的项目和企业（方军雄，2007），这会提高创新活动的产出水平。

第二，市场化水平越高，也意味着要素市场和产品市场的发育程度更高。要素市场的发展大大便利了人力和资本在企业间、行业间的转移（方军雄，2006），最终将 R&D 人力和 R&D 资本（即创新资源）转移到相对高效的 R&D 项目，这会提高 R&D 资源的产出绩效；要素市场的发展还有利于先进技术的扩散和推广，而 R&D 活动技术水平的提高也会提高 R&D 绩效的水平。而更发育的产品市场意味着价格信号更加真实和灵敏，能够及时地反映供求关系，从而更好地引导 R&D 资源在行业之间的转移调整，即创新资源配置效率的提高；并且，更发育的产品市场对新产品信息的传递更为有效，从而可以促进企业针对新产品需求信息进行 R&D 活动（陈仲常，余翔，2007），这也会提高 R&D 资源的产出水平。

第三，非国有经济的发展，行业中的企业数量会不断增加，产品市场的垄断水平因而会逐渐下降；而市场竞争程度的提高，会激励企业不断提高创新资源的管理水平、优化创新资源的配置，进而会提高创新产出。同时，非国有经济发展所带来的市场竞争也会激励原有公有制企业预算约束的硬化（陈钊，2004），这样就可能引导企业经营目标开始逐渐转向利润最大化，进而使得国有企业行为发生转变，最终导致企业通过裁减冗员提高 R&D 效率，或者通过 R&D 资源行业间的重新配置以改善资源配置效率（陈钊，2004；方军雄，2007），进而促进了创新产出水平的提高。

第四，制度环境改善可以为企业的创新活动提供更好的外部环境（樊纲等，2011），这有助于提高其创新绩效。其对创新绩效的影响主要体现在两个方面:[①] 一方面，制度环境改善体现在国有企业产权改革的深入，即国有企业的政策性负担不断剥离、减轻，以及国有企业预算约束的硬化以及政府管制的放松（陈钊，2004）。国内外的实证研究表明，在一个软预算约束框架下，集权对创新效

① 制度环境的改善，还体现在政府对经济运行干预的范围和力度的逐步缩小，而政府干预对创新绩效的影响分析见政府与市场的关系分析。

率的提高起阻碍作用（Baumol，2002），而界定清晰的产权制度则有利于促进创新效率的提高（Jefferson et al.，2006；吴延兵，2006；方军雄，2007）。另一方面，知识产权制度是制度结构的重要组成部分，制度环境的改善也体现了知识产权制度的不断完善；知识产权界定了创新者的权利和对侵权者的惩罚，会激励着企业家们积极开展创新活动（李平等，2007）；而胡和杰弗森（Hu，Jefferson，2008）以及盖伊特恩等（Gaetan et al.，2009）的实证研究都证实，知识产权保护力度的加强促进了专利产出的增长（即创新产出水平的提高）。

基于此，本章提出有待检验的**假说 5.1**：经济体制改革所导致行业市场化程度的提高，促进了中国高技术产业创新产出水平的提高。

二、行业特征对市场化进程提升创新产出的影响

理论分析表明，市场化进程对创新产出有促进作用，但是，这种作用程度可能受行业特性的影响。不同性质的行业，市场化程度不同，其对创新产出影响的程度也会不同。

1. 行业市场势力的影响

市场化进程对创新产出的促进作用，会受到行业市场势力的影响。在缺乏竞争的行业中，由于产品市场和要素市场的非竞争性，企业缺乏创新活动和提高创新效率的激励和约束，市场化程度的提高对创新产出的积极影响会低于其在竞争性行业中的影响。布兰德贝雷和克拉夫特（Broadberry，Crafts，2000）的研究表明，由于垄断行业中存在的代理成本对创新的负作用超过了熊彼特假说中期望垄断租金对创新的正作用，因此，市场力量对创新产出表现出负的净效应；而方军雄（2006）的研究则发现，在竞争程度较高的行业中，产品市场和要素市场的高竞争性和高流动性最终将会导致资源配置效率的改善。基于此，本章提出如下有待检验的假说：

假说 5.2：在垄断程度较高的行业中，市场化程度的提高对创新产出的促进作用会小些。

2. 行业外向度的影响

行业外向度，也是影响市场化进程提升创新产出的重要因素。对于外向度较高行业中的企业（包括跨国公司的子公司或者出口商）来说，由于具有参与全球生产体系的优势，并且拥有获取竞争性中间投入品的渠道以及更低的沉淀成本，因而可以从国际贸易中攫取更大的利益（Gorg et al.，2008）；这使得企业具备了能够不断提高创新产出管理水平以及创新资源配置效率的能力。同时，随着行业外向度的提高，企业会面临越来越激烈的国际市场竞争（刘海云，唐玲，2009），这样的竞争会激励着行业中的企业不断提高创新资源配置效率以获得或保持国际竞争优势，即这种竞争会激励企业将创新资源优化配置的能力转变为现实。考虑到这些因素，本章提出如下有待检验的假说：

假说 5.3：行业外向度的提高会促进市场化进程对创新产出的积极影响。

3. 行业技术密集度的影响

市场化进程对创新产出的促进作用，还会受到行业技术密集程度的影响。相对于低技术密集度行业而言，高技术密集型行业的产品生产技术复杂程度更高（文东伟，冼国明，2009）；在研发新产品过程中（即新思想产生—中试成果—形成新技术—形成新产品的整个过程），产品复杂程度越高，其创新产出难度和创新风险（包括技术风险、市场风险和管理风险等）会越大（傅家骥，1998；成力为，孙玮，2012），因而会导致创新产出的降低，即更低的创新产出水平。可见，在技术密集程度更高的行业中，市场化程度的提高对创新产出的积极影响会小些。因而，有如下的假说：

假说 5.4：随着行业技术密集度的提高，行业市场化进程对高技术产业创新产出的促进作用会降低。

第三节 经验证据：结果与解释

一、计量模型设定

在实证文献中，对创新产出的研究通常采用的是线性多项式或非线性多项式的创新产出模型（Jefferson et al.，2006；吴延兵，2006）。参考大多数文献的做法，本章将创新产出函数定义为如下的柯布—道格拉斯函数形式：

$$Y_{it} = A_{it}(mark_{it})F(K_{it},L_{it}) = A_{it}(mark_{it})K_{it}^{\alpha}L_{it}^{\beta} \qquad (5.1)$$

式（5.1）中，下标 i 表示行业，t 表示时间。Y 表示创新产出，创新产出是创新资本投入 K（R&D 资本投入）和创新人力投入 L（R&D 人力投入）的函数。A_{it}代表创新效率，它是剔除了 R&D 资本和人力投入贡献之外的其他因素，是行业市场化进程的函数。根据理论分析，行业市场化程度的提高，可以通过多条途径影响产业创新效率 A_{it}的变化。因此，本章将 A_{it}定义为：

$$A_{it} = Ae^{\delta mark_{it} + \phi X_{it} + \lambda_i + \varepsilon_{it}} \qquad (5.2)$$

式（5.2）中，$mark_{it}$表示行业市场化指数（反映行业市场化程度的高低）；X_{it}为影响创新效率 A_{it}的其他因素，既包括行业市场化通过其他途径对 A_{it}的影响，又包括其他控制变量（主要有企业规模和经济绩效）的影响。λ_i 是不可观测的行业效应，ε_{it}为随机扰动项。将式（5.2）代入式（5.1），并取自然对数，得到如下的计量模型：

$$\ln Y_{it} = \ln A + \delta mark_{it} + \phi X_{it} + \alpha \ln K_{it} + \beta \ln L_{it} + \lambda_i + \varepsilon_{it} \qquad (5.3)$$

在根据式（5.3）对假说 5.1 进行验证的基础上，为了考察假说 5.2、假说 5.3 和假说 5.4 是否成立，本章借鉴国内外研究资源配置效率的行业差异时通常的做法（刘海云，唐玲，2009），采用行业市场化指数与市场势力、外向度以及技术密集度的乘积项①来刻画行业特征的影响，从而构造以下的计量模型：

$$\ln Y_{it} = \ln A + \delta mark_{it} + \phi_1 mark_{it} \times DUM_{it} + \phi_2 mark_{it} \times WXD_{it} + \phi_3 mark_{it} \times MJD_{it} + \phi_4 X'_{it} + \alpha \ln K_{it} + \beta \ln L_{it} + \lambda_i + \varepsilon_{it} \quad (5.4)$$

式（5.4）中，$mark_{it} \times DUM_{it}$为市场化指数与市场势力的乘积项，$mark_{it} \times WXD_{it}$为行业市场化进程与外向度的乘积项，$mark_{it} \times MJD_{it}$为行业市场化进程与技术密集度的乘积项。$X'_{it}$代表影响创新效率$A_{it}$的其他控制变量，主要有企业规模和经济绩效。这是因为熊彼特的创新理论认为，企业规模越大，越有可能产生规模报酬，因而能够提高创新投入的产出效率；盖尔（Gayle，2001）等学者的经验研究也发现，规模越大的企业对专利数量和专利被引用次数均有显著正影响（也有学者的实证研究得到了不同的结论）②。经济绩效较好的企业，可以采用更先进的技术和设备、为员工提供更好的福利和工作环境，这为提高效率提供了必要的条件；反过来，企业研发效率的提高会给企业带来好的经济绩效；杰弗森等（Jefferson et al.，2006）、吴延兵（2006）的研究证实了两者之间存在着互补关系。

---

① 在考察通过影响某一变量从而对被解释变量产生差异影响的因素时，以往研究通常采用分组检验或交互项连乘检验的方法。分组检验是指，按照某一设定的指标将样本分为不同的子样本，然后，分别对子样本进行回归从而得到不同因素在各子样本区间对被解释变量影响的差异，但这一方法面临的一个无法回避的问题是分组标准的确定，传统分组检验只是简单地依照某个影响指标对样本进行平均分组，这必然难以准确反映各种因素对被解释变量的影响。因而，本章采用乘积项法来测定行业特征对市场化进程提升创新效率程度的影响。

② 由于方法和数据的不同，企业规模与创新绩效关系的实证研究结论不尽相同。具体来看，大致可以分为三类：一是“大企业创新效率更高论”；如盖尔（Gayle，2001）的研究表明，企业市场份额和企业规模对专利数量和专利被引用次数均有显著正影响。二是“小企业创新效率更高论”；如帕维特等（Pavitt et al.，1987）的研究表明，小企业有更高的创新效率。三是“不确定论”；如弗雷曼和绍依特（Freeman，Soete，1997）也认为，小企业在进入成本低、资本密集度低的产业中创新份额较大，而在资本密集度高的产业中创新份额较小；吴延兵（2006）也证实，企业规模对中国制造业的创新产出（专利数量或者新产品销售收入）并不确定。

二、变量说明

行业市场化进程变量（mark）采用第 2 章的测算结果，行业特征变量中行业外向度（OPEN）和行业技术密集度（DTE）与第 4 章对应的指标相一致，控制变量中的企业规模（SCL）和经济绩效（PER）分别与第 3 章、第 4 章对应的指标相一致，其他变量选取说明如下：

1. 创新产出（LNPR）

创新产出主要表现在新产品产出和专利产出等方面，专利产出为直接衡量指标，新产品产值为间接指标。由于新产品产值既能反映创新产出还能够反映创新成果被市场接受的程度，因而选取新产品产值来反映创新产出。由于获得新产品产值是用当年价表示，需要对数据进行调整，具体调整方法是以 1995 年为不变价的工业品出厂价格指数对当年价格指数进行调整，并取自然对数。

2. 创新资本投入和创新人力投入（LRDK 和 LRDL）

鉴于 R&D 人力资源在企业研发活动中的重要性，本章选取 R&D 资本投入和 R&D 人力投入两个指标来反映 R&D 投入。用 R&D 活动人员折合全时当量来表示 R&D 人力投入，并且取自然对数（用 LRDL 表示）。关于 R&D 资本存量数据，国内目前没有相关统计，需要采用永续盘存法来估算高技术产业 R&D 资本存量（用 LRDK 表示）。具体来说，参照吴延兵（2006）等的方法，即：

$$K_t = E_{t-1} + (1-\delta) K_{t-1} \tag{5.5}$$

其中，K 代表 R&D 资本存量，E 代表 R&D 支出。式（5.5）中的 4 个变量的确定，从 R&D 支出总额中扣除了劳务费，得到当期 R&D 支出 E；用原材料购进价格指数和固定资产投资价格指数（权重为 0.5）的加权平均值作为平减指数；折旧率 δ 设定为 15%；$K_0 = \frac{E_0}{(g+\delta)}$，并使用行业 R&D 实际支出的算术平均增长率 g。

3. 垄断行业虚拟变量（DUM）

如果行业 i 为垄断行业则取值为1，如果行业 i 为竞争性行业取值为0（用DUM表示）。根据岳希明等（2010）对垄断行业和竞争行业的界定标准，本章将飞机制造及修理业、航天器制造业和雷达及配套设备制造业等三个细分高技术行业界定为垄断行业，其国有企业或国有控股企业产值比重达到86%以上，其DUM值取1；其他14个细分行业为竞争性行业，其DUM值取0。

三、数据说明与描述统计

本章所使用的数据，主要来源于《中国高技术产业统计年鉴》《中国统计年鉴》以及中经网。样本区间为1995～2010年，样本涉及化学药品制造业、中药材及中成药加工业、生物制品制造业、飞机制造及修理业、航天器制造业、通信设备制造业、雷达及配套设备制造业、广播电视设备制造业、电子器件制造业、电子元件制造业、家用视听设备制造业、其他电子设备制造业、电子计算机整机制造业、电子计算机外部设备制造业、办公设备制造业、医疗设备及器械制造业和仪器仪表制造业等17个高技术行业。消费物价指数和各行业的固定资产投资价格指数等来源于《中国统计年鉴》相关年度，1995～2010年的工业品出厂价格指数来源于中经网，其他数据都来源于《中国高技术产业统计年鉴》相关年度。

图5.1和图5.2是行业市场化进程与新产品产出、专利产出（此处采用的是专利申请数量，包括发明、实用新型和外观设计的授权数量）的散点图。从图5.1和图5.2数据的散点图上可以比较清楚地看出，行业市场化进程与新产品产出、专利产出存在明显的同向变动特征，二者的正相关关系十分明显，这符合本章假说5.1的预期。接下来，本章通过计量分析来检验和揭示它们之间的相关关系。

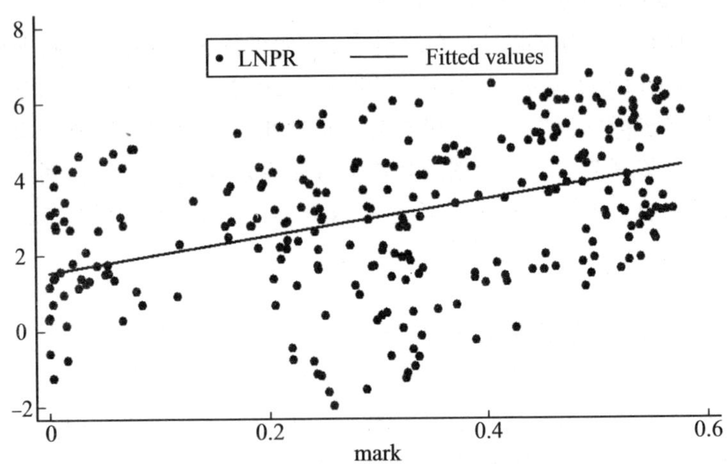

图 5.1　行业市场化进程与新产品产出散点图

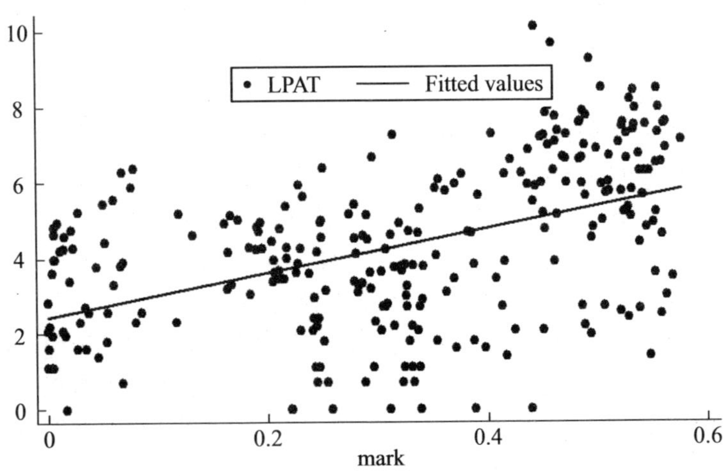

图 5.2　行业市场化进程与专利产出散点图

四、实证结果分析

加入WTO是中国市场化进一步深入的重大标志，因而“入世”前后中国高技术产业市场化程度可能存在较大差异，对创新产出的贡献因而可能会受到影响。为了考察“入世”前后的市场化进程对创新产出的影响是否有差异，本章分别对“入世”前（1995～2001年）和“入世”后（2002～2010年）作了分段估计。

1. 初步估计的结果分析

在对面板数据模型进行回归时，模型的设置有固定效应（fixed effect）和随机效应（random effect）之分，Hausman检验都拒绝了原假设（随机效应）；为了克服可能存在的异方差问题，相关显著性检验基于组分（cluster）异方差稳健标准差完成。表5.3给出了相应的回归结果，其中，不同时间段列（1）是针对假说5.1的估计结果，不同时间段列（2）是在假说5.1的基础上，对假说5.2、假说5.3和假说5.4进行联合检验的估计结果。不难发现，1995～2010年间市场化水平对创新产出显著为正，这说明在整个样本期，市场化改革的深入促进了高技术产业创新产出的提高。但是，分时间段的估计结果显示，行业市场化进程对创新产出的影响不显著且为负，这没有完全验证假说5.1。从行业特征与行业市场化进程乘积项对创新产出的估计结果来看，仅验证了假说5.2，即市场化程度的提高对垄断行业创新产出的提升效果低于竞争性行业；但是，不同时间段估计结果都不能验证假说5.3和假说5.4。此外，控制变量（企业规模和经济绩效）对创新产出的预期影响也都没有得到印证。

2. 动态面板系统GMM的估计分析

初步估计结果似乎揭示了，市场化程度的提高总体上促进了中国高技术产业的创新产出；但是，分时间段的结论没有得到验证，并且行业特征对市场化进程作用于创新产出的影响也没有得到完全的验证。不过，一些理论和实证研究成果发现，创新产出可能与创新投入、经济绩效之间存在着相互影响的关系（Jefferson et al.，2006；吴延兵，2006，2008）；这说明，在表 5.1 的估计中可能存在变量间的内生性问题；而且，式（5.4）中行业市场化进程与各乘积项也可能存在内生性问题；这会导致估计结果发生偏差，因而根据表 5.1 估计参数进行统计推断是无效的。

表 5.1　市场化进程对创新产出的影响分析 I（估计方法：固定效应）

解释变量	1995～2010 年		1995～2001 年		2002～2010 年	
	(1)	(2)	(1)	(2)	(1)	(2)
mark	0.183*** (4.14)	0.130* (2.09)	-0.047 (-0.53)	-0.046 (-0.45)	-0.060 (-0.74)	-0.166 (-1.52)
mark * DUM	—	-0.053** (-2.23)	—	-0.083** (-2.20)	—	-0.002 (-0.05)
mark * OPEN	—	-0.005 (-0.11)	—	-0.083 (-1.17)	—	0.124 (1.50)
mark * DTE	—	0.071** (2.35)	—	0.199*** (2.82)	—	0.041 (0.84)
LRDK	0.490*** (11.12)	0.499*** (11.34)	0.350*** (4.34)	0.261*** (2.99)	0.634*** (6.99)	0.633*** (6.83)
LRDL	0.158*** (3.10)	0.127** (2.47)	0.128 (1.10)	0.176 (1.52)	0.183*** (2.76)	0.179*** (2.66)
SCL	0.010 (0.47)	0.033 (1.11)	0.182*** (3.73)	0.138*** (2.82)	-0.026 (-0.69)	-0.046 (-1.05)
PER	0.372* (2.17)	0.342 (0.13)	-0.461 (-0.45)	-0.437 (-0.40)	0.105 (0.09)	0.301* (2.08)

续表

解释变量	1995～2010 年		1995～2001 年		2002～2010 年	
	（1）	（2）	（1）	（2）	（1）	（2）
常数项	0.594*** (2.59)	0.854*** (3.50)	1.230* (1.95)	0.844 (1.37)	0.680** (2.51)	0.814*** (2.71)
R^2	0.7983	0.7838	0.5842	0.6273	0.7222	0.7297
F 统计值	37.65	30.44	17.10	16.22	20.30	14.69
观测值	272	272	119	119	153	153

注：（1）***、**、* 分别表示统计值在 1%、5% 和 10% 的显著性水平下显著。（2）圆括号内（）的数值为 t 值。

针对这种可能存在的内生性问题，阿勒纳诺等（Arellano et al.，1995）建议采用动态面板的 GMM 方法来克服。该方法的好处在于，它通过差分或使用工具变量来控制未观察到的时间和个体效应，同时，还使用前期的解释变量和滞后的被解释变量作为工具变量克服内生性问题。为了说明 GMM 方法的好处，在此将式（5.3）和式（5.4）变形为如下的简化形式，即：

$$LNPR_{i,t} = \phi mark_{i,t} + \varphi Z_{i,t} + \tau_i + \upsilon_{i,t} \tag{5.6}$$

式（5.6）中，$LNPR_{i,t}$是新产品产值（反映创新产出），$mark_{it}$是行业市场化进程，Z_{it}为影响新产品产值的其他因素，τ_i 是不可观测的行业效应；$\upsilon_{i,t}$为随机扰动项。为了消除特定行业效应，对式（5.6）进行一次差分，即：

$$LNPR_{i,t} - LNPR_{i,t-1} = \phi(mark_{i,t} - mark_{i,t-1}) + \varphi(Z_{i,t} - Z_{i,t-1}) + (\upsilon_{i,t} - \upsilon_{i,t-1}) \tag{5.7}$$

从式（5.7）可以看出，它消除了不随时间变化的行业效应，但却包含了被解释变量的滞后项为（$LNPR_{i,t} - LNPR_{i,t-1}$）。为了克服所有变量间的内生性问题以及新的残差项（$\upsilon_{i,t} - \upsilon_{i,t-1}$）与滞后的解释变量（$mark_{i,t} - mark_{i,t-1}$）之间的相关性，必须采用工具变量进行估计。GMM 估计通过下面的矩条件给出工具变量集：

$$E[(v_{i,t}-v_{i,t-1})v_{i,t-s}]=0;\ s\geqslant 2;\ t=3,\ \cdots,\ T \tag{5.8}$$

$$E[(v_{i,t}-v_{i,t-1})Z_{i,t-s}]=0;\ s\geqslant 2;\ t=3,\ \cdots,\ T \tag{5.9}$$

$$E[(v_{i,t}-v_{i,t-1})mark_{i,t-s}]=0;\ s\geqslant 2;\ t=3,\ \cdots,\ T \tag{5.10}$$

上面的差分转换方法，就是差分广义矩（Difference GMM）估计方法。但差分转换也有缺陷，它会导致一部分样本信息的损失；且如果解释变量在时间上有持续性时，工具变量的有效性将减弱，从而影响估计结果的渐近有效性。系统广义矩（System GMM）估计能够较好地解决这个问题，它能同时利用差分和水平方程中的信息，以及差分转换所用到的工具变量（Arellano et al.，1995；Blundell et al.，1998），即式（5.9）和式（5.10）中的工具变量在系统方程估计中仍可继续使用。在观察不到的各行业固定效应与解释变量的差分不相关的弱假设下，能够得到额外的矩条件，从而给出系统中水平方程的工具变量集：

$$E[(v_{i,t-1}-v_{i,t-2})(\tau_i+v_{i,t})]=0 \tag{5.11}$$

$$E[(Z_{i,t}-Z_{i,t-1})(\tau_i+v_{i,t})]=0 \tag{5.12}$$

系统 GMM 由于利用了更多的样本信息，在一般情况下比差分 GMM 更有效。但这种有效性，有赖于解释变量的滞后项作为工具变量是否有效。本章依据两种方法来识别模型设定是否有效：第一种是采用 Hansen 检验来识别工具变量的有效性，如果不能拒绝零假设就意味着工具变量的设定是恰当的；第二种是检验残差项非自相关假设，即检验 GMM 回归系统中差分的残差项是否存在二阶序列自相关。系统 GMM 可以分为一步估计和两步估计，两步估计结果对异方差和截面相关性具有较强的稳健性，因而在一般情况下，两步估计都优于一步估计。

表 5.2 给出了相应的回归结果，其中，不同时间段列（1）是针对假说 5.1 的估计结果，不同时间段列（2）是在假说 5.1 的基础上，对假说 5.2、假说 5.3 和假说 5.4 进行联合检验的估计结果。残差序列相关性检验结果可以看出，都只存在一阶序列相关性而无

二阶序列相关性，这样的估计结果表明原模型的误差项无序列相关性。同时，各模型的 Hansen 过度识别检验的结果，都不能拒绝工具变量有效性的零假设（p 值均显著大于 0.1）。说明模型设定的合理性和工具变量的有效性。

表 5.2　行业市场化进程对创新产出的影响（GMM 方法）

解释变量	1995 ~ 2010 年		1995 ~ 2001 年		2002 ~ 2010 年	
	(1)	(2)	(1)	(2)	(1)	(2)
mark	0.162*** (5.22)	0.145* (1.72)	0.028* (1.74)	0.122** (2.86)	0.216*** (7.95)	0.206*** (5.79)
mark * DUM	—	-0.138** (-2.70)	—	-0.122*** (-4.13)	—	-0.062** (-2.49)
mark * OPEN	—	0.120* (1.89)	—	0.267*** (20.57)	—	0.103* (2.07)
mark * DTE	—	-0.084** (-2.40)	—	-0.027* (-1.82)	—	-0.006 (-0.67)
LRDK	0.531*** (14.84)	0.577*** (10.72)	0.621*** (18.05)	0.600*** (10.31)	0.673*** (11.51)	0.609*** (10.20)
LRDL	0.256*** (6.72)	0.281*** (7.48)	0.146*** (4.35)	0.184** (2.44)	0.078* (1.70)	0.193*** (3.82)
SCL	0.056*** (8.15)	0.062 (0.84)	0.169*** (8.82)	0.148** (2.67)	0.086*** (10.37)	-0.061*** (-8.41)
PER	0.226** (2.35)	0.121* (1.99)	-0.126 (-1.13)	0.088 (1.08)	0.115* (1.72)	0.288*** (3.13)
观测值	272	272	119	119	153	153
AR(1) 检验值 [p][a]	-2.51 [0.012]	-2.72 [0.007]	-1.84 [0.066]	-2.08 [0.037]	-1.93 [0.054]	-2.03 [0.043]

续表

解释变量	1995～2010年		1995～2001年		2002～2010年	
	(1)	(2)	(1)	(2)	(1)	(2)
AR(2)检验值[p][b]	0.62 [0.534]	-0.35 [0.729]	0.42 [0.675]	0.50 [0.619]	0.08 [0.938]	0.71 [0.480]
Hansen检验值[p][c]	14.86 [1.000]	12.92 [1.000]	15.32 [1.000]	14.87 [1.000]	13.10 [1.000]	11.39 [1.000]

注：(1) ***、**、*分别表示统计值在1%、5%和10%的显著性水平下显著。(2) 圆括号内（）的数值为t值；方括号内［］的数值为概率p值。(3) a零假设为差分后的残差项不存在一阶序列相关；b零假设为差分后的残差项不存在二阶序列相关（若差分后的残差项存在二阶序列相关，则系统GMM为无效）；c为Hansen检验的零假设为过度识别约束是有效的。(4) 考虑到样本观察值的有限性，此处以解释变量的一阶滞后值作为工具变量。(5) GMM方法所用的软件包是stata/MP 11.0，所用的程序是xtabond2。

(1) 行业市场化进程对创新产出的影响

表5.2不同时间段的回归结果都显示，行业市场化进程对创新产出（即新产品产值）的影响始终显著为正，各变量的系数方向基本相同且变化不大，这表明估计结果具有稳健性。可见，市场化程度的提高促进中国高技术产业创新产出的提高，这验证了假说5.1。这在一定程度印证了方军雄（2006）的研究结论，即市场化水平的提高会改善资本配置效率。此外，与“入世”前相比较，“入世”以后市场化进程对创新产出的促进作用更大、更显著。导致这一结果的可能原因是，加入WTO是中国市场化改革进一步深化的重要标志，政府对经济运行干预的范围和力度更小，市场更能发挥对创新资源的优化配置作用，非国有经济得到更好的发展，产品市场与要素市场发育程度更高，制度环境更好，这些都有利于促进创新效率的提高。同时，高技术企业会面临越来越激烈的国际市场竞争，这样的竞争会激励和约束其通过不断提高创新管理水平和创新资源配置效率来获得或确保产品的国际竞争优势。

值得注意的是，中国高技术细分行业的市场化程度存在较大差异，办公设备制造业和计算机整机制造业市场化程度较高，航天器制造业和飞机制造及修理业市场化程度较低。这很可能意味着，市场化进程对高技术产业创新产出的贡献程度存在着行业差异性。这种行业差异性可能来源于行业特征的影响，接下来，将分析行业特征对市场化进程提升创新产出的影响。

（2）行业特征对市场化进程提升创新产出的影响

首先，在表 5.2 中，行业市场化进程与市场势力乘积项（$mark_{it} \times DUM_{it}$）对创新产出的影响始终为负（尽管“入世”后不显著），这说明，相对于竞争性行业来说，市场化程度的提高对垄断性行业创新产出的促进作用要低些，这验证了假说 5.2。可见，对飞机制造及修理业、航天器制造业和雷达及配套设备制造业等垄断行业而言，见表 5.3，市场化程度的提高对创新产出的促进作用要低于竞争性高技术行业。与“入世”前比较，“入世”后垄断势力对市场化进程提升创新产出的抑制作用减弱了，这表明“入世”以后在垄断行业中，市场化程度的提高对创新产出的促进作用更大了；对此可能的解释是，“入世”后越来越激烈的国际市场竞争，激励着垄断行业中的高技术企业不断提高创新活动的管理水平和创新资源的配置效率，以提升其产品的国际竞争力；因而，表现为在垄断行业中，市场化程度的提高对创新产出的促进作用更大了。

其次，从表 5.2 还可以看出，行业市场化进程与外向度乘积项（$mark_{it} \times OPEN_{it}$）对创新产出的影响一直显著为正，说明随着行业外向度的提高，市场化程度的提高对创新产出的提升效果会越来越好，验证了假说 5.3。这个结论意味着，在航天器制造业等外向度较低的行业中，见表 5.3，市场化进程对创新产出的促进作用会低些。比较起来，“入世”后外向度对市场化进程提升创新产出的积极影响降低了；这种促进作用的下降可能在于，一方面，行业外向度提高对市场化进程提升创新产出的程度可能存在边际报酬递减规律，即随着行业外向度水平不断提高并达到一定的高度后，在这些行业中，市场化程度的提高对创新产出的促进作用会逐渐减少；另一方面，由于“入世”后高技术产业外向度水平迅速上升，以致上升的幅度大于创新产出的幅度，从而导致“入世”后外向度的这种促进作用低于“入世”前。

表 5.3　　行业特征均值的行业差异

行业	DUM	OPEN	DTE	行业	DUM	OPEN	DTE
化学药品制造业	0	0.238	0.381	电子元件制造业	0	1.444	0.312
中药材及中成药加工业	0	0.030	0.418	家用视听设备制造业	0	1.311	0.172
生物制品制造业	0	0.260	0.544	其他电子设备制造业	0	0.986	0.504
飞机制造及修理业	1	0.334	0.452	计算机整机制造业	0	3.551	0.046
航天器制造业	1	0.002	0.670	计算机外部设备制造业	0	0.808	0.176
通信设备制造业	0	1.547	0.171	办公设备制造业	0	1.737	0.194
雷达及配套设备制造业	1	0.259	0.431	医疗设备及器械制造业	0	0.712	0.408
广播电视设备制造业	0	0.405	0.229	仪器仪表制造业	0	0.416	0.350
电子器件制造业	0	1.647	0.435				

最后，表 5.2 显示，行业市场化进程与技术密集度乘积项（$mark_{it} \times DTE_{it}$）对创新产出的影响始终显著为负（尽管“入世”后并不显著），说明随着行业技术密集程度的提高，市场化程度的提高对创新产出的积极影响会下降；或者意味着，在技术密集程度较低的高技术行业中，市场化程度的提高对创新产出的促进作用更大；这验证了假说 5.4。可见，在计算机整机制造业等技术密集程度相对较低的行业中，见表 5.3，市场化程度的提高对创新产出的促进作用会更大些。与“入世”前相比较，“入世”后技术密集度对市场化进程提升创新产出的抑制作用减弱了（且不显著）。对此

可能的解释是，“入世”后技术密集度较高行业中的企业逐渐融入全球生产体系，可以更容易地将其非核心业务外包出去；这样的业务归核化，使得企业能够积累起关于消费者需求、产业发展方向、研发以及生产组织等方面的知识，因而能够更好地针对其核心产品进行创新（李晓华，2005）；同时，企业还可以在增加外购中间投入获得更多的技术溢出和技术扩散等动态收益（刘海云，唐玲，2009）；这两个方面都有利于提高其核心产品的创新效率。因而，相对于“入世”前，技术密集度较高的行业中，市场化程度的提高对创新产出的积极影响变大了。

由此可见，对中国高技术产业来说，在垄断程度较低、技术密集度较低、外向度较高的行业中，行业市场化程度的提高对创新产出的促进作用更大。

（3）控制变量对创新产出的影响

创新投入及各控制变量对创新产出也有着不同程度的影响：

第一，R&D 资本投入和 R&D 人力投入对创新产出（新产品产值）均有显著的影响作用。

比较起来，R&D 资本的产出弹性大于 R&D 人力的产出弹性。这与 Zhang et al.（2003）和吴延兵（2006）的估计结果不同，这些研究显示 R&D 人力对创新产出的贡献更大（表明新产品生产更多地依赖于 R&D 人力投入）。这种结果的差异，可能源于行业特征，他们的研究对象是制造业，而本章的研究对象则是高技术产业，高技术产业新产品的研发需要更多的资本和技术投入，因而表现为 R&D 资本的贡献更大些。此外，R&D 资本投入和 R&D 人力投入的总弹性小于 1，说明高技术产业创新的投入产出过程表现出规模报酬递减的特征；这与大多数创新产出研究文献的结论是一致的（Zhang et al.，2003，吴延兵，2006）。对此可能的解释在于两方面：一方面，源于某种稀缺投入要素的限制，例如，某种专用设备、核心技术或高科技人才的缺乏，使得创新过程中投入要素不能按比例地增加，进而导致规模报酬递减；并且，企业出于竞争的需要，对于创新出来的成果采取保密措施（例如，许多专利束之高阁），有些成果无法转化为新产品，创新成果中只有部分地转化为新产品，这也可能会导致新产品产出的规模报酬递减。另一方面，在新产品研发过程中，需要良好的信息沟通和人际关系的协调，存在着大量的协调成本和交易成本，这可能也会导致规模报酬递减。

第二，企业规模（SCL）对创新产出的影响在不同时间段中的方向并不一致，“入世”前的影响显著为正，而“入世”后的影响不能确定。这说明，“入世”前规模大的高技术企业创新效率显著高于规模小的高技术企业，而“入世”后，大企业的创新效率不再显著高于小企业，即“入世”后两类企业在创新活动中并没有明显的效率差异。对此可能的解释是，在“入世”前，大企业由于资金实力雄厚、人员素质和管理水平较高，并且存在着规模经济和范围经济，因而其创新效率更高。但是，面对“入世”后国内外两个市场所带来的机遇与挑战，小企业既可以通过参与国际分工获得技术溢出和技术扩散等动态收益，又可以更容易地利用全球创新网络进行创新以获得创新的外部规模经济和范围经济，还能够通过灵活的组织机构安排、业务核心化等优势，更好地针对消费者的需求进行创新（李晓华，2005）；这都有利于小企业创新效率的提升。其结果是，“入世”后大企业和小企业的创新效率不断缩小，直至没有明显的效率差异。

第三，经济绩效（PER）对创新产出的影响在不同时间段并不一致，即“入世”前的影响不显著且不确定，“入世”后的影响显著为正。这说明“入世”前企业的经济绩效对创新产出的影响不确定，其原因可能在于“入世”前经济绩效对创新效率存在两种相反效应的此消彼长；一方面，经济绩效较好的企业，可以采用更先进的技术和设备，为员工提供更好的福利和工作环境，这为提高生产效率和创新效率提供了必要的条件；另一方面，较好的经济绩效，也可能导致企业危机感和紧迫感的缺失、竞争意识的淡薄、官僚主义的盛行，从而导致生产效率和创新效率的降低。而“入世”后经济绩效对高技术产业创新产出积极影响的原因可能在于，“入世”后，国际市场越来越激烈的竞争会对经济绩效好的企业产生危机感和紧迫感，从而激励企业不断提高创新效率以维持产品的国际竞争优势。

3. 五个方面指数的影响差异

理论分析表明，市场化进程是通过政府与市场的关系等五个方面的进展（即五条途径）影响着创新产出的变化，那么，五个方面市场化指数对高技术产业创新产出影响程度是否存在差异呢？哪些方面的贡献较大、哪些方面的贡献较小呢？回答这个问题，对通过促进市场化进程来提升高技术产业的创新产出有着更具体的指导价值。基于此，本节进一步考察行业市场化五个方面进展对创新产出的影响是否存在差异。在此，参照樊纲等（2011）的做法，用五个行业市场化方面指数来替代式（5.3）和式（5.4）中的行业市场化指数，分时间段的两步系统估计结果，如表5.4所示。不同时间段列（1）和列（2）分别是式（5.3）和式（5.4）的估计结果；可以看出，残差序列相关性检验和 Hansen 过度识别检验的结果证实了工具变量的有效及估计结果的稳定。

表5.4　　五个方面指数对创新产出的影响

解释变量	1995～2010年		1995～2001年		2002～2010年	
	(1)	(2)	(1)	(2)	(1)	(2)
mark_1	0.432** (2.16)	0.303*** (2.10)	0.274 (0.83)	0.246*** (1.90)	0.614* (5.44)	0.594* (5.69)
mark_2	0.077* (3.80)	0.057** (2.57)	0.201*** (1.73)	0.333* (3.51)	0.028 (0.09)	0.164 (0.31)
mark_3	0.053*** (1.70)	0.097** (2.66)	0.291 (1.38)	0.111*** (1.99)	0.051 (0.27)	0.075 (0.71)
mark_4	0.256*** (2.01)	0.279*** (2.30)	0.114*** (2.16)	0.126** (2.67)	0.346* (4.44)	0.484*** (2.39)

续表

解释变量	1995 ~ 2010 年		1995 ~ 2001 年		2002 ~ 2010 年	
	(1)	(2)	(1)	(2)	(1)	(2)
mark_5	0.227*** (2.06)	0.258*** (1.65)	0.238** (2.33)	0.108*** (1.89)	0.133* (3.25)	0.298* (3.69)
mark * DUM	—	-0.170* (-1.69)	—	-0.442*** (-1.71)	—	-0.288** (-2.31)
mark * OPEN	—	0.351* (4.06)	—	0.390** (2.96)	—	0.145*** (1.66)
mark * DTE	—	-0.170*** (-1.69)	—	-0.288** (-2.31)	—	-0.158 (-0.89)
LRDK	0.534* (4.85)	0.658* (4.67)	0.548** (2.87)	0.573** (2.92)	0.621* (8.13)	0.509* (9.27)
LRDL	0.445* (4.12)	0.321** (2.99)	0.357*** (2.09)	0.352** (2.75)	0.227** (3.90)	0.293** (2.77)
SCL	0.256*** (2.01)	0.170 (1.28)	0.197** (3.06)	0.176 (1.08)	0.145*** (1.66)	0.306** (2.36)
PER	0.178 (1.48)	0.197** (3.06)	0.181 (1.12)	0.515* (3.34)	0.303*** (2.10)	0.070 (0.71)
观测值	272	272	119	119	153	153
AR(1) 检验值 [p][a]	-1.78 [0.075]	-1.77 [0.077]	-1.98 [0.047]	-3.25 [0.006]	-2.77 [0.001]	-2.76 [0.006]
AR(2) 检验值 [p][b]	-0.99 [0.321]	-1.22 [0.222]	0.46 [0.642]	-1.08 [0.268]	0.76 [0.448]	-0.06 [0.956]
Hansen 检验值 [p][c]	9.33 [1.000]	16.51 [1.000]	14.98 [1.000]	16.78 [1.000]	12.90 [1.000]	15.97 [1.000]

注：(1) mark_1 反映政府与市场的关系，mark_2 反映非国有经济发展，mark_3 反映产品市场发育，mark_4 反映要素市场发育，mark_5 反映制度环境。(2) ***、**、* 分别表示统计值在 10%、5% 和 1% 的显著性水平下显著。(3) 圆括号内 ( ) 的数值为 t 值；方括号内 [ ] 的数值为概率 p 值。(4) a 零假设为差分后的残差项不存在一阶序列相关（若差分后的残差项存在一阶序列相关，系统 GMM 依然有效，参见 Roodman (2006)）；b 零假设为差分后的残差项不存在二阶序列相关（若差分后的残差项存在二阶序列相关，则系统 GMM 为无效）；c 为 Hansen 检验的零假设为过度识别约束是有效的。(5) 考虑到样本观察值的有限性，这里以解释变量的一阶滞后值作为工具变量。(6) GMM 方法所用的软件包是 stata/MP 11.0，所用的程序是 xtabond2。(7) L. MAL 为变量 MAL 的滞后一阶。

表5.4中1995～2010年的估计结果显示，五个方面行业市场化指数对创新产出都有显著的正向作用，从系数大小来看政府与市场关系的方面指数对创新效率提高的促进作用最大，其后是要素市场发育及制度环境，而非国有经济发展与产品市场发育的贡献相对较小。这个结论意味着，在行业市场化的五个方面构成中，通过促进前三个方面的发展能够更有效地提升高技术产业创新产出。由于政府与市场的关系及要素市场发育的两个市场化指数程度还相对较低，因而，推进这两个方面的发展应该是高技术产业市场化改革的重点方向。

从表5.4中“入世”前后两个时间段的比较来看，五个方面的行业市场化指数对创新效率的积极影响都存在跨时差异；具体来说，政府与市场的关系、要素市场发育及制度环境对创新效率的估计系数由“入世”前的0.246、0.126和0.108分别提高到“入世”后的0.594、0.484和0.298（依据表5.4中的列（2）的估计结果），说明这三个方面指数的贡献在“入世”后更为显著了，这意味着“入世”后其对高技术产业创新产出提升的重要性更突出了；非国有经济发展和产品市场发育的估计系数由“入世”前的0.333和0.111分别降低为“入世”后的0.164和0.075（且不显著），说明这两个方面指数对创新效率的贡献变小了。究其原因，可能在于：（1）后者对创新产出的贡献可能存在边际报酬递减规律，即随着非国有经济发展和产品市场发育到一定程度后，其对创新产出的边际贡献会逐渐减少；而我们都知道，较“入世”前而言，“入世”后产品市场更发达、更完善，非国有经济发展程度也更高，结果是其对创新产出的贡献下降了。（2）前者对创新效率的贡献大小，可能与“入世”前后高技术企业面对的产品市场竞争程度的差异有关；我们知道，相较于“入世”前而言，“入世”后高技术企业面对的产品市场竞争更为激烈；在“入世”后国际产品市场更为激烈的竞争环境下，政府与市场的关系、要素市场发育及制度环境的每一点进展，都能够更有效、更大幅度地提升高技术企业的创新效率。

4. 稳健性检验

本部分是对前文的结论进行稳健性分析。为了确保估计结果的有效性，除了采用上述估计中变量控制和变量间内生性问题控制等措施外，本章还做了以下的稳健性检验：

首先，考虑遗漏变量引起的内生性问题，即在式（5.3）和式（5.4）中加入被解释变量 LNPR 的滞后一阶为解释变量；在控制内生性问题的条件下，重新估计了行业市场化进程对创新产出的影响，动态面板数据的两步系统 GMM 估计结果显示（限于篇幅，估计结果未列出），残差序列相关性检验和 Hansen 过度识别检验的结果表明模型设定的合理性和工具变量的有效性；各变量系数的符号、绝对值与前文估计结果很接近，说明此前的结论具有较好的稳健性。

其次，创新产出衡量指标的重新选取。

专利产出也是衡量创新产出的常用指标，由于专利授权数的滞后性较为突出，且受到较多人为因素的影响（成力为，孙玮，2012），因而，在此采用专利申请数作为创新产出的衡量指标（用 LPAT 表示），两步系统 GMM 估计结果，如表 5.5 所示。无论是全样本还是分阶段的估计结果，残差序列相关性检验和 Hansen 过度识别检验的结果表明模型设定的合理性和工具变量的有效性；各变量系数的符号、显著性以及绝对值和表 5.2 估计结果都很接近。可见，此前得出的结论具有较好的稳健性。

表 5.5　　稳健性分析（被解释变量 LPAT）

解释变量	1995～2010 年		1995～2001 年		2002～2010 年	
	(1)	(2)	(1)	(2)	(1)	(2)
mark	0.328*** (8.71)	0.505*** (8.28)	0.339*** (11.43)	0.416** (2.56)	0.431*** (15.44)	0.712*** (11.84)
mark * DUM	—	-0.072** (-2.41)	—	-0.134** (-2.52)	—	-0.011 (-0.01)

续表

解释变量	1995～2010年		1995～2001年		2002～2010年	
	(1)	(2)	(1)	(2)	(1)	(2)
mark * OPEN	—	0.223** (2.60)	—	0.073 (0.45)	—	0.329*** (5.96)
mark * DTE	—	-0.015 (-0.39)	—	-0.214** (-2.87)	—	-0.121** (-3.40)
LRDK	0.471*** (16.36)	0.489*** (12.05)	0.533*** (15.47)	0.433*** (4.04)	0.451*** (9.53)	0.620*** (7.73)
LRDL	0.427*** (10.21)	0.349*** (9.92)	0.449*** (16.68)	0.415*** (6.60)	0.438*** (11.87)	0.250*** (3.17)
SCL	-0.029*** (-4.23)	0.081* (1.69)	0.080 (1.52)	0.118 (1.23)	-0.064*** (-6.29)	0.076** (2.21)
PER	0.178** (2.42)	0.271*** (3.951)	0.151 (0.92)	0.118 (0.38)	0.129 (1.53)	0.237*** (3.94)
观测值	272	272	119	119	153	153
AR(1) 检验值 [p][a]	-2.21 [0.027]	-2.48 [0.013]	-1.46 [0.143]	-1.73 [0.084]	-2.17 [0.030]	-2.62 [0.009]
AR(2) 检验值 [p][b]	-0.97 [0.334]	-0.77 [0.441]	-0.18 [0.860]	-0.50 [0.620]	-0.39 [0.698]	0.40 [0.688]
Hansen 检验值 [p][c]	13.72 [1.000]	13.95 [1.000]	16.08 [1.000]	15.55 [1.000]	16.08 [1.000]	15.24 [1.000]

注：(1) ***、**、* 分别表示统计值在1%、5%和10%的显著性水平下显著。(2) 圆括号内 ( ) 的数值为t值；方括号内 [ ] 的数值为概率p值。(3) a零假设为差分后的残差项不存在一阶序列相关；b零假设为差分后的残差项不存在二阶序列相关（若差分后的残差项存在二阶序列相关，则系统GMM为无效）；c为Hansen检验的零假设为过度识别约束是有效的。(4) 考虑到样本观察值的有限性，这里以解释变量的一阶滞后值作为工具变量。(5) GMM方法所用的软件包是stata/MP 11.0，所用的程序是xtabond2。

第四节　中介效应：证据与解释

前文的理论与实证研究都表明，行业市场化进程促进了高技术产业创新产出水平的提高，本节尝试对行业市场化进程影响创新产出的机制提供进一步的解释，也就是说，探索行业市场化通过哪些中介效应的影响进而提升了高技术产业的创新产出水平。

一、研究设计与方法

结合前文的研究，本节借鉴邵帅等（2013）检验变量之间传导机制的做法。按照邵帅等（2013）的研究思路，要揭示行业市场化如何通过中介效应对创新产出产生影响，至少需要解答以下三个问题：首先，哪些因素是引起行业市场化进程与创新产出之间关系的中介变量（反映中介效应）；其次，这些中介变量在不同的门槛值条件下对两者之间的关系会产生怎样的影响；最后，行业市场化进程对这些中介变量有着怎样的影响。对于前两个问题，可以通过面板门槛估计方法对潜在的中介效应（由中介变量表征）予以识别和判断；对于第三个问题，可以通过建立计量模型对行业市场化进程与被识别出来的中介变量（反映中介效应）之间的作用方向进行判断。

遵循这样的研究思路，首先需要在式（5.3）的基础上构建面板门槛模型。[①] 单一门槛回归的基本思想是，在模型内的某一中介

① 在考察通过影响某一变量对被解释变量产生差异影响的因素时，以往研究通常采用组检验或交互项连乘检验。分组检验是按照某一设定的指标将样本分为不同的子样本，从而得到不同因素在各子样本区间对被解释变量影响的差异，但这一方法面临的问题是分组标准的确定，传统分组检验只是简单地依照某个影响指标对样本进行平均分组，这必然难以准确反映各种因素对被解释变量的影响。交互项连乘检验在相关研究中也得到广泛应用，但是该方法的局限在于其所测定的指标影响是单调递增或单调递减的，但事实往往并非如此。近年来发展的“门槛回归”方法作为分组检验方法的一种扩展，针对上述两种检验方法的局限进行了改进，在诸多领域研究中得到应用（李平，许家云，2011）。

变量存在一个门槛水平的情况下，对于 $g_{it} \leqslant \gamma$ 与 $g_{it} > \gamma$ 两种情况而言，行业市场化进程对创新产出的影响存在明显的差异。单一门槛模型表述如下：

$$\ln y_{it} = \alpha_0 + \alpha_1 mark_{it} I(g_{it} \leqslant \gamma) + \alpha_2 mark_{it} I(g_{it} > \gamma) + \beta X'_{it} + \varepsilon_{it} \quad (5.13)$$

式（5.13）中，g_{it} 为门槛变量，反映各个中介变量；γ 为中介变量特定的门槛值，α_1 和 α_2 分别为门槛变量在 $g_{it} \leqslant \gamma$ 与 $g_{it} > \gamma$ 时解释变量——行业市场化进程 $mark_{it}$ 对被解释变量创新产出 $\ln y_{it}$ 的影响系数，$I(\cdot)$ 为一个指标函数，$\varepsilon_{it} \sim iidN(0, \sigma^2)$ 为随机干扰项；X'_{it} 既包括式（5.3）中的控制变量 X_{it}（行业市场势力、行业外向度、行业技术密集度、企业规模和经济绩效五个变量），还包括创新资本投入（$\ln k_{it}$）和创新人力投入（$\ln l_{it}$）。

以上单一门槛模型只是假设各个中介变量存在一个门槛的情况，但从计量的角度看可能会存在多个门槛，双重门槛模型可以设定如下：

$$\begin{aligned} \ln y_{it} = {} & \alpha_0 + \alpha_1 mark_{it} I(g_{it} \leqslant \gamma_1) + \alpha_2 mark_{it} I(\gamma_1 < g_{it} \leqslant \gamma_2) + \\ & \alpha_3 mark_{it} I(g_{it} > \gamma_2) + \beta X_{it} + \varepsilon_{it} \end{aligned} \quad (5.14)$$

式（5.14）的估计方法为先假设单一模型中估计出的 $\hat{\gamma}_1$ 是已知的，再进行 γ_2 的搜索，得到误差平方和最小时的 $\hat{\gamma}_2$ 值；$\hat{\gamma}_2$ 值是渐近有效的，$\hat{\gamma}_1$ 却不具有此性质。这样，再固定 $\hat{\gamma}_2$ 对 $\hat{\gamma}_1$ 进行重新搜索，可得到优化后的一致估计量。以此类推，多重门槛模型可在单一门槛模型和双重门槛模型的基础上进行扩展，在此不再赘述。

二、中介效应的识别

要识别行业市场化进程与创新产出之间有哪些中介变量，先需确定哪些因素可能影响到两者之间关系，还需验证这些可能中介变量的不同门槛值区间，行业市场化进程对创新产出的影响是否存在差异。

1. 中介变量是否存在门槛效应检验与解释

结合前文的分析，可知行业市场势力、行业外向度、行业技术密集度、企业规模和经济绩效等控制变量和创新投入是影响两者之间关系的可能因素。这样，可将式（5.3）中的控制变量（行业市场势力、行业外向度、行业技术密集度、企业规模和经济绩效五个变量）和创新投入变量（包括创新人力投入和创新资本投入）作为行业市场化进程影响创新产出的门槛变量，依次在不存在门槛、一个门槛和两个门槛的设定下进行估计，可以得到 F 统计量和自抽样法（Bootstrap）的显著性及 10% 水平临界值。

从表 5.6 中的门槛检验结果可以看出，创新资本投入（LRDK）、创新人力投入（LRDL）、行业外向度（OPEN）和经济绩效（PER）的单一门槛效果都通过 10% 水平下的显著性检验，行业技术密集度（DTE）、企业规模（SCL）双重门槛效果通过 10% 水平下的显著性检验，而行业市场势力（DUM）则没有通过门槛效果显著性检验。表 5.7 则列出了 LRDK、LRDL、OPEN、DTE、SCL、PER 等门槛变量对应的门槛估计值和相应的 95% 置信区间。将各门槛变量对应的门槛值代入式（5.13）和式（5.14），可以估计出行业市场化进程的影响系数。为了控制变量之间的内生性问题，此处使用两步系统 GMM 方法进行估计，相关结果报告于表 5.8。表 5.8 中的模型 1 ~ 模型 8 的残差序列相关性和 Hansen 过度识别结果显示了模型设定的合理和工具变量的有效。

表 5.6　中介变量的门槛效果检验

门槛变量	LRDK	LRDL	DUM	OPEN	DTE	SCL	PER
单一门槛	5.754*** [0.004]	3.692** [0.023]	4.297 [0.361]	7.297*** [0.019]	6.107*** [0.000]	10.416** [0.028]	7.834** [0.023]
双重门槛	3.647 [0.193]	2.235 [0.230]	3.148 [0.404]	2.293 [0.161]	4.134*** [0.012]	6.895*** [0.012]	6.087 [0.155]

续表

门槛变量		LRDK	LRDL	DUM	OPEN	DTE	SCL	PER
三重门槛		2.321 [0.216]	1.539 [0.670]	3.382 [0.352]	1.060 [0.300]	1.126 [0.400]	2.453 [0.285]	4.023 [0.285]
10%临界值	单一	4.012	2.749	6.053	7.078	3.994	8.213	6.012
	双重	4.218	3.293	4.174	3.254	1.854	4.027	6.568
	三重	3.056	2.812	4.821	4.473	4.888	4.945	5.241

注:(1) ***、**、* 分别表示统计值在1%、5%和10%的显著性水平下显著。

(2) 表中的数字为门槛检验对应的 F 统计量,临界值为自抽样法(Bootstrap)反复抽样 300 次得到的结果。

表 5.7　　中介变量的门槛值估计结果

门槛变量	门槛值1		门槛值2	
	估计值	95%置信区间	估计值	95%置信区间
创新资本投入(LRDK)	4.348	[4.806, 3.616]	—	—
创新人力投入(LRDL)	7.324	[7.982, 6.817]	—	—
行业外向度(OPEN)	1.479	[1.906, 0.875]	—	—
行业技术密集度(DTE)	0.177	[0.216, 0.128]	0.439	[0.638, 0.175]
企业规模(SCL)	0.654	[0.428, 1.115]	2.107	[1.229, 2.843]
经济绩效(PER)	0.083	[0.104, 0.062]	—	—

(1) 创新投入的门槛效应分析。表 5.8 中的模型 1 和模型 2 的结果显示,在创新资本投入(LRDK)和创新人力投入(LRDL)不同的门槛值区间,行业市场化进程对创新产出的影响程度差异明显。当 LRDK 低于门槛值 4.348 时,行业市场化进程的系数显著为正,值为 0.083;即在 LRDK 低于 4.348 的高技术企业中,行业市场化程度每提高 1 个单位,会对创新产出带来 8.3% 的增长。当跨过这个门槛值时,行业市场化进程的影响系数增大至 0.214;这说明,在 LRDK 大于 4.348 的高技术企业中,行业市场化程度每提高 1 个单位,会对创新产出带来 21.4% 的增长。同样,LRDL 低于或高于门槛值 7.324 的不同区间,行业市场化进程对创新产出的影响大小及显著性,也存在显著的差别。

表 5.8　　中介变量的门槛模型参数估计结果

解释变量	模型 1	模型 2	模型 3	模型 4	模型 5	模型 6
	门槛变量					
	LRDK	LRDL	OPEN	DTE	SCL	PER
mark01	0.083*** (3.18)	0.016 (0.85)	0.032 (0.99)	0.184** (2.39)	0.026 (0.66)	0.084 (1.42)
mark02	0.214*** (2.87)	0.126*** (2.67)	0.246*** (4.44)	0.040 (1.03)	0.218** (2.27)	0.101** (2.27)
mark03	—	—	—	−0.118*** (−3.58)	0.044* (1.92)	—
LRDK	0.619*** (14.05)	0.633*** (12.71)	0.671*** (15.21)	0.482*** (7.21)	0.438*** (6.51)	0.538*** (5.82)
LRDL	0.148*** (2.77)	0.135** (2.13)	0.090*** (2.85)	0.179*** (2.85)	0.167*** (2.68)	0.102*** (3.32)
OPEN	0.278* (1.74)	0.267** (2.24)	0.281*** (3.93)	0.287* (1.74)	0.194*** (2.87)	0.183** (2.24)
DTE	−0.064*** (−2.81)	−0.098** (−2.31)	−0.127** (−2.48)	−0.089* (−1.94)	−0.072* (−2.04)	−0.132*** (−3.85)
SCL	0.072*** (2.58)	0.039** (2.35)	0.046 (0.55)	0.094** (2.21)	0.085** (2.24)	0.032*** (3.98)
PER	0.238** (2.33)	0.108* (1.89)	0.133* (3.25)	0.298* (3.69)	0.291 (1.38)	0.134** (2.23)
观测值	272	272	272	272	272	272
AR(1) 检验值 [p][a]	−1.84 [0.066]	−3.38 [0.001]	−2.240 [0.025]	−2.72 [0.007]	−2.183 [0.029]	−2.205 [0.027]
AR(2) 检验值 [p][b]	0.42 [0.675]	−1.020 [0.308]	−0.588 [0.557]	−0.35 [0.729]	−0.744 [0.457]	−0.752 [0.452]
Hansen 检验值 [p][c]	18.661 [1.000]	22.876 [1.000]	16.323 [1.000]	17.975 [1.000]	17.392 [1.000]	19.549 [1.000]

注：(1) ***、**、*分别表示统计值在1%、5%和10%的显著性水平下显著。(2) 圆括号内 () 的数值为t值；方括号内 [ ] 的数值为概率p值。(3) a零假设为差分后的残差项不存在一阶序列相关；b零假设为差分后的残差项不存在二阶序列相关（若差分后的残差项存在二阶序列相关，则系统GMM为无效）；c为Hansen检验的零假设为过度识别约束是有效的。(4) 考虑到样本观察值的有限性，这里以解释变量的一阶滞后值作为工具变量。(5) GMM方法所用的软件包是stata/MP 11.0，所用的程序是xtabond2。

（2）行业外向度的门槛效应分析。表5.8中的模型3报告的结果显示，在行业外向度不同的门槛值区间，行业市场化进程影响创新产出的大小和显著性存在的差异。当OPEN低于1.479时，行业市场化进程的影响系数为0.032且不显著；即在OPEN低于门槛值的高技术企业中，行业市场化程度每提高1个单位，会对创新产出带来3.2%的增长。当大于这个值时，其系数变为0.246且显著；即在OPEN高于门槛值的高技术企业中，行业市场化程度每提高1个单位，会对创新产出带来24.6%的增长。可见，在外向度跨过门槛值1.479的行业来说，行业市场化进程对创新产出的贡献显著提高了。

（3）行业技术密集度的门槛效应分析。表5.8中的模型4显示，在行业技术密集度不同的门槛值区间，行业市场化进程的影响系数存在明显的差异。当DTE低于第一个门槛值0.177时，行业市场化进程的影响系数为0.184且显著；即在技术密集度低于门槛值0.177的高技术行业中，行业市场化程度每提高1个单位，会对创新产出带来18.6%的显著增长。当DTE跨过第一个门槛值时，其系数变为0.040但不显著；即在技术密集度高于第一个门槛值的高技术行业中，行业市场化程度的提高并不会带来创新产出的明显增长。随着DTE跨过第二个门槛值0.439，行业市场化进程的影响系数显著为负，值为-0.118；即在技术密集度高于门槛值0.439的高技术行业中，市场化程度每提高1个单位，反而会导致创新产出下降11.8%。这验证了行业技术密集度对行业市场化进程与创新产出之间的关系产生了门槛效应。

（4）企业规模的门槛效应分析。表5.8中的模型5显示，在企业规模不同的门槛值区间，行业市场化进程的影响系数存在明显的差异。当SCL低于第一个门槛值0.654时，行业市场化进程的影响系数为0.026但不显著；即企业规模低于门槛值0.654时，行业市场化程度的提高并不会显著促进创新产出的增长。当SCL跨过第一个门槛值时，其系数变为0.218且显著；即企业规模高于第一个门槛值 0.654 时，市场化程度每提高 1 个单位，会带来创新产出 21.8%的增长。随着 SCL 跨过第二个门槛值 1.107，市场化程度每提高 1 个单位，创新产出会仅增长 4.4%。这验证了企业规模对行业市场化进程与创新产出之间的关系产生了门槛效应。

（5）经济绩效规模的门槛效应分析。表 5.8 中的模型 6 报告的结果显示，在经济绩效不同的门槛值区间，行业市场化进程影响创新产出的大小和显著性存在的差异。当 PER 低于 0.083 时，行业市场化程度的提高并不会显著促进创新产出的增长。当 PER 大于这个门槛值时，其系数变为 0.101 且显著；即行业市场化程度每提高 1 个单位，会对创新产出带来 10.1%的增长。可见，对经济绩效跨过门槛值 0.083 的行业来说，行业市场化进程对创新产出的贡献显著提高了。

综上所述，创新投入和行业外向度、行业技术密集度、企业规模、经济绩效显著地改变了行业市场化进程对高技术产业创新产出的影响，说明这些变量是影响行业市场化进程与创新产出之间关系的中介变量。至此，已经找到了影响行业市场化进程与创新产出之间关系的关键性因素。接下来，将对上述第三个问题予以解答以验证两者之间的传导机制。

2. 行业市场化进程是否对中介变量有影响

第三个问题是，验证行业市场化进程对这些中介变量有着怎样的影响。而关于行业市场化进程对中介变量的影响，第 3 章的研究验证了行业市场化进程对创新资本投入和创新人力投入的积极影响，本节还需验证行业市场化进程是否影响行业外向度（OPEN）、行业技术密集度（DTE）、企业规模（SCL）、经济绩效（PER）。为了实证检验行业市场化进程是否影响这些可能的中介变量，构建如下动态面板估计模型进行检验：

$$M_{it} = \phi_0 + \phi_1 M_{i,t-1} + \phi_2 mark_{it} + \phi_3 Z_{it} + \delta_{it} \tag{5.15}$$

式（5.15）中，被解释变量 M_{it} 是行业外向度（OPEN）、行业技术密集度（DTE）、企业规模（SCL）、经济绩效（PER）四个中介变量组成的向量集，$\phi_0-\phi_3$ 表示参数值，δ_{it} 为随机扰动项，$mark_{it}$ 为行业市场化进程变量；$M_{i,t-1}$ 为被解释变量（四个中介变量）滞后一阶，为了增加分析结果的稳健性，此处将中介变量滞后一期作为解释变量引入模型。Z_{it} 为控制变量向量集，而引入控制变量是为了增加结果的稳健性。在此，针对每个中介变量分别选取一个与之密切相关的因素作为控制变量。具体来说：

（1）行业外向度的影响因素很多，包括汇率水平、人均收入水平、加工贸易比重、外商直接投资水平和经济规模，等等。

对于高技术产业来说，外商直接投资水平对外向度有着直接且重要的影响。考虑数据的可获得性，此处选择外商投资水平作为其控制变量。与大多数文献一致，我们选择行业外商投资量与行业总投资量的比重（用 FDI 表示）来刻画，预期其系数为正；即外商投资水平越高，行业的外向度也越高。

（2）行业技术密集度的主要影响因素有资本积累程度（Naughton，2007；黄健柏等，2008）、产业承接国外高端中间品加工贸易的水平（Assche，2006；陈晓华，刘慧，2014），以及发达国家的技术转移（Branstetter，Lardy，2006），等等。考虑到资本积累程度对高技术行业技术密集度有着重要的影响，此处借鉴黄健柏等（2008）的做法，选取高技术细分行业资本存量与总产值的比例（用 CST 来反映）作为控制变量，预期其系数为正；即资本积累程度越高，企业或者行业的技术密集度就越高。

（3）企业规模的主要影响因素，包括市场需求规模、行业壁垒、交易费用、资本获取的成本和生产工艺特点，等等；而对于中国的高技术企业来说，行业壁垒是与企业规模关系很密切的影响因素。

此处，借鉴戴魁早（2011）的做法，选取高技术细分行业国有及国有控股大中型企业总产值与行业总产值的比重来反映行业壁垒（用 INB 表示），预期其系数为正；即行业壁垒越高，企业规模越大。

（4）经济绩效的影响因素，主要包括技术进步、生产效率、劳动效率市场结构、融资约束、企业成本和最小有效规模等都是重要的影响因素。

考虑到数据的可获得性，在此选择劳动效率作为经济绩效的控制变量。借鉴大多数文献的做法，我们用高技术细分行业增加值与从业人员的比重来反映劳动效率（用 LAB 表示），预期其系数为正；即劳动效率越高，行业经济绩效越好。

在对式（5.15）进行估计时，为了提高结果的稳健性，此处采用两步 SYS – GMM 进行估计。表 5.9 的估计结果说明了模型设定的合理性和工具变量的有效性。各变量的系数都显著，说明模型设定是合理的。

表 5.9　　行业市场化进程对中介变量的影响

	模型 1	模型 2	模型 3	模型 4
中介变量	OPEN	DTE	SCL	PER
mark	0.242*** (3.65)	0.143*** (2.93)	0.052* (1.94)	0.219*** (4.21)
$OPEN_{t-1}$	0.613** (2.31)	—	—	—
FDI	0.163*** (3.26)	—	—	—
DTE_{t-1}	—	0.483*** (3.27)	—	—
CST	—	0.188*** (2.73)	—	—
SCL_{t-1}	—	—	0.623*** (2.62)	—
INB	—		0.137*** (3.45)	—

续表

	模型1	模型2	模型3	模型4
中介变量	OPEN	DTE	SCL	PER
PER_{t-1}	—	—	—	0.393*** (3.53)
LAB	—	—	—	0.456** (2.24)
观测值	272	272	272	272
AR(1) 检验值 [p][a]	-2.10 [0.011]	-2.39 [0.035]	-1.82 [0.052]	-1.72 [0.085]
AR(2) 检验值 [p][b]	-0.25 [0.812]	-1.18 [0.216]	-0.83 [0.462]	-1.213 [0.225]
Hansen 检验值 [p][c]	18.21 [1.000]	19.41 [1.000]	17.43 [1.000]	23.809 [1.000]

注：(1) ***、**、*分别表示统计值在1%、5%和10%的显著性水平下显著。(2) 圆括号内 () 的数值为t值；方括号内 [ ] 的数值为概率p值。(3) a零假设为差分后的残差项不存在一阶序列相关；b零假设为差分后的残差项不存在二阶序列相关（若差分后的残差项存在二阶序列相关，则系统GMM为无效）；c为Hansen检验的零假设为过度识别约束是有效的。(4) 考虑到样本观察值的有限性，这里以解释变量的一阶滞后值作为工具变量。(5) GMM方法所用的软件包是stata/MP 11.0，所用的程序是xtabond2。

表5.9的结果显示，所选的控制变量都对中介变量产生了显著的影响。具体来说：(1) 外商直接投资（FDI）对行业外向度的影响系数在1%水平上显著为正，值为0.163；这表明外商直接投资促进了行业外向度的提高，即FDI水平较高的高技术行业，行业外向度也较高，这验证了理论预期。(2) 资本积累（CST）对行业技术密集度的影响系数在1%水平上显著为正，值为0.188；这表明资本积累促进了行业技术密集度的提高，这与理论预期相符。(3) 进入壁垒（ENB）对企业规模的影响系数显著为正，值为0.137；这表明进入壁垒较高的行业，高技术企业的规模较大，这与理论预期相符。(4) 劳动效率（LAB）对经济绩效的

影响系数显著为正，值为0.456；这表明，劳动效率较高的行业，经济绩效也较好，这与理论预期相符。

行业市场化进程对行业外向度、行业技术密集度、企业规模、经济绩效四个变量都产生了显著的影响。具体来说：

（1）行业市场化进程对行业外向度的影响显著为正，值为0.242；说明行业市场化程度的提高，促进了行业外向度的提高。对此可能的理论解释是，行业市场化程度的提高，既有利于非国有经济的发展，也有利于引进外资，这些都会促进行业外向度的提高。

（2）行业市场化进程对行业技术密集度的影响系数显著为正，值为0.143；说明行业市场化促进了行业技术密集度的提高。对此可能的理论解释是，行业市场化既有利于资本积累，也有利于引进先进技术，这些影响都会促进行业技术密集度的提高。

（3）行业市场化进程对企业规模的影响系数显著为正，值为0.052；说明了行业市场化程度的提高，有利于行业内企业规模的扩大。对此可能的理论解释是，行业较高的市场化程度既有利于行业内企业进行并购和重组资本积累，又有利于通过市场规模的扩大促进企业规模的扩大，行业市场化的这些影响都有利于行业内企业规模的扩大。

（4）行业市场化进程对经济绩效的影响系数显著为正，值为0.219；说明了行业市场化进程促进了行业经济绩效的提高。对此可能的理论解释是，行业市场化既有利于经济效率和劳动效率的提高，又有利于行业技术水平的提高，这些影响都会促进经济绩效的提高。此外，从第3章的研究结果可知，行业市场化进程也促进了高技术产业创新投入的增长。

综上所述，行业市场化进程对创新投入、行业外向度、行业技术密集度、企业规模、经济绩效都产生了显著的影响。因此，创新投入、行业外向度、行业技术密集度、企业规模、经济绩效，是影响行业市场化进程与创新产出之间的中介变量。至此，本节对上述第三个问题提供了答案。

三、中介效应的影响

接下来，可以就创新投入、行业外向度、行业技术密集度、企业规模、经济绩效的中介效应，对行业市场化进程影响高技术产业创新产出的机制进行解释。具体来说：

（1）在行业外向度的不同门槛值区间，行业市场化进程对高技术产业创新产出的影响大小和显著性也存在差异，当外向度跨过门槛值时，行业市场化进程对创新产出的贡献显著提升了。而行业市场化进程对行业外向度提高有正向促进作用，这验证了行业外向度是影响两者之间关系的中介效应，说明了行业市场化进程可以通过行业外向度这个传导机制，对高技术产业创新产出产生促进作用。

（2）在行业技术密集度的不同门槛值区间，行业市场化进程对高技术产业创新产出的影响大小和显著性也存在差异；随着技术密集度提高至门槛值，行业市场化进程对创新产出的贡献显著下降。本节的研究还发现，行业市场化进程对行业技术密集度有正向影响，这验证了行业技术密集度起到了中介效应的作用，说明行业市场化进程通过提高行业技术密集度这个传导机制，在一定程度上抑制了高技术产业的创新产出。

（3）在企业规模不同的门槛值区间，行业市场化进程对高技术产业创新产出的影响大小和显著性也存在差异，这表明，企业规模的大小能够显著地改变行业市场化进程对创新产出的影响，企业规模是影响两者关系的中介变量。而且，行业市场化进程能在一定程度上促进高技术企业规模的扩大，这验证了企业规模是影响两者之间关系的中介效应，说明了行业市场化进程可以通过促进企业规模扩大这个传导机制，对高技术产业创新产出起到促进作用。

（4）在经济绩效不同的门槛值区间，行业市场化进程对高技术产业创新产出的影响大小和显著性也存在差异，当经济绩效提高到门槛值，行业市场化进程对创新产出的贡献显著提升了。这表明，经济绩效的适当改变能够显著地改变行业市场化进程对创新产出的影响，这验证了经济绩效是影响两者关系的中介效应。说明了行业市场化进程可以通过促进行业经济绩效的提高这个传导机制，对高技术产业创新产出产生促进作用。

（5）在创新投入不同的门槛值区间，行业市场化进程对高技术产业创新产出的影响大小和显著性也存在差异，当创新投入提高到门槛值，行业市场化进程对创新产出的贡献显著提升了。这表明了，创新投入的增长能够显著地改变行业市场化进程对创新产出的影响，这验证了创新投入是影响两者关系的中介效应，说明了行业市场化进程可以通过创新投入这一中介效应，对高技术产业创新产出产生促进作用。

综上所述，创新投入、行业外向度、行业技术密集度、企业规模和经济绩效是促进行业市场化进程对创新产出产生积极影响的中介变量，这些中介变量的适当改变可以在一定程度上强化行业市场化进程对高技术产业创新产出的促进作用。

第五节 研究结论

本章在理论层面分析行业市场化进程对创新产出影响及行业差异的基础上，运用动态面板 SYS - GMM 方法对理论假说进行了实证检验，以考察行业市场化进程对高技术产业创新产出的影响及行业差异，以及五个方面指数对创新产出的影响差异；并进一步运用面板门槛模型和动态面板 GMM 方法，实证检验哪些因素对行业市场化进程与创新产出之间的关系产生了中介效应。主要研究发现有：

（1）市场化程度的提高对中国高技术产业创新产出有着正向的促进作用，且“入世”后的这种积极影响更大行业特征影响着市场化进程对高技术产业创新产出的提升效果，在垄断程度较低、技术密集度较低且外向度较高的高技术行业中，市场化程度的提高对创新产出的促进作用更大。此外，创新投入对创新产出有显著的影响，但是，这种影响呈现出规模报酬递减的特征；企业规模和经济绩效也是高技术产业创新产出的影响因素，但“入世”前后的影响不尽相同。

（2）在行业市场化指数的五个方面指数中，政府与市场的关系、要素市场发育及制度环境对创新产出的贡献更大些

五个方面指数的积极影响存在跨时差异，政府与市场的关系、要素市场发育及制度环境的影响系数由“入世”前的 0.246、0.126 和 0.108 分别提高到“入世”后的 0.594、0.484 和 0.298，说明“入世”后这三个方面指数对高技术产业创新产出提升的重要性更突出了。非国有经济发展和产品市场发育的估计系数由“入世”前的 0.333 和 0.111 分别降低为“入世”后的 0.164 和 0.075（且不显著），说明这两个方面指数“入世”后的贡献下降了。

（3）在创新投入、行业外向度、行业技术密集度、企业规模和经济绩效不同的门槛值区间，市场化进程对创新产出的影响存在显著的差异，这些因素对市场化进程与创新产出之间的关系产生了中介效应，行业市场化进程可以通过这些中介效应对高技术产业创新产出起到促进作用；而且，创新投入、行业外向度、行业技术密集度、企业规模和经济绩效的适当改变，可在一定程度上强化行业市场化进程对高技术产业创新产出的促进作用。

第六章

行业市场化进程是否促进创新溢出

本章考察行业市场化进程对创新溢出的影响，即本书的 ICPPD 理论框架中行业市场化进程（I，Institution）与技术扩散（D，Diffusion）之间的关系。将沿着以下思路探讨三个问题：（1）在理论层面分析行业市场化进程影响创新溢出的理论机制；（2）实证考察行业市场化进程对全要素生产率的影响，以及行业市场化进程对研发投入、FDI、出口贸易和进口贸易等四条渠道创新溢出的影响差异；（3）运用面板门槛模型，实证验证了行业市场化进程对研发投入、FDI、出口贸易和进口贸易等四条渠道创新溢出的影响是否存在门槛效应。

第一节 引　言

党的十八大提出，中国要实施创新驱动发展战略，推进经济结构战略性调整，加快转变经济发展方式。而推动创新成果的扩散和溢出，是快速提升中国技术进步和自主创新能力、实施创新发展驱动战略的重要路径（何兴强等，2014）。研究表明，自主研发、外商直接投资、进口贸易和出口贸易是创新成果溢出或者扩散的主要渠道，围绕这些渠道的创新溢出效率形成了大量的研究成果。

从文献检索的结果来看，既有研究存在两方面的明显不足：一是大多数文献关注某种渠道创新溢出效果的影响因素，而把多种渠道纳入同一分析框架对指导中国产业实现创新溢出效率的提高，更具有重要指导意义（张化尧，王赐玉，2012）。二是尚未关注市场化进程对这些渠道溢出效率的影响；而先进技术溢出或扩散都是在一定的制度环境下进行的，制度环境的好坏会对创新溢出的效果产生直接且重要的影响；对正处于经济体制转型的中国来说，市场化程度就是影响创新溢出的制度环境。

基于此，本章在理论分析行业市场化进程影响创新溢出的机制基础上，运用动态面板 SYS - GMM 方法，实证考察了行业市场化进程对研发投入、FDI、出口贸易和进口贸易等四条渠道创新溢出的影响。与既有文献相比，本章的贡献主要体现在四个方面：第一，首次从理论和实证两个层面研究了行业市场化进程对创新溢出效率的影响。第二，将自主研发、外商直接投资、进口贸易和出口贸易等四种溢出渠道纳入同一分析框架进行了研究，研究结论更具有现实指导价值。第三，既考察行业市场化进程对全要素生产率的影响，又运用乘积项方法实证检验了行业市场化进程是否促进了自主研发、外商直接投资、进口贸易和出口贸易的创新溢出。第四，运用面板门槛模型检验了行业市场化进程对自主研发、外商直接投资、进口贸易和出口贸易四条渠道创新溢出的影响是否存在门槛效应。

第二节　行业市场化影响创新溢出的理论机制

相关领域的文献表明，创新溢出的渠道主要体现在研发溢出（刘和东，2011）、外商直接投资（FDI）技术溢出（Gorg，Greenaway，2004；Smeets，2008；国胜铁，钟廷勇，2014；何兴强等，2014）、出口贸易技术溢出和进口贸易技术溢出（赵勇，白永秀，

2009；张化尧，王赐玉，2012）等四个方面，这四条渠道的创新溢出会对企业或者产业的技术进步（全要素生产率）产生重要影响（赵勇，白永秀，2009；张化尧，王赐玉，2012）。通过梳理和归纳既有文献，可以定性地归纳出行业市场化进程是如何影响四条渠道的创新溢出，即研发活动、FDI、出口贸易和进口贸易对企业全要素生产率产生的技术溢出效果，会受到行业市场化进程这一制度环境的影响（国胜铁，钟廷勇，2014）；同时，行业市场化程度的提高也对行业技术进步（即全要素生产率）产生直接且重要的促进作用。行业市场化进程、溢出渠道和全要素生产率之间的理论关系，可以由图6.1来反映，由此，可以从理论层面探讨行业市场化进程如何影响创新溢出。

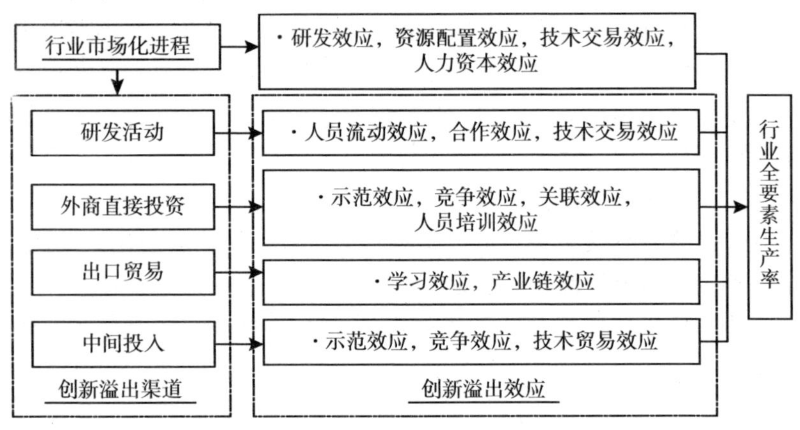

图6.1　行业市场化进程影响创新溢出的渠道和机制

一、行业市场化进程影响技术进步的机制

对经济体制转型中的中国来说，行业市场化水平的高低则主要反映在政府与市场的关系、非国有经济的发展、产品市场与要素市场的发育程度和制度环境等方面的进展（樊纲等，2011，戴魁早，

刘友金，2013a，2013b，2013c）。行业市场化进程，主要通过研发效应、资源配置效应、竞争效应、技术交易效应和人力资本效应等影响着高技术行业的技术进步：

第一，行业市场化程度提高的研发效应有助于创新溢出。较高的行业市场化水平，意味着发育程度较高的要素市场和产品市场以及较好的制度环境。发育程度较高的要素市场，能为企业或产业研发活动提供 R&D 资金和 R&D 人力；而发育程度较高的产品市场，能够促进企业针对新产品需求信息增加研发投入（陈仲常，余翔，2007）。同时，较好的筹资环境能够为企业或者产业的研发活动提供资金（解维敏，方红星，2011），而较好的知识产权保护环境能够激励企业从事更多研发投入（蔡地，万迪昉，2012）。行业市场化进程的这些影响，促进了高技术产业研发投入的增长（戴魁早，刘友金，2013a）。而国内外大量的理论和实证研究表明，研发投入增长是促进技术进步或全要素生产率提高的关键因素（Griliches，1986；Adams，Jaffe，1996；Mansfield，1988；Jefferson et al.，2004；张海洋，2005；吴延兵，2006；夏良科，2010；张化尧，王赐玉，2012）。因此，行业市场化进程有助于行业全要素生产率的提高。

第二，行业市场化程度提高产生的资源配置效应和竞争效应有利于创新溢出。较高的行业市场化程度，既意味着政府通过控制稀缺资源和产业政策等方式对行业发展进行干预的范围和力度逐步缩小（方军雄，2007；戴魁早，刘友金，2013a），又意味着非国有经济的发展和产品市场的发展。从资源配置效率方面来看，政府干预的减少会大大降低行政性垄断扭曲资源的配置，可以更好地发挥市场对行业要素资源的优化配置作用，将要素资源更好地配置到行业生产活动和研发活动中去（戴魁早，刘友金，2013b），这有利于行业生产效率的提高。而非国有经济的发展和产品市场发展所产生的竞争程度加剧，会激励企业通过研发和引进先进技术来提高产品的竞争优势，这有利于行业整体技术水平的提高和先进技术的扩散。

第三，行业市场化进程产生的技术交易效应，有利于创新溢出效率的提高。较高的行业市场化水平意味着技术市场得到了较好的发展，技术价格扭曲和市场分割的程度较低，技术的价格信号真实和灵敏（陈仲常，余翔，2007）。合理的技术价格能补偿企业新技术的研发支出和研发收益，会强化企业新技术研发的动力，有利于先进技术的不断涌现；同时，合理的技术价格有利于先进技术的需求方使用新技术以改进落后的生产方式，促进了新技术的运用和推广，进而有助于创新溢出效率的提高（戴魁早，刘友金，2016）。此外，较发育的技术市场消除了先进技术跨企业和跨地区扩散的市场壁垒，大大便利了先进技术的转移（孙早等，2014），进而对创新溢出产生了促进作用。

第四，行业市场化程度提高所带来的人力资本效应有利于促进创新溢出。较高的行业市场化程度，意味着较完善的人才市场体系，劳动者更有动力通过提高学习和培训提高知识水平以获得更高的劳动收入，这有利于行业整体人力资本水平的提高；同时，较完善的人才市场体系又降低了人才流动的壁垒，有利于高知识水平劳动者跨企业和跨地区的流动（戴魁早，刘友金，2016）。人才市场不断完善的这两个方面影响，都有助于产业创新溢出效率的提高。这是因为：一方面，较高的人力资本水平能够降低工人的学习时间，提高技术采用速度和生产效率（Costinot，2009），因而有助于创新溢出效率的提高；另一方面，高知识水平劳动者是先进技术溢出和扩散的主要载体（何兴强等，2014），高技术人才市场的不断发育便利了高知识水平劳动者跨企业和跨地区的流动，有助于先进技术的扩散。

基于此，本章提出有待检验的**假说 6.1**：行业市场化进程促进了高技术产业的技术进步，提高了行业全要素生产率水平。

二、行业市场化进程对不同渠道创新溢出的影响

创新溢出效应是由创新成果的外部性特征决定的。创新成果溢

出的过程，是不同主体之间通过直接方式或间接方式进行互动、交流的扩散和传播过程，这一过程既可以在较近的空间范围内，也可以在比较大的空间范围内（赵勇，白永秀，2009）。研究表明，各种创新成果溢出渠道中都存在各自的外溢机制（张化尧，王赐玉，2012），因而，行业市场化进程对不同渠道的创新溢出也可能不同。

1. 行业市场化进程对研发溢出的影响

企业研发投入和研发成果是技术溢出的源泉（张化尧，王赐玉，2012）。企业研发成果的扩散或溢出途径主要有三条：一是合作研发形成的技术溢出，即企业技术人员、大学研究人员以及企业家通过非正式交流或各种正式的学术研讨会交换异质性知识，实现研发成果的溢出或扩散（Feldman，Francis，2002）；二是科技人才流动形成的技术溢出，即企业科技人才在不同企业之间的流动并与周围群体发生互动和交流，加快了新技术在不同企业之间的传播（Almeida，Kogut，1999；Audretsch，Feldman，2004）。三是技术交易产生的技术溢出，即研发成果被其他企业引进所形成的技术溢出（戴魁早，刘友金，2013c）。对于经济体制转型过程中的中国来说，行业研发投入和研发成果的溢出效果可能会受到行业市场化程度的影响。在市场化程度较高的行业，人力资本水平和科技人员流动性相对较高，先进技术的交易也更为便利，有助于研发成果的扩散和溢出，进而有利于行业全要素生产率的提高；而在市场化程度较低的行业，研发溢出的效率可能较低。

假说 6.2：在市场化程度较高的行业中，研发投入或者研发成果对行业全要素生产率的促进作用更显著；或者说，随着行业市场化程度的提高，研发投入或者研发成果的溢出效率会更显著。

2. 行业市场化进程对 FDI 技术溢出的影响

外商直接投资是世界各国特别是发展中国家获取国外先进技术的重要渠道（何兴强等，2014）。理论上，蕴含先进技术的 FDI 具有技术溢出的潜力，可通过管理与产品示范导致本土企业管理水平和研发效率提高，通过培训带动人力资本水平的提升，通过参与导致本土企业市场竞争度提高，通过本土供应商的产业链纵向延伸形成产业关联外溢效应（Ernst，Kim，2002；Barbosa，Eiriz，2009；张化尧，王赐玉，2012）；FDI 所形成的上述示范效应、竞争效应、人员培训效应和产业关联效应等，可以促进本土企业技术水平的提高（Gorg，Greenaway，2004；Hatani，2009）。但是，FDI 对中国产业技术溢出的效率会受到产业制度环境——产业市场化程度的影响。市场化程度较低的产业，竞争程度和人员流动性相对较低，FDI 竞争效应和人员培训效应的影响效果会较小；而且，人力资本水平也相对较低，这会制约本土企业对 FDI 先进技术的吸收能力。较低市场化水平的这些不利影响，都可能会阻碍 FDI 技术溢出效率的提高（Smeets，2008；何兴强等，2014）；反之亦然。基于此，有如下的待检验假说：

假说 6.3：在市场化程度较高的行业中，FDI 对行业全要素生产率的促进作用更显著；或者说，随着行业市场化程度的提高，FDI 技术溢出的效率也会提高。

3. 行业市场化进程对出口贸易技术溢出的影响

出口贸易是技术溢出的重要渠道（赵勇，白永秀，2009；张化尧，王赐玉，2012）。在出口贸易中，国外进口商为获得高质量低成本的产品会向国内制造商提供相应的高于国内技术标准的技术援助（Ernst，Kim，2002；Barbosa，Eiriz，2009），出口企业通过学习和吸收国外进口商的先进技术，进而通过产业链纵向延伸向上游企业扩散国外的先进技术（Hatani，2009；张化尧，王赐玉，2012）。出口企业会通过上述的学习效应和产业关联效应传播和扩散国外先进技术，有助于行业相对落后生产方式的改进。但是，出口贸易技术溢出的效率，可能会受到市场化程度的影响。市场化程度较高的产业，人力资本水平和人员流动性相对较高，会提升出口企业对国外先进技术的吸收能力和传播能力，因而可能有助于出口贸易技术溢出效率的提高。反之亦然。由此有如下假说：

假说 6.4：在市场化程度较高的行业中，出口贸易对行业全要素生产率的促进作用更显著；或者说，随着行业市场化程度的提高，出口贸易技术溢出的效率会更显著。

4. 行业市场化进程对进口贸易技术溢出的影响

进口贸易是技术溢出的重要渠道（赵勇，白永秀，2009）。国内外的研究表明，进口贸易技术溢出主要有三条途径：一是贸易商品是物化型技术外溢的一种重要传递渠道，嵌入了先进技术的进口商品有助于技术相对落后企业通过模仿前沿技术以改进生产方式（Keller，2002；Ma，2006）；二是直接引进先进技术以促进企业的生产效率和研发效率（Fosfuri et al.，2001；Ma，2006）；三是通过相对竞争优势商品的进口以加大国内市场竞争和替代，进而促进内部研发投入来改进落后的生产方式，从而促进技术进步（Gorg，Greenaway，2004；张化尧，王赐玉，2012）。但是，进口企业吸收技术溢出的效率高低，取决于本身吸收能力和市场竞争程度（Agrawal，2002）。在市场化程度较低的行业，竞争程度和人力资本水平也相对较低，这会制约本土企业对进口先进技术的吸收能力，因而可能不利于进口贸易技术溢出效率的提高（Smeets，2008；何兴强等，2014）；反之亦然。由此，有如下的待检验假说：

假说 6.5：在市场化程度较高的行业中，进口贸易对全要素生产率的促进作用更显著；或者说，随着行业市场化程度的提高，进口贸易的技术溢出效果会更好。

第三节 计量模型设定、变量选取与数据说明

一、计量模型

科和埃尔普曼（Coe，Helpman，1995）所开创的国际研发溢出模型，已经成为学者们检验 FDI 和进口贸易技术外溢效应的标准范

式。借鉴FDI技术溢出的大多数文献的做法（何兴强等，2014；刘舜佳，生延超，2015），本章设定为如下形式的产出函数，以考察行业市场化进程对高技术产业创新溢出的影响：

$$Y_{it}=A_{it}(mark_{it})F(K_{it},L_{it})=A_{it}(mark_{it})K_{it}^{\alpha}L_{it}^{\beta} \qquad (6.1)$$

式（6.1）中，Y_{it}表示总产出（由中国高技术细分行业总产值反映），Y_{it}是K_{it}（物质资本存量）和L_{it}（劳动者投入数量）的函数，A_{it}代表技术水平（即全要素生产率），是行业市场化进程（$mark_{it}$）的函数。A_{it}具体可以定义如下全要素生产率（TFP）形式：

$$TFP_{it}=A_{it}=Y_{it}/K_{it}^{\alpha}L_{it}^{\beta}=A_0\ (RD_{it})^{\phi}e^{\eta\times mark_{it}}e^{\gamma\times Z_{it}} \qquad (6.2)$$

式（6.2）中，$mark_{it}$表示行业市场化指数（反映行业市场化程度的高低）；由内生经济增长理论可知（Grossman，Helpman，1991），技术进步主要源于研发投入的增长，因此，此处引入了研发投入（RD_{it}）。Z_{it}为影响全要素生产率（TFP）的其他因素。式（6.2）取自然对数，可以得到如下的计量模型：

$$\ln TFP_{it}=\ln A_0+\phi\times\ln RD_{it}+\eta\times mark_{it}+\gamma\times Z_{it}+\lambda_i+\varepsilon_{it} \qquad (6.3)$$

式（6.3）中，λ_i是不可观测的行业效应，ε_{it}为随机扰动项。式（6.3）隐含地假定了全要素生产率（$\ln TFP_{it}$），随着各影响因素的变化而瞬时发生相应的改变。然而，全要素生产率的调整或变化过程中，前期水平对当期结果可能存在着影响。这种影响可以借助局部调整模型对这种滞后效应进行简要的解释，即考虑如下的局部调整模型：

$$(\ln TFP_{it})^{e}=\ln A_0+\phi\times\ln RD_{it}+\eta\times mark_{it}+\gamma\times Z_{it}+\lambda_i+\varepsilon_{it} \qquad (6.4)$$

式（6.4）中，$(\ln TFP_{it})^{e}$表示全要素生产率的期望水平，Z_{it}为式（6.2）中解释变量向量。式（6.4）表明了解释变量的当期水平影响着全要素生产率的期望水平，由于技术水平等因素的限制，全要素生产率的期望水平在短期内无法实现，需要技术水平和相关政策措施的逐步调整。这样，全要素生产率的实际变化，只是预期变化的一部分。由此，存在以下的关系：

$$\ln TFP_{it} - \ln TFP_{i,t-1} = (1-\zeta)[(\ln TFP_{it})^{e} - \ln TFP_{i,t-1}] \tag{6.5}$$

其中，$1-\zeta(0<\zeta<1)$ 为全要素生产率向期望值的调整系数，其值越大说明调整速度越快；当 $\zeta=0$ 时，表明实际全要素生产率与预期值相等；当 $\zeta=1$，则说明当前全要素生产率与前期相同，t 期全要素生产率没有调整。式（6.5）表明，$\ln TFP_{i,t-1}$ 与预期全要素生产率 $(\ln TFP_{it})^{e}$ 的差距为 $(\ln TFP_{it})^{e} - \ln TFP_{i,t-1}$，而 t 期的调整幅度为 $(1-\zeta)[(\ln TFP_{it})^{e} - \ln TFP_{i,t-1}]$。将式（6.5）代入式（6.4）可以得到：

$$\begin{aligned}\ln TFP_{it} = (\ln A_0)^{*} + \zeta \ln TFP_{i,t-1} + \phi^{*} \times \ln rd_{it} + \eta^{*} \times \\ mark_{it} + \gamma^{*} \times Z_{it} + \lambda_i^{*} + \varepsilon_{it}^{*}\end{aligned} \tag{6.6}$$

式（6.6）中，$(\ln A_0)^{*} = (1-\zeta)\ln A_0$；解释变量的系数 $\phi^{*} = (1-\zeta)\phi$，$\eta^{*} = (1-\zeta)\eta$，$\gamma^{*} = (1-\zeta)\gamma$，$\phi^{*}$、$\eta^{*}$ 和 γ^{*} 为短期乘数，分别反映解释变量 $\ln rd_{it}$、$mark_{it}$ 和 Z_{it} 对全要素生产率的短期影响；ϕ、η 和 γ 为长期乘数，分别反映以上解释变量对全要素生产率的长期影响。此外，$\lambda_{it}^{*} = (1-\zeta)\lambda_{it}$，$\delta_{it}^{*} = (1-\zeta)\delta_{it}$；$\zeta$ 为滞后乘数，反映前一期全要素生产率对当期的影响。式（6.6）动态面板模型，是基本检验模型。①

依据内生经济增长理论和技术溢出领域的相关文献，式（6.6）中解释变量 Z_{it} 应包括人均资本存量、人力资本水平、外商直接投资、出口贸易和中间投入等变量；这是因为：（1）内生经济增长理论（Romer，1990；Grossman，Helpman，1991）认为，资本深化是影响技术进步的重要因素，而人均资本存量是衡量资本深化的关键指标。（2）跨国公司 FDI 是技术溢出的重要渠道；FDI 主要通过示范作用、竞争效应和人力资本培训效应等方面，影响本土企业或者行业的技术水平或全要素生产率（赵勇，白永秀，2009；何兴强等，2014）。（3）出口贸易是技术溢出的重要渠道，嵌入了先进技

① 本章动态面板数据模型还可以防止计量模型的设定偏误，即式（6.6）中的被解释变量滞后项可以起到使模型能够涵盖未考虑到的可能影响全要素生产率的其他因素（如技术引进）。

术的贸易商品给予技术落后区域模仿前沿技术的机会（Keller，2002）。大量的实证研究都验证了出口贸易对全要素生产率产生了重要影响（赵勇，白永秀，2009）。（4）外购中间投入也是获取外部先进知识的重要途径，张化尧和王赐玉（2012）的研究也发现，进口贸易对企业或者产业技术进步有着显著的影响。（5）在通过研发、贸易投资发生技术溢出的过程中，落后企业或者行业吸收技术溢出的效率高低，取决于自身知识存量和吸收能力（Harabi，1997；Agrawal，2002；赵勇，白永秀，2009），而人力资本水平决定了企业或者产业的自身知识存量和吸收能力（何兴强等，2014）。

这样，解释变量 Z_{it} 可以由式（6.7）表达：

$$Z_{it} = \rho_1 FDI_{it} + \rho_2 EXT_{it} + \rho_3 IPT_{it} + \rho_4 PCS_{it} + \rho_5 HCL_{it} \qquad (6.7)$$

式（6.7）中，*FDI*、*EXT* 和 *IPT* 依次代表高技术细分行业外商直接投资、出口贸易和中间产品投入等变量，三个变量分别反映FDI、出口贸易和进口贸易等技术溢出渠道；*PCS* 和 *HCL* 分别代表高技术行业人均资本存量和人力资本水平。

在验证行业市场化进程对全要素生产率影响的基础上，为了考察假说6.2、假说6.3、假说6.4和假说6.5是否成立，本章采用国内外通常做法，在解释变量 Z_{it} 中加入行业市场化进程与创新溢出渠道的乘积项来进行实证检验。加入乘积项的解释变量 Z'_{it} 可以由式（6.8）表达：

$$Z'_{it} = Z_{it} + \sigma mark_{it} \times TSP_{it} \qquad (6.8)$$

式（6.8）中 Z_{it} 与式（6.7）一致，*TSP* 为反映四条技术溢出渠道的四个变量（包括 ln*RD*、*FDI*、*EXT* 和 *IPT*），$mark_{it} \times TSP_{it}$ 为行业市场化进程与反映技术溢出渠道变量的乘积项，σ 为乘积项系数向量。

二、变量选取

行业市场化进程变量（mark）采用第2章的测算结果，其他变量选取说明如下（主要变量的定性描述见表6.1）。

1. 全要素生产率（TFP）

在实证检验时，能否准确测算出全要素生产率水平，对结论可靠性的影响很大。在生产效率测算方法方面，学术界主要采用两种方法：一种是传统的索洛残值法，另一种测算方法是基于 DEA 的 Malmquist 指数法。前者将 TFP 的变化率定义如下：

$$\frac{(A_{it}-A_{i,t-1})}{A_{it}}=\frac{(Y_{it}-Y_{i,t-1})}{Y_{it}}-\alpha\frac{(K_{it}-K_{i,t-1})}{K_{it}}-\beta\frac{(L_{it}-L_{i,t-1})}{L_{it}} \quad (6.9)$$

式（6.9）的核算方法实际暗含了100%创新资源配置效率水平的前提假设，但是，现实中经济决策单元（DMU）可能没有达到这么高的资源配置水平。后者放宽了索洛残值法的前提假设，因而能够更好、更全面地反映创新效率的变化（Fare et al.，1994）。此处，借鉴何兴强等（2014）的做法，选用后者进行测算。

产出视角（output oriented）的 DEA 模型将每个高技术行业看作一个生产决策单位，令 x^t 和 Y^t 分别表示时刻 t 的投入向量（包括资本与人力）和产出向量。时刻 t 的技术水平由产出可能性集合定义 $T=\{(x^t,\ Y^t)\}$，表示能够生产 Y^t 的所有 x^t。进一步定义产出距离函数 $D^t(Y^t,\ x^t)=inf\{\phi>0:\ (x^t,\ Y^t/\phi)\in T^t\}$，其中，$inf$ 表示集合的最大下界。距离函数的取值范围是小于等于1，即 $D^t(Y^t,\ x^t)\leqslant 1$，只有当 Y^t 处于 x^t 决定的产出可能性集的最前沿边界上是才有 $D^t(Y^t,\ x^t)=1$（Fare et al.，1994）。借助距离函数，可以构造以产出为基础的 Malmquist 指数（全要素生产率 TFP）：

$$TFP_i=M_i\ (x^{t+1},\ y^{t+1};\ x^t,\ y^t)\ =\left\{\left[\frac{D_i^t(x^t,\ y^t)}{D_i^t(x^{t+1},\ y^{t+1})}\right]\left[\frac{D_i^{t+1}(x^t,\ y^t)}{D_i^{t+1}(x^{t+1},\ y^{t+1})}\right]\right\}^{\frac{1}{2}}$$

$$=\frac{D_i^t(x^t,\ y^t)}{D_i^{t+1}(x^{t+1},\ y^{t+1})}\left[\frac{D_i^{t+1}(x^t,\ y^t)}{D_i^t(x^{t+1},\ y^{t+1})}\times\frac{D_i^{t+1}(x^t,\ y^t)}{D_i^t(x^{t+1},\ y^{t+1})}\right]^{\frac{1}{2}} \quad (6.10)$$

式（6.10）中 Malmquist 指数反映了相对于 $t-1$ 时刻而言，t 时刻技术前沿的距离函数的变化比例。如果值大于1，则表明从 $t-1$ 时刻到 t 时刻生产效率提高了，小于1则说明生产效率下降了，等于 1 则生产效率不变。

测算高技术行业的全要素生产率需要确定投入产出变量。此处借鉴何兴强等（2014）的做法，产出变量采用高技术行业增加值反映，并以 1995 年为基期的国内生产总值指数对细分行业（当年价）增加值进行平减。

劳动力投入用从业人员数据来代表，数据采用高技术细分行业当年平均从业人员数。资本投入采用实际资本存量来代表。对于实际资本存量，需要加以估算。为了简化计算，此处采用以下的估算式（6.11）：

$$K_t = \frac{I_t}{P_t} + (1 - \delta_t) K_{t-1} \tag{6.11}$$

式（6.11）中，K_t 为 t 年的高技术细分行业实际资本存量，K_{t-1}为 t－1 年的实际资本存量，P_t 为固定资产投资价格指数，I_t 为 t 年的名义投资，δ_t 为 t 年的固定资产的折旧率。由于数据问题，在估算资本存量时存在两个难点：一是基期的资本存量的确定；二是实际净投资（包括固定资产投资价格指数和资本折旧）的确定。本章以 1995 年为基期，用 1995 年底行业的固定资产净值来表示基期的资本存量；以 1995 年为基期的固定资产投资价格指数来表示固定资产价格指数；对于资产折旧，借鉴张军（2004）和何兴强等（2014）的做法，采取 9.6% 的固定资产折旧率。

2. 研发投入（RD）

与何兴强等（2014）的做法一致，本章采用研发资本存量刻画研发投入（用 RD 表示）。国内没有统计高技术行业研发资本存量，因而需要估算。此处借鉴戴魁早和刘友金（2013）的做法，用永续盘存法进行估算。那么，t 期研发资本存量等于以往所有期研发支出现值与 t－1 期现值之和，具体的表达式（6.11）为：

$$RD_t = \sum_{i=1}^{n} \mu_t E_{t-i} + (1 - \delta) RD_{t-1} \tag{6.11}$$

式（6.11）中，RD 代表 R&D 资本存量；E 代表研发支出，由 R&D 经费内部支出与 R&D 经费外部支出之和来衡量。k 为滞后期，μ 为贴现系数，δ 为折旧率。如果假定平均滞后期为 θ，$t-\theta$期的研发支出为 t 时期新增的研发资本存量，这样就有 $\sum_{i=1}^{n}\mu_t E_{t-i}=E_{t-\theta}$；如果再假定 $\theta=1$，即有：

$$RD_t = E_{t-1} + (1-\delta)\ RD_{t-1} \tag{6.12}$$

式（6.12）4 个变量的选取具体如下：①用行业研发支出当前总额衡量 E。②用原材料购进价格指数和固定资产投资价格指数的算术平均值来构建研发支出价格指数，并以 1995 年为基期平减研发支出得到实际值。③参考学术界常用的做法（吴延兵，2006；戴魁早，刘友金，2013）等做法，直接将折旧率 δ 设定为 15%。④依据公式 $RD_0=\frac{E_0}{(g+\delta)}$确定基期研发资本存量 RD_0，式（6.12）中 g 为行业研发实际支出增长率的算术平均值。

3. 其他变量

（1）外商直接投资（FDI），借鉴何兴强等（2014）的做法，以行业外资外商直接投资实际存量占行业固定资产实际存量的比重衡量。（2）出口贸易（EXT）以行业出口交货值占行业总产值的比重衡量。（3）中间投入（IPT）以行业中间产品投入总值与行业总产值的比重衡量。（4）人力资本水平（HCL），参考张宇（2008）以及何兴强等（2014）的方法，采用行业科技活动人员占该行业从业人员数的比重衡量。（5）人均资本存量（PCS），借鉴何兴强等（2014）的做法，采用当年行业固定资产总值与行业从业人员的比值衡量，见表 6.1。

表 6.1　　主要变量定性描述

变量类型	含义	符号	度量指标及说明	预期符号
因变量	全要素生产率	TFP	根据 DEA – Malmquist 指数测算	/
解释变量	行业市场化进程	mark	根据五个方面行业市场化进程指数测算	+

续表

变量类型	含义	符号	度量指标及说明	预期符号
创新溢出渠道变量	研发活动	RD	根据永续盘存法测算行业的研发资本存量	+
	外商直接投资	FDI	行业外商直接投资存量占固定资产存量的比重	不确定
	出口贸易	EXT	行业出口交货值占总产值的比重	+
	外购中间投入	IPT	行业外购中间投入占总产值的比重	+
控制变量	人均资本存量	PCS	行业固定资产总值与从业人员的比值	+
	人力资本水平	HCL	行业科技活动人员数占从业人员数的比重	+

三、数据说明

本章数据主要来源于《中国高技术产业统计年鉴》《中国统计年鉴》和中经网。选取的样本区间为1995～2010年，样本涉及化学药品制造业、中药材及中成药加工业、生物制品制造业、飞机制造及修理业、航天器制造业、通信设备制造业、雷达及配套设备制造业、广播电视设备制造业、电子器件制造业、电子元件制造业、家用视听设备制造业、其他电子设备制造业、电子计算机整机制造业、电子计算机外部设备制造业、办公设备制造业、医疗设备及器械制造业和仪器仪表制造业等17个行业。1995～2010年的固定资产投资价格指数来自《中国统计年鉴》相关年度；国内生产总值指数来源于中经网；1995～2010年，高技术产业分行业的增加值数、投资数和从业人员数来自《中国高技术产业统计年鉴》相关年度。消费物价指数和行业的固定资产投资价格指数来源于《中国统计年鉴》相关年度，其他数据都来源于《中国高技术产业统计年鉴》相关年度。

表6.2和表6.3报告了中国高技术细分行业全要素生产率的测算结果。从表6.2全行业TFP均值可以看出，中国高技术产业的全

表 6.2 中国高技术产业 TFP 的测算结果

	1995～1996 年	1996～1997 年	1997～1998 年	1998～1999 年	1999～2000 年	2000～2001 年	2001～2002 年	2002～2003 年	2003～2004 年	2004～2005 年	2005～2006 年	2006～2007 年	2007～2008 年	2008～2009 年	2009～2010 年
全行业	1.030	1.071	1.082	1.052	0.996	1.063	1.058	1.118	1.026	0.990	1.044	1.049	1.047	1.073	1.100
H01	1.071	0.941	1.103	1.082	1.049	1.127	1.077	0.970	0.885	0.951	1.033	0.968	1.010	1.009	1.008
H02	0.945	0.928	0.884	1.316	1.137	0.839	0.963	0.800	0.565	1.001	0.919	0.993	0.946	0.980	1.015
H03	1.073	0.984	1.523	1.204	1.026	0.948	1.269	1.316	1.629	1.098	1.279	1.020	1.034	1.059	1.085
H04	0.828	1.113	1.125	1.004	1.004	0.963	0.971	1.101	0.949	0.754	0.910	0.907	0.985	1.009	1.034
H05	1.206	1.102	1.034	0.960	0.940	1.038	1.018	1.391	1.309	0.727	0.952	0.956	0.974	0.977	0.981
H06	0.951	1.038	1.049	1.007	1.025	1.027	1.099	1.160	1.209	1.073	1.095	1.069	1.057	1.068	1.079
H07	1.378	1.642	0.747	0.863	0.847	0.760	1.080	0.965	1.051	0.736	0.919	1.164	0.915	0.922	0.928
H08	0.991	1.161	0.944	1.031	1.135	1.067	1.008	0.786	0.537	1.025	1.048	1.092	1.257	1.325	1.397
H09	1.105	1.184	1.274	0.953	1.076	1.217	1.015	0.899	0.917	1.011	1.076	1.052	0.973	0.970	0.967
H10	1.076	1.051	1.008	0.928	1.038	1.092	1.053	1.044	0.835	0.930	0.997	1.001	1.043	1.044	1.046
H11	0.849	1.132	1.069	1.114	1.042	1.105	0.860	0.960	0.822	1.021	1.080	1.029	1.131	1.170	1.211
H12	1.280	1.016	1.124	1.063	0.943	1.357	1.381	1.496	1.567	0.842	0.998	0.947	0.985	0.988	0.990
H13	0.896	1.051	1.132	1.093	1.012	1.144	1.255	1.439	1.090	1.144	1.110	1.138	1.054	1.075	1.097
H14	0.995	0.851	1.224	1.200	0.930	0.860	0.984	0.863	1.060	1.021	1.059	1.047	1.086	1.109	1.132
H15	0.833	1.042	0.677	0.973	0.703	1.486	0.864	1.121	1.365	1.242	1.109	1.131	1.091	1.187	1.292
H16	1.057	0.913	1.277	1.046	1.058	1.023	0.973	1.751	0.801	1.282	1.103	1.189	1.050	1.110	1.174
H17	0.980	1.056	1.194	1.039	0.963	1.013	1.119	0.948	0.852	0.973	1.062	1.132	1.209	1.237	1.265

注：高技术细分行业及其代码分别为：化学药品制造业（H01）、中药材及中成药加工业（H02）、生物制品制造业（H03）、飞机制造及修理业（H04）、航天器制造业（H05）、通信设备制造业（H06）、雷达及配套设备制造业（H07）、广播电视设备制造业（H08）、电子器件制造业（H09）、电子元件制造业（H10）、电子元件制造业（H11）、其他电子设备制造业（H12）、电子计算机整机制造业（H13）、电子计算机外部设备制造业（H14）、办公设备制造业（H15）、医疗设备及器械制造业（H16）和仪器仪表制造业（H17）。

要素生产率呈现出波动式上升趋势，仅 1999～2000 年出现了下降（值为 0.996，下降了 0.4%），其他年份均在增长，2009～2010 年的增长率达到 10%。从表 6.3 的全行业均值可以看出，1995～2010 年，高技术产业全要素生产率的年均增长率为 5.3%。“入世”前后比较来看，“入世”后的年均增长率更高，达到 5.6%；“入世”前的年均增长率为 5.0%。

表 6.3　TFP 均值的行业差异

行业	1995～2010 年	1995～2001 年	2002～2010 年	行业	1995～2010 年	1995～2001 年	2002～2010 年
全行业	1.053	1.050	1.056	电子器件制造业	1.046	1.118	0.983
化学药品制造业	1.019	1.064	0.979	电子元件制造业	1.012	1.035	0.992
中药材及中成药加工业	0.949	1.002	0.902	家用视听设备制造业	1.040	1.024	1.053
生物制品制造业	1.170	1.147	1.190	其他电子设备制造业	1.132	1.166	1.102
飞机制造及修理业	0.977	1.001	0.956	计算机整机制造业	1.115	1.083	1.143
航天器制造业	1.038	1.043	1.033	计算机外部设备制造业	1.028	1.006	1.047
通信设备制造业	1.067	1.028	1.101	办公设备制造业	1.074	0.940	1.192
雷达及配套设备制造业	0.994	1.045	0.950	医疗设备及器械制造业	1.121	1.050	1.183
广播电视设备制造业	1.054	1.048	1.058	仪器仪表制造业	1.069	1.052	1.085

高技术细分行业 1995～2010 年的均值显示，见表 6.3，中药材及中成药加工业、飞机制造及修理业和雷达及配套设备制造业等 3 个行业的 TFP 年均增长率为负，分别为 -5.1%、-2.3% 和 -0.6%。其他 14 个行业的 TFP 年均增长率都为正，其中，生物制

品制造业、其他电子设备制造业、计算机整机制造业、医疗设备及器械制造业等行业的年均增长率位居前列，年增长率都超过了10%，分别为17%、13.2%、11.5%和12.1%；TFP年均增长率在5%~10%有通信设备制造业、广播电视设备制造业、办公设备制造业、仪器仪表制造业等行业。

比较起来，“入世”前后高技术细分行业的TFP年均增长率也存在明显的差异，如化学药品制造业、中药材及中成药加工业、飞机制造及修理业、航天器制造业、雷达及配套设备制造业、电子器件制造业、电子元件制造业、其他电子设备制造业等行业“入世”后的TFP年均增长率下降了，而医疗设备及器械制造业和计算机整机制造业等行业“入世”后的TFP年均增长率显著上升了。

第四节　行业市场化对各渠道创新溢出的影响

在对式（6.6）动态面板数据模型进行估计时，既可能存在被解释变量滞后项与随机扰动项相关产生的内生性问题，又可能存在遗漏变量导致的内生性问题。阿勒纳诺和鲍卫（Arellano，Bover，1995）建议采用GMM估计方法来克服上述两个问题。SYS-GMM比DIF-GMM在有效性和一致性上都有了很大的改进，但是前者的有效性取决于解释变量滞后值作为工具变量是否有效。本章使用Arellano-Bond检验判断工具变量的选择是否合理，并利用Hansen检验工具变量的过度识别约束。GMM方法可以分为一步估计和两步估计，相对于一步估计而言，两步稳健性估计更为有效（Windmeijer，2005）。基于此，本章采用两步SYS-GMM对前文设定的动态面板模型进行估计。

一、行业市场化进程对研发溢出的影响

表6.4中的模型1报告了式（6.6）两步 SYS - GMM 估计结果，Hansen 检验和 AB 检验均满足 GMM 估计的要求，即残差显著存在一阶自相关而不存在二阶自相关，且 Hansen 统计量不显著，这表明模型1采用的工具变量合理有效，也不存在工具变量的过度识别问题。从参数估计的结果来看，行业市场化进程（mark）的系数在1%的水平上显著为正，值为0.094；这说明行业市场化进程显著地促进了高技术产业全要素生产率的提高，这验证了假说6.1。

表6.4　　行业市场化进程对研发溢出的影响

解释变量	模型1	模型2	模型3	模型4	模型5	模型6
$lnTFP_{t-1}$	0.103** (2.39)	0.116 (1.14)	0.056 (0.44)	0.278*** (5.40)	0.337*** (4.63)	0.146* (1.95)
mark	0.094*** (3.56)	0.069** (2.19)	0.103*** (5.10)	0.075*** (4.15)	0.134*** (3.87)	0.102*** (5.94)
lnRD	0.584*** (8.13)	0.601*** (8.54)	0.449** (2.41)	0.404*** (2.96)	0.480*** (2.93)	0.488*** (2.35)
mark × lnRD	—	—	—	0.134*** (3.60)	0.064 (1.26)	0.233* (1.87)
FDI	0.040 (0.94)	0.052 (0.30)	0.132 (0.70)	0.104 (1.43)	0.121 (1.25)	0.115 (0.63)
EXT	0.067* (5.56)	0.052 (1.02)	0.081* (1.68)	0.059 (6.68)	0.163 (1.01)	0.052*** (4.82)
IPT	0.098*** (3.20)	0.130 (0.78)	0.129* (1.99)	0.064*** (3.62)	0.034* (1.81)	0.066 (1.50)
PCS	0.233*** (5.16)	0.160*** (3.53)	0.041* (7.80)	0.115* (4.40)	0.089 (0.95)	0.166** (2.25)

续表

解释变量	模型 1	模型 2	模型 3	模型 4	模型 5	模型 6
HCL	0.124* (2.52)	0.133 (1.73)	0.101 (0.01)	0.215* (4.22)	0.125** (2.47)	0.083*** (4.19)
估计方法	两步系统 GMM	动态 POLS	动态 FE	两步系统 GMM	动态 POLS	动态 FE
观测值	238	238	238	238	238	238
行业固定效应	控制	—	控制	控制	—	控制
年份固定效应	控制	—	控制	控制	—	控制
R^2 值	—	0.847	0.815	—	0.782	0.793
AR(1) 检验值 [p][a]	-1.641 [0.101]	—	—	-1.633 [0.094]	—	—
AR(2) 检验值 [p][b]	0.521 [0.600]	—	—	0.272 [0.785]	—	—
Hansen 检验值 [p][c]	18.332 [1.000]	—	—	11.234 [1.000]	—	—

注：(1) ***、**、* 分别表示统计值在 1%、5% 和 10% 的显著性水平下显著。(2) 圆括号内 ( ) 的数值为 t 值；方括号内 [ ] 的数值为概率 p 值。(3) a 零假设为差分后的残差项不存在一阶序列相关；b 零假设为差分后的残差项不存在二阶序列相关（若差分后的残差项存在二阶序列相关，则系统 GMM 为无效）；c 为 Hansen 检验的零假设为过度识别约束是有效的。(4) 考虑到样本观察值的有限性，此处以解释变量的一阶滞后值作为工具变量。(5) GMM 方法所用的软件包是 stata/MP11.0，所用的程序是 xtabond2。

当样本较小或工具变量较弱时，GMM 估计量易产生较大的偏差（李文星等，2008），这时需要将 GMM 估计量同包含被解释变量滞后项（$\ln TFP_{t-1}$）的混合估计模型（POLS）和固定效应模型（FE）的估计量进行比较，观察 $\ln TFP_{t-1}$ 的 GMM 估计系数是否介于后两个模型的对应估计系数之间。由于 POLS 估计时被解释变量滞后项与不可观察的行业效应正相关，对应的估计系数应该是向上偏倚；而 FE 估计时的被解释变量滞后项与随机扰动项负相关，对应的估计系数是向下偏倚；因而，$\ln TFP_{t-1}$ 的 GMM 估计系数应该在

POLS 和 FE 对应的系数之间。为此，本章在表 6.4 中的模型 2 和模型 3 报告了引入 $\ln TFP_{t-1}$的动态 POLS 和 FE 估计结果。比较可知，模型 1 的 $\ln TFP_{t-1}$系数 0.103 介于模型 2 和模型 3 的 $\ln TFP_{t-1}$系数 0.116 和 0.056 之间，这表明表 6.4 中的模型 1 的 SYS – GMM 估计结果并未因为样本数量和工具变量的选择而产生明显的偏差。以上估计结果清楚地显示，市场化进程对高技术产业全要素生产率的促进作用非常显著且稳健，从而很好地验证了假说 6.1。

表 6.4 中的模型 4 ~ 模型 6 引入了行业市场化进程与研发投入的乘积项（mark × lnRD），两步 SYS – GMM 估计结果显示，Hansen 检验和 AB 检验均有效，且 $\ln TFP_{t-1}$的系数显示模型 4 结果有效且无明显偏差。从表 6.4 中的模型 4 的参数估计结果来看，行业市场化进程（mark）的系数显著为正（值为 0.075），再次验证了行业市场化进程对全要素生产率的促进作用。研发投入（lnRD）的系数也显著为正（值分别为 0.404），说明研发投入是影响高技术产业技术进步或者或全要素生产率提高的关键因素，印证了国内外相关领域的研究结论（Adams，Jaffe，1996；Mansfield，1988；Jefferson et al.，2004；张海洋，2005；吴延兵，2006；张化尧，王赐玉，2012）。

模型 4 的结果还显示，乘积项（mark × lnRD）的系数在 1% 的水平上显著为正（值 0.134），说明在市场化程度较高的行业，研发投入对全要素生产率的正向影响更大；这意味着，行业市场化进程对研发的技术溢出产生了显著的促进作用，验证了假说 6.2。从表 6.5 行业市场化进程的均值（1995 ~ 2010 年间）可以看出，办公设备制造业、电子计算机外部设备制造业、其他电子设备制造业等行业的市场化程度较高，而雷达及配套设备制造业、飞机制造及修理业、航天器制造业等市场化程度较低。这表明在办公设备制造业等高技术行业中，研发的技术溢出和扩散效果较好；而对于雷达及配套设备制造业等高技术行业来说，促进行业市场化程度的提高能更好地发挥研发活动的溢出效应或者扩散效应。

表 6.5　　市场化进程均值的行业差异

行业	1995～2010 年	行业	1995～2010 年
化学药品制造业	0.295	电子元件制造业	0.424
中药材及中成药加工业	0.341	家用视听设备制造业	0.357
生物制品制造业	0.360	其他电子设备制造业	0.429
飞机制造及修理业	0.131	计算机整机制造业	0.390
航天器制造业	0.126	计算机外部设备制造业	0.442
通信设备制造业	0.354	办公设备制造业	0.457
雷达及配套设备制造业	0.125	医疗设备及器械制造业	0.410
广播电视设备制造业	0.398	仪器仪表制造业	0.336
电子器件制造业	0.360		

二、行业市场化对其他渠道创新溢出的影响

表 6.6 中的模型 1、模型 2 和模型 3 分别引入了行业市场化进程与 FDI、出口贸易和进口贸易的乘积项 mark × FDI、mark × EXT、mark × IPT，模型 4 同时引入了这三个乘积项。从表 6.6 中的模型 1～模型 4 中的两步 SYS－GMM 估计结果可以看出，Hansen 检验和 AB 检验均满足 GMM 估计的要求，表明所采用的工具变量合理有效，不存在工具变量的过度识别问题，模型设计具有合理性。比较表 6.6 和表 6.4 可知，加入乘积项后解释变量的系数方向及显著性并未发生显著的变化，说明表 6.6 的估计结果具有稳健性。接下来，具体分析行业市场化进程对三条渠道创新溢出的影响。

表 6.6　　行业市场化进程对其他渠道创新溢出的影响

解释变量	模型 1	模型 2	模型 3	模型 4
$\ln TFP_{t-1}$	0.086*** (5.31)	0.055*** (11.13)	0.067*** (2.40)	0.085** (2.28)
mark	0.081*** (3.78)	0.073*** (2.77)	0.083* (6.30)	0.065* (3.62)

续表

解释变量	模型 1	模型 2	模型 3	模型 4
lnRD	0.523*** (4.06)	0.499* (6.12)	0.469* (7.33)	0.533* (5.35)
FDI	0.098*** (3.34)	0.069 (1.22)	0.113 (0.83)	0.118*** (2.98)
EXT	0.165*** (7.87)	0.173*** (8.24)	0.269*** (3.82)	0.290*** (4.05)
IPT	0.117*** (3.65)	0.179*** (4.93)	0.119*** (2.10)	0.175* (5.41)
mark × FDI	0.054*** (3.25)	—	—	0.030*** (2.68)
mark × EXT	—	0.036*** (2.59)	—	0.072** (2.27)
mark × IPT	—	—	0.086*** (3.32)	0.120*** (3.58)
PCS	0.149*** (4.92)	0.166*** (6.47)	0.108** (2.67)	0.122*** (6.46)
HCL	0.266*** (3.39)	0.208*** (6.59)	0.188** (2.47)	0.235*** (3.27)
观测值	238	238	238	238
行业固定效应	控制	控制	控制	控制
年份固定效应	控制	控制	控制	控制
AR(1) 检验值 [p][a]	-1.892 [0.059]	-1.601 [0.109]	-2.103 [0.036]	-1.961 [0.051]
AR(2) 检验值 [p][b]	0.702 [0.484]	0.223 [0.823]	1.141 [0.255]	1.144 [0.256]
Hansen 检验值 [p][c]	15.033 [1.000]	11.852 [1.000]	14.543 [1.000]	14.142 [1.000]

注：(1) ***、**、* 分别表示统计值在 1%、5% 和 10% 的显著性水平下显著。(2) 圆括号内 () 的数值为 t 值；方括号内 [ ] 的数值为概率 p 值。(3) a 零假设为差分后的残差项不存在一阶序列相关；b 零假设为差分后的残差项不存在二阶序列相关（若差分后的残差项存在二阶序列相关，则系统 GMM 为无效）；c 为 Hansen 检验的零假设为过度识别约束是有效的。(4) 考虑到样本观察值的有限性，此处以解释变量的一阶滞后值作为工具变量。(5) GMM 方法所用的软件包是 stata/MP11.0，所用的程序是 xtabond2。

1. 行业市场化对FDI创新溢出的影响

从表6.6中的模型1的参数估计结果来看，行业市场化进程（mark）的系数显著为正（值为0.081），再次验证了行业市场化进程对全要素生产率的促进作用。FDI和乘积项 *mark* × *FDI* 的系数，都在1%的水平上显著为正（值分别为0.098和0.134）。前者说明了FDI对中国高技术产业产生了显著的溢出效应，促进了产业全要素生产率的提高，即印证了斯密特斯（Smeets，2008）、余永泽（2012）、钟昌标等（2013）、何兴强等（2014）等文献的研究结论；后者说明了在市场化程度较高的行业，FDI对全要素生产率的促进作用更显著；即意味着，行业市场化进程对FDI的技术溢出产生了显著的促进作用，这验证了假说6.3。

从表6.4中的模型1和模型4可以看出，在未引入乘积项 *mark* × *FDI* 时，FDI的影响系数不显著为正，而引入乘积项 *mark* × *FDI* 以后，FDI的影响变得显著了；这进一步说明了FDI的技术溢出效率会受到行业市场化程度的影响。从表6.5行业市场化进程的均值（1995～2010年间）可以看出，办公设备制造业、电子计算机外部设备制造业、其他电子设备制造业等行业的市场化程度较高，而雷达及配套设备制造业、飞机制造及修理业、航天器制造业等市场化程度较低。这表明，在办公设备制造业等高技术行业中，FDI的技术溢出效果较好；而对于雷达及配套设备制造业等高技术行业来说，促进行业市场化程度的提高能更好地发挥FDI的技术溢出效应。

2. 行业市场化对出口贸易创新溢出的影响

从表6.6中的模型2的参数估计结果来看，出口贸易（EXT）的系数都在1%的水平上显著为正（值为0.173），说明了出口贸易给中国高技术产业产生了显著的技术溢出效应，对产业全要素生产率提高产生了积极影响，这印证了科勒（Keller，2002）、张化尧和王赐玉（2012）等文献的研究结论。同时，乘积项 *mark* × *EXT* 的系数显著为正（值为0.036），这说明在市场化程度较高的行业，出口贸易对全要素生产率的影响更显著；即意味着，行业市场化进程对出口贸易的技术溢出产生了显著的促进作用，这验证了假说6.4。

行业市场化进程的均值显示，办公设备制造业、电子计算机外部设备制造业等行业的市场化程度较高，而雷达及配套设备制造业、飞机制造及修理业等市场化程度较低。这表明，在办公设备制造业等高技术行业中，出口贸易的技术溢出效果较好；而对于雷达及配套设备制造业等高技术行业来说，促进行业市场化程度的提高能更好地发挥出口贸易的技术溢出效应。

3. 行业市场化对中间产品创新溢出的影响

从表6.6中的模型3的参数估计结果来看，进口贸易（IPT）和乘积项 $mark \times IPT$ 的系数都在1%的水平上显著为正（值分别为0.119和0.086）。前者说明了进口贸易对中国高技术产业产生了显著的溢出效应，促进了产业全要素生产率的提高，印证了张化尧和王赐玉（2012）等文献的研究结论。后者说明了在市场化程度较高的行业，进口贸易对全要素生产率的促进作用更显著；即意味着，行业市场化进程对进口贸易的技术溢出产生了显著的促进作用，验证了假说6.5。

行业市场化进程的均值显示，办公设备制造业、电子计算机外部设备制造业、其他电子设备制造业等行业的市场化程度较高，而雷达及配套设备制造业、飞机制造及修理业、航天器制造业等市场化程度较低。这表明，在办公设备制造业等高技术行业中，进口贸易的技术溢出效果较好；而对于雷达及配套设备制造业等高技术行业来说，促进行业市场化程度的提高能更好地发挥进口贸易的技术溢出效应。

4. 控制变量对全要素生产率的影响

首先，从表6.4和表6.6可以看出，人均资本存量（PCS）的影响系数一直显著为正，说明中国高技术产业的资本深化也有利于全要素生产率水平的提高，这与内生经济增长理论的预期一致（Romer，1990；Grossman，Helpman，1991），也印证了朱钟棣和李小平（2005）、李小平（2007）、何兴强等（2014）的结论，即更多的资本更有利于行业的技术进步。

其次，表6.4和表6.6还显示，人力资本水平（HCL）的影响系数一直显著为正。说明人力资本水平是影响技术溢出的关键因素，人力资本水平的提高能显著地促进中国高技术产业全要素生产率的提高。这印证了何兴强等（2014）等文献的研究结论，即人力资本水平决定了企业或者产业的自身知识存量和吸收能力，是影响技术进步或者全要素生产率的重要因素。

最后，值得说明的是，$\ln TFP_{t-1}$的系数值一直为正，这表明中国高技术产业全要素生产率的提高或者技术进步具有一定程度的路径依赖特征，也说明高技术企业全要素生产率的提高或者技术进步是一个连续渐进的调整过程。

三、稳健性检验

本部分是对前文的结论进行稳健性分析。为了确保估计结果的有效性，除了采用上述估计中变量控制和变量间内生性问题控制等措施外，此处重新选取研发活动的代理变量进行稳健性检验，见表6.7。

前文选用研发资本反映的是研发活动的投入，研发活动的成果（或者产出）也是技术溢出的源泉，因此，很有必要选用反映研发成果的代理变量进行稳健性检验。学术界一般采用专利产出衡量研发活动的产出。由于专利授权数的滞后性较为突出，且受到较多人为因素的影响（成力为，孙玮，2012），因而在此采用专利申请数作为创新产出的衡量指标（用lnPAT表示），两步系统GMM估计结果，如表6.6所示。残差序列相关性检验和Hansen过度识别检验的结果表明，表6.6的模型设定的合理性和工具变量的有效性；各变量系数的符号、显著性以及绝对值和表6.4和表6.6的估计结果都很接近。可见，此前得出的结论具有较好的稳健性。

表 6.7 稳健性检验

解释变量	模型 1	模型 2	模型 3	模型 4	模型 5
$lnTFP_{t-1}$	0.051 (0.71)	0.037 (0.95)	0.060 (1.38)	0.025 (1.58)	0.054*** (2.67)
lnPAT	0.493* (1.94)	0.515** (2.42)	0.545** (2.27)	0.531*** (2.94)	0.573*** (2.75)
mark	0.084*** (2.84)	0.138*** (3.75)	0.082** (2.21)	0.053*** (3.67)	0.072*** (3.49)
FDI	0.097* (1.98)	0.073 (0.77)	0.027 (0.48)	0.098** (0.31)	0.034 (1.21)
EXT	0.021*** (3.15)	0.059*** (6.97)	0.081* (1.93)	0.067** (2.24)	0.051*** (4.66)
IPT	0.130 (0.47)	0.110*** (2.79)	0.138* (1.74)	0.109 (0.42)	0.145 (0.37)
mark × lnPAT	—	0.075*** (2.35)	—	—	—
mark × FDI	—	—	0.036** (2.18)	—	—
mark × EXT	—	—	—	0.104** (2.51)	—
mark × IPT	—	—	—	—	0.153*** (3.99)
PCS	0.062** (2.29)	0.063*** (12.71)	0.114** (2.04)	0.127* (2.06)	0.131* (5.82)
HCL	0.075*** (3.64)	0.125*** (3.12)	0.143* (1.92)	0.206* (2.01)	0.086*** (2.71)
观测值	238	238	238	238	238
行业固定效应	控制	控制	控制	控制	控制
年份固定效应	控制	控制	控制	控制	控制
AR(1) 检验值[p][a]	-3.161 [0.002]	-3.202 [0.001]	-1.463 [0.144]	-1.641 [0.100]	-1.202 [0.231]

续表

解释变量	模型 1	模型 2	模型 3	模型 4	模型 5
AR(2) 检验值[p][b]	-0.874 [0.387]	-0.943 [0.346]	-0.182 [0.860]	-0.294 [0.773]	0.173 [0.865]
Hansen 检验值[p][c]	16.251 [1.000]	16.013 [1.000]	14.084 [1.000]	15.952 [1.000]	12.644 [1.000]

注：(1) ***、**、* 分别表示统计值在 1%、5% 和 10% 的显著性水平下显著。(2) 圆括号内 ( ) 的数值为 t 值；方括号内 [ ] 的数值为概率 p 值。(3) a 零假设为差分后的残差项不存在一阶序列相关；b 零假设为差分后的残差项不存在二阶序列相关（若差分后的残差项存在二阶序列相关，则系统 GMM 为无效）；c 为 Hansen 检验的零假设为过度识别约束是有效的。(4) 考虑到样本观察值的有限性，此处以解释变量的一阶滞后值作为工具变量。(5) GMM 方法所用的软件包是 stata/MP11.0，所用的程序是 xtabond2。

第五节　行业市场化进程影响的门槛特征检验

前文验证了行业市场化进程显著地影响了研发、FDI、出口贸易和进口贸易的技术溢出，但以上研究是基于行业市场化进程与创新溢出渠道的代理变量乘积项进行检验，而乘积项检验假定了行业市场化进程的影响是单调递增或单调递减。然而，大量研究 FDI 技术溢出的文献发现，影响 FDI 技术溢出的因素存在显著的门槛效应（Girma，2005；余永泽，2012；钟昌标等，2013；何兴强等，2014）。由此自然会引出这样的疑问：行业市场化进程与各渠道创新溢出会不会也不是简单的线性关系呢？是否要超过一定“门槛”的行业市场化水平，才能显著地促进各渠道的创新溢出呢？为了检验这些疑问，本节对上文的乘积项方法进行了改进，采用近年来在诸多领域研究中得到广泛应用的“门槛回归”方法进行检验。

一、门槛模型设定

首先需要在式（6.3）的基础上构建面板门槛模型。单一门槛回归的基本思想是，在模型内的行业市场化进程变量存在一个门槛水平的情况下，对于 $mark_{it} \leqslant \gamma$ 与 $mark_{it} > \gamma$ 两种情况而言，创新溢出渠道代理变量（TSP，包括 lnRD、FDI、EXT 和 IPT 四个变量）对全要素生产率的影响存在明显的差异。单一门槛模型表述如下：

$$\ln TFP_{it} = \ln A_0 + \phi_1 TSP_{it} I(mark_{it} \leqslant \gamma) + \phi_2 TSP_{it} I(mark_{it} > \gamma) + \eta mark_{it} + \gamma Z_{it} + \lambda_i + \varepsilon_{it} \quad (6.12)$$

式（6.12）中，γ 为门槛变量 $mark_{it}$ 特定的门槛值，ϕ_1 和 ϕ_2 分别为门槛变量在 $mark_{it} \leqslant \gamma$ 与 $mark_{it} > \gamma$ 时的解释变量——创新溢出渠道 TSP_{it}（分别包括 lnRD、FDI、EXT 和 IPT 四个变量）对被解释变量创新产出 $\ln TFP_{it}$ 的影响系数，$I(\cdot)$ 为一个指标函数，$\varepsilon_{it} \sim iidN(0, \sigma^2)$ 为随机干扰项；其他符合的含义与式（6.3）一致。

以上单一门槛模型只是假设各个中介变量存在一个门槛的情况，但从计量的角度看可能会存在多个门槛，双重门槛模型可以设定如下：

$$\ln TFP_{it} = \ln A_0 + \phi_1 TSP_{it} I(mark_{it} \leqslant \gamma_1) + \phi_2 TSP_{it} I(\gamma_1 < mark_{it} \leqslant \gamma_2) + \phi_3 TSP_{it} I(mark_{it} > \gamma_2) + \eta mark_{it} + \gamma Z_{it} + \lambda_i + \varepsilon_{it} \quad (6.13)$$

式（6.13）的估计方法为先假设单一模型中估计出的 $\hat{\gamma}_1$ 是已知的，再进行 γ_2 的搜索，得到误差平方和最小时的 $\hat{\gamma}_2$ 值；$\hat{\gamma}_2$ 值是渐近有效的，$\hat{\gamma}_1$ 却不具有此性质。这样，再固定 $\hat{\gamma}_2$ 对 $\hat{\gamma}_1$ 进行重新搜索，可得到优化后的一致估计量。以此类推，多重门槛模型可在单一和双重门槛模型的基础上进行扩展，在此不再赘述。

二、门槛检验与结果分析

由前文的分析可知，行业市场化进程是影响研发投入、FDI、出口贸易和进口贸易的技术溢出的可能因素。这样，可将行业市场化进程作为影响研发溢出、FDI 技术溢出、出口贸易技术溢出和进口贸易技术溢出的门槛变量，依次在不存在门槛、一个门槛和两个门槛的设定下进行估计，可以得到 F 统计量和自抽样法（Bootstrap）的显著性及 10% 水平临界值。

从表 6.8 中的门槛检验结果可以看出，当创新溢出渠道变量为 lnRD 时，行业市场化进程（mark）的单一门槛效果都通过 10% 水平下的显著性检验；当创新溢出渠道变量为 FDI、EXT 和 IPT，行业市场化进程（mark）的双重门槛效果通过 10% 水平下的显著性检验。表 6.9 则列出了对应创新溢出渠道变量时，mark 的门槛估计值和相应的 95% 置信区间。将各门槛变量对应的门槛值代入式（6.12）和式（6.13），可以估计出创新溢出渠道变量（包括 lnRD、FDI、EXT 和 IPT 四个变量）的影响系数。为了控制变量之间的内生性问题，此处使用两步系统 GMM 方法进行估计，相关结果报告于表 6.10。表 6.10 中的模型 1 ~ 模型 4 的残差序列相关性和 Hansen 过度识别结果显示了模型设定的合理和工具变量的有效。

表 6.8　　门槛效果检验

创新溢出渠道变量		lnRD	FDI	EXT	IPT
		门槛变量：mark			
单一门槛		5.163 ** [0.011]	3.692 ** [0.023]	7.643 *** [0.008]	6.297 ** [0.019]
双重门槛		3.823 [0.152]	3.835 ** [0.030]	5.261 [0.013]	4.813 [0.023]
三重门槛		2.321 [0.216]	1.561 [0.554]	3.488 [0.352]	2.165 [0.300]
10% 临界值	单一	4.641	2.751	6.121	5.451
	双重	4.195	3.358	4.412	4.073
	三重	3.056	2.239	4.539	2.946

注：(1) ***、**、* 分别表示统计值在 1%、5% 和 10% 的显著性水平下显著。

(2) 表中的数字为门槛检验对应的 F 统计量，临界值为自抽样法（Bootstrap）反复抽样 300 次得到的结果。

表 6.9　　门槛值估计结果

创新溢出渠道变量	门槛变量	门槛值 1		门槛值 2	
		估计值	95% 置信区间	估计值	95% 置信区间
lnRD	mark	0.148	[0.306, 0.056]	—	—
FDI	mark	0.151	[0.312, 0.058]	0.407	[0.754, 0.182]
EXT	mark	0.146	[0.301, 0.052]	0.418	[0.788, 0.195]
IPT	mark	0.155	[0.311, 0.063]	0.425	[0.813, 0.206]

表 6.10　　门槛参数估计结果

解释变量	模型 1	解释变量	模型 2	解释变量	模型 3	解释变量	模型 4
mark	0.093 *** (2.91)	mark	0.069 ** (2.38)	mark	0.078 *** (3.76)	mark	0.081 *** (2.89)
lnRD_1	0.233 (1.05)	lnRD	0.402 *** (3.28)	lnRD	0.393 *** (4.11)	lnRD	0.418 *** (3.58)
lnRD_2	0.557 *** (3.42)	FDI_1	-0.026 (-1.07)	FDI	0.085 (0.56)	FDI	0.047 (1.00)
—	—	FDI_2	0.028 (0.75)	EXT_1	0.013 (0.33)	EXT	0.089 (0.94)
FDI	0.107 (1.11)	FDI_3	0.109 *** (2.85)	EXT_2	0.024 * (1.95)	IPT_1	0.007 (0.74)
EXT	0.036 (1.20)	EXT	0.104 (0.78)	EXT_3	0.041 *** (3.04)	IPT_2	0.011 ** (2.15)
IPT	0.083 ** (2.33)	IPT	0.095 *** (3.66)	IPT	0.036 *** (3.25)	IPT_3	0.052 *** (4.21)
PCS	0.223 *** (2.97)	PCS	0.134 *** (3.06)	PCS	0.126 *** (3.11)	PCS	0.127 * (1.84)
HCL	0.148 *** (2.89)	HCL	0.102 *** (3.21)	HCL	0.076 *** (2.90)	HCL	0.069 *** (3.58)
观测值	238	—	238	—	238	—	238

续表

解释变量	模型 1	解释变量	模型 2	解释变量	模型 3	解释变量	模型 4
AR(1) 检验值 [p][a]	-3.94 [0.000]	—	-3.92 [0.000]	—	-2.20 [0.028]	—	-2.11 [0.035]
AR(2) 检验值 [p][b]	0.95 [0.341]	—	1.10 [0.272]	—	-1.38 [0.168]	—	-1.59 [0.111]
Hansen 检验值 [p][c]	16.96 [1.000]	—	16.91 [1.000]	—	16.40 [1.000]	—	16.82 [1.000]

注：(1) ***、**、* 分别表示统计值在 1%、5% 和 10% 的显著性水平下显著。(2) 圆括号内 ( ) 的数值为 t 值；方括号内 [ ] 的数值为概率 p 值。(3) a 零假设为差分后的残差项不存在一阶序列相关；b 零假设为差分后的残差项不存在二阶序列相关（若差分后的残差项存在二阶序列相关，则系统 GMM 为无效）；c 为 Hansen 检验的零假设为过度识别约束是有效的。(4) 考虑到样本观察值的有限性，此处以解释变量的一阶滞后值作为工具变量。(5) GMM 方法所用的软件包是 stata/MP11.0，所用的程序是 xtabond2。

表 6.10 中的模型 1 的结果显示，在行业市场化进程（mark）不同的门槛值区间，研发投入（lnRD）对全要素生产率的影响程度和显著性存在明显的差异。当 mark 低于门槛值 0.148 时，研发投入的系数不显著（值为 0.233），即在 mark 值低于 0.148 的高技术行业中，研发投入的增长并不会显著地促进行业全要素生产率的提高。当跨过这个门槛值时，研发投入的影响系数变得显著了且增大至 0.557；这说明，在行业市场化程度大于 0.148 的高技术行业中，研发投入每提高 1 个单位，会对全要素生产率带来 55.7% 的增长。可见，在行业市场化进程的不同门槛值区间，研发溢出的效果存在显著的差别。从表 6.5 可以看出，行业市场化进程（mark）的均值低于门槛值 0.148 的高技术行业有飞机制造及修理业、航天器制造业、雷达及配套设备制造业，因而对这些高技术行业来说，采取相关措施适当促进行业市场化程度的提高，有利于提高行业的研发溢出效率。

从表 6.10 中的模型 2 可以看出，在行业市场化进程（mark）

不同的门槛值区间，FDI 系数的大小和显著性都存在明显的差异。当 mark 低于第一个门槛值0.151 时，FDI 的系数为负但不显著（值为 -0.023），即在 mark 值低于0.151 的高技术行业中，FDI 引进的增加并不会促进行业全要素生产率的提高。当跨过门槛值 0.151 时，FDI 的影响系数由负变正了（值为 0.028），但不显著；这说明，在行业市场化程度跨过 0.151 的高技术行业中，FDI 引进的增加有利于行业全要素生产率的提高（尽管不显著）。当 mark 跨过第二个门槛值 0.407 时，FDI 的影响系数显著为正了（值为 0.109）；这说明，在行业市场化程度大于 0.407 的高技术行业中，FDI 引进的每增加 1 个单位，会带来全要素生产率 10.9% 的提高。可见，在行业市场化进程的不同门槛值区间，FDI 的技术溢出效果存在显著的差别。行业市场化进程（mark）的均值，见表 6.5，显示，行业市场化进程跨过第二门槛值 0.407 的行业包括电子元件制造业、其他电子设备制造业、计算机外部设备制造业、办公设备制造业、医疗设备及器械制造业，因而对其他高技术行业来说，采取相关措施适当促进行业市场化程度的提高，有利于提高 FDI 的技术溢出效率。

表 6.10 中的模型 3 显示，在行业市场化进程（mark）不同的门槛值区间，出口贸易（EXT）的影响大小和显著性存在明显的差异。当 mark 低于第一个门槛值 0.146 时，出口贸易的系数不显著为正，即在 mark 值低于 0.146 的高技术行业中，出口贸易技术溢出不明显。当跨过门槛值 0.146 时，出口贸易的影响显著了（值为 0.024）。随着 mark 跨过第二个门槛值 0.418 时，出口贸易影响变大了（值为 0.041）；这说明，在行业市场化程度大于 0.418 的高技术行业中，出口贸易每增加 1 个单位，会带来全要素生产率 4.1% 的提高。可见，在行业市场化进程的不同门槛值区间，出口贸易的技术溢出效果存在显著的差别。行业市场化进程（mark）的均值，见表 6.5，显示，行业市场化进程跨过第二门槛值 0.418 的行业包括电子元件制造业、其他电子设备制造业、计算机外部设备

制造业、办公设备制造业，因而对其他高技术行业来说，采取相关措施适当促进行业市场化程度的提高具有重要的现实意义。

从表6.10中的模型4可以看出，在行业市场化进程（mark）不同的门槛值区间，进口贸易（IPT）的影响大小和显著性存在明显的差异。当mark低于第一个门槛值0.155时，进口贸易的影响系数不显著。当跨过门槛值0.155时，进口贸易的影响系数显著了（值为0.011）。随着mark跨过第二个门槛值0.425时，出口贸易的影响显著变大了（值为0.052）；这说明，在行业市场化程度大于0.425的高技术行业中，进口贸易的每增加1个单位，会带来全要素生产率5.2%的提高。从表6.5可以看出，低于门槛值0.155的高技术行业，包括飞机制造及修理业、航天器制造业、雷达及配套设备制造业，因而对这些高技术行业来说，促进行业市场化程度的提高有利于提高进口贸易的技术溢出效果，具有重要的现实意义。

综上所述，在行业市场化进程不同门槛值区间，研发投入、FDI、出口贸易和进口贸易对高技术产业全要素生产率的影响存在明显差异；这表明行业市场化进程对四条渠道创新溢出的影响都存在门槛效应。因此，通过推进高技术行业市场化改革的深入，不失为一条提高研发投入、FDI、出口贸易和进口贸易的创新溢出效率的有效途径。

第六节　研究结论

本章理论分析了行业市场化进程影响创新溢出的机制，并在利用Malmquist指数测算行业全要素生产率的基础上，运用动态面板SYS－GMM方法，实证考察了行业市场化进程对高技术产业全要素生产率的贡献，以及行业市场化进程对研发投入、FDI、出口贸易和进口贸易4条渠道创新溢出的影响，并进一步运用面板门槛模型检验了行业市场化进程对4条渠道创新溢出的影响是否存在门槛效应。主要研究结论有：

（1）Malmquist 指数的测算结果显示，中国高技术产业全要素生产率呈现出波动式上升趋势；1995～2010 年间，全要素生产率的年均增长率为 5.3%，而且“入世”后的年均增长率更高，达到 5.6%。细分行业的 TFP 年均增长率存在明显的差异，中药材及中成药加工业、飞机制造及修理业和雷达及配套设备制造业等三个行业的 TFP 年均增长率为负，其他 14 个行业的 TFP 年均增长率都为正，生物制品制造业、其他电子设备制造业、计算机整机制造业、医疗设备及器械制造业等行业的年均增长率都超过了 10%。此外，“入世”前后高技术细分行业的 TFP 年均增长率也存在明显的差异；“入世”后化学药品制造业等行业下降了，而医疗设备及器械制造业等行业显著上升了。

（2）理论分析表明，行业市场化进程主要通过研发效应、资源配置效应、竞争效应、技术交易效应和人力资本效应等对产业技术进步或者全要素生产率产生着积极影响；实证检验的结果支持理论预期，即行业市场化进程显著地促进了高技术产业全要素生产率的提高。

（3）理论和实证研究都显示，在市场化程度较高的行业，研发投入、FDI、出口贸易和进口贸易对行业全要素生产率或者技术进步的正向影响都更显著；这表明了行业市场化进程对研发投入、FDI、出口贸易和进口贸易等渠道的创新溢出都产生了促进作用。此外，人均资本存量和人力资本水平，也是影响中国高技术产业全要素生产率的重要因素。

（4）在行业市场化进程不同的门槛值区间，研发投入、FDI、出口贸易和进口贸易对高技术产业全要素生产率的影响存在明显差异；这表明行业市场化进程对四条渠道创新溢出的影响都存在门槛效应。因此，通过推进高技术行业市场化改革的深入，不失为一条提高研发投入、FDI、出口贸易和进口贸易的创新溢出效率的有效途径。

第七章

主要结论与研究展望

本书在产业组织理论 SCP 的分析范式下，构建一个 ICPPD 理论分析框架，从理论和实证两个层面考察了行业市场化进程如何影响中国高技术产业的创新。从一定意义上来讲，本书还属于“探索性研究”。正是这种原因，本书对行业市场化进程和创新之间关系的研究，仍然属于“有益的尝试”。尽管如此，通过本书研究得出了一些有意义的结论，并由此可以得到一些很重要的政策启示；然而，本书的研究还存在一些局限，这些局限只能留作今后进一步研究的努力方向。

第一节　主要结论与政策建议

一、主要结论

与已有研究的不同，本书拓展了传统产业组织理论 SCP 的分析范式，构建了一个 ICPPD 理论分析框架，从理论和实证两个层面系统地考察了行业市场化进程对中国高技术产业创新的影响，得到了以下一些重要结论：

第一，从政府与市场关系、非国有经济发展、产品市场发育程度、要素市场发育程度和法律制度环境等方面构建了行业市场化进程的评价指标体系，对中国高技术产业进行的测算结果显示，1995～2010年高技术产业市场化指数总体呈上升趋势，细分行业的市场化水平存在明显的差异。

而且，政府对大多数高技术细分行业的干预程度在不断下降，非国有经济、产品市场与要素市场整体上都得到了较好的发展，制度环境得到了较大程度的改善；但是，不同细分行业的五个方面市场化程度存在明显差异。此外，“入世”前后高技术细分行业在五个市场化方面的变化速度也存在显著的差距。

第二，行业市场化进程、新产品需求和筹资环境对高技术产业R&D投入增长具有显著的正向影响，且“入世”后市场化水平和新产品需求对R&D投入的促进作用更大，而“入世”后筹资环境改善的贡献变小了；对于不同的细分行业来说，行业市场化进程的影响程度可能存在着差异。

同时，国有产权对R&D资本投入和R&D人力投入的影响存在显著差异，即国有产权过于集中不利于R&D资本投入的增长，但是却导致了过高的R&D人力投入强度；这种影响差异可能在于，国有企业的人事制度所带来的R&D人力和R&D资本的流动性差异。此外，市场势力与高技术产业R&D投入有着显著的非线性倒“U”型关系。企业规模对R&D资本投入的影响并不显著，但对R&D人力投入却有着显著的正向促进作用；企业规模的这种影响差异，也可能来源于创新资本和创新人力的流动性差异。

第三，五个方面市场化进程指数对创新资本投入和创新人力投入产生了重要影响，但是，影响大小、影响方向和显著性存在差异，按影响大小排列分别是要素市场发育指数、制度环境指数、产品市场发育指数、非国有经济发展指数。

而政府与市场关系方面指数对创新人力投入的正向影响不显著，却抑制了创新资本投入的增长；这意味着，政府干预可能与政府对高技术产业的扶植政策有关。此外，五个方面指数对创新资本投入和创新人力投入的影响也不同，对创新资本投入的影响系数大多大于创新人力投入；对两种投入的影响差异，可能源于创新人力的流动性远远低于创新资本的流动性。

第四，在市场化水平越高的高技术行业，新产品需求的提高、筹资环境的改善和国有经济比重的降低，越能促进高技术企业研发投入的增长；反之亦然。

行业市场化进程可以通过提高新产品需求和改善筹资环境等途径影响着中国高技术产业的研发投入增长，但是，行业市场化进程通过产权结构这一传导机制对创新资本投入和创新人力投入产生的影响存在差异，即促进了创新资本投入的增长，却抑制了创新人力投入的增长；这一传导机制的影响差异，可能与两种研发投入的流动性差异有关。

第五，行业市场化程度的提高，既优化了高技术产业的资源配置效率又促进了技术进步，进而促进了高技术产业创新效率的提高，且“入世”后的积极影响更大。

行业特征影响着市场化进程对高技术产业创新效率的提升效果，在外向度较高、技术密集度较低的行业中，市场化进程对创新效率的促进作用更大。此外，企业规模和经济绩效，也是高技术产业创新效率的影响因素（尽管其影响“入世”前后不同），而市场势力与创新效率却存在倒“U”型的关系。

第六，行业外向度和行业技术密集度的不同门槛值区间，行业市场化进程对高技术产业创新效率、技术进步和创新资源配置效率的影响存在明显的差异。

在行业外向度较高的门槛值区间和技术密集度较低的门槛值区间，行业市场化进程的积极影响更大、更显著。这也意味着，外向度和技术密集度等行业特征的适当改变，可以有效地促进行业市场化进程对创新效率的积极影响。

第七，行业市场化进程通过降低政府干预、推进非国有经济发展、培育产品市场与要素市场、改善制度环境等传导机制，促进了高技术产业创新效率的提高。

但是，行业市场化进程五条传导机制的中介效应大小存在明显的差异，要素市场发展的中介效应最大（31.4%），制度环境的中介效应次之（28.5%），接下来分别是政府与市场关系的中介效应（15.4%）、产品市场发展的中介效应（11.0%）和非国有经济发展的中介效应（6.7%）。

第八，市场化程度的提高对中国高技术产业创新产出有着正向的促进作用，且“入世”后的这种积极影响更大。

行业特征影响着市场化进程对高技术产业创新产出的提升效果，在垄断程度较低、技术密集度较低且外向度较高的高技术行业中，市场化程度的提高对创新产出的促进作用更大。此外，创新投入对创新产出有显著的影响，但是这种影响呈现出规模报酬递减的特征；企业规模和经济绩效也是高技术产业创新产出的影响因素，但“入世”前后的影响不尽相同。

第九，在行业市场化指数的五个方面指数中，政府与市场的关系、要素市场发育及制度环境对创新产出的贡献更大些。

五个方面指数的积极影响存在跨时差异，政府与市场的关系、要素市场发育及制度环境的影响系数由“入世”前的0.246、0.126和0.108分别提高到“入世”后的0.594、0.484和0.298，说明“入世”后这三个方面指数对高技术产业创新产出提升的重要性更突出了。非国有经济发展和产品市场发育的估计系数，由“入世”前的0.333和0.111分别降低为“入世”后的0.164和0.075（且不显著），说明这两个方面指数“入世”后的贡献下降了。

第十，在创新投入、行业外向度、行业技术密集度、企业规模和经济绩效不同的门槛值区间，市场化进程对创新产出的影响存在显著的差异。这些因素对市场化进程与创新产出之间的关系产生了中介效应，行业市场化进程可以通过这些中介效应对高技术产业创新产出的产生促进作用；而且，创新投入、行业外向度、行业技术密集度、企业规模和经济绩效的适当改变，可以在一定程度上强化行业市场化进程对高技术产业创新产出的促进作用。

第十一，行业市场化进程，主要通过研发效应、资源配置效应、竞争效应、技术交易效应和人力资本效应等，对全要素生产率产生积极的影响；而且，在市场化程度较高的行业，研发投入、FDI、出口贸易和进口贸易对行业全要素生产率或者技术进步的正向影响都更显著；这表明，行业市场化进程对研发投入、FDI、出口贸易和进口贸易等渠道的创新溢出，都产生了促进作用。此外，资本存量和人力资本水平也是影响高技术产业全要素生产率的重要因素。

第十二，在行业市场化进程不同门槛值区间，研发投入、FDI、出口贸易和进口贸易对高技术产业全要素生产率的影响存在明显差异；这表明，行业市场化进程对四条渠道创新溢出的影响都存在门槛效应。因此，通过推进高技术行业市场化改革的深入，不失为一条提高研发投入、FDI、出口贸易和进口贸易创新溢出效率的有效途径。

二、政策建议

本书的研究结论具有如下重要的政策含义：

第一，为了提高中国高技术产业创新能力（创新投入、创新效率、创新产出和创新溢出），政府需要继续推进高技术产业的市场化改革。

在此过程中，需要依据五个方面指数对创新投入、创新效率和创新产出的影响程度，以及高技术细分五个方面市场化程度有所侧重推进。重点是理顺政府和市场之间的关系，减少政府对高技术产业发展的过度干预；促进高技术产品市场的发展，鼓励市场中介组织和高技术行业协会的发展；完善高技术企业 R&D 活动的法律制度环境，尤其是完善知识产权保护制度。

第二，在推动要素市场发展方面，需要继续推进要素市场的改革，规范健全要素市场的制度。

尤其是发展和完善高技术企业研发的风险投资体系、高技术研发人员的自由流动市场体系，促进研发资金和人力的合理流动；发展和完善技术交易市场体系，推进高技术产业共性技术的应用和扩散；政府要推动要素价格改革，构建合理的要素价格体系，使要素价格成为市场配置资源的信号，重点是通过财税体制和工资制度的不断完善来推动要素的初次分配改革；还要加快要素市场一体化建设，构建一个合理的、能够反映资源稀缺程度的要素市场体系，重点是发展和完善高技术人才自由流动的市场体系。

第三，在改善制度环境方面，政府需要依据高技术细分行业制度环境的现状，有所侧重地推动制度环境的建设。

具体来说，中央在继续推进金融市场化的过程中，需要不断完善各项金融法律法规、大力打造诚实守信的社会体系、加快银行业等金融机构改革步伐、鼓励金融创新、完善金融监管体制，做大做强金融产业。同时，政府要加强法律制度建设，通过完善法律法规体系和加强执法力度等途径来加大对政府干预的行为进行监管和制约；由于一些政府干预行为的隐蔽化趋势弱化了原有法律法规的执行效果，因而要注重加强法律法规的可操作性。

第四，在国有企业改革方面，需要依据高技术细分行业的实际情况有所侧重，着重做好飞机制造及修理业、航天器制造业、雷达及配套设备制造业等行业产权制度改革。结合中央当前正在推进的国有企业分类改革，重点要按照产权清晰、权责明确、政企分开、管理科学的现代企业制度对国有企业进行公司制改革，降低政府对国有企业的干预能力；同时，还需要完善国有资产监管制度和提高国有资本配置效率。

第五，鉴于“市场化进程对外向度和技术密集度等特征不同行业创新效率、创新产出影响存在明显差异”，政府在推进高技术产业市场化过程中应该考虑行业特征对创新效率和创新产出的影响。对于技术密集度较高且外向度较低的行业（如航天器制造业、生物制品制造业等、中药材及中成药加工业和雷达及配套设备制造业等），可以通过采取相关政策措施提高行业外向度来促进行业创新效率的提升，即政府需要适当调整进出口补贴和关税，以促进产业内贸易和产品内贸易的发展。对某些国内现阶段处于明显劣势的高技术产品，需要适当降低进口关税与发达国家发展产业内进口贸易来解决；而对高技术产品低附加值的中间投入可以通过适当降低进口关税与发展中国家发展垂直型产业内贸易来进口，以弥补国内高技术产品原材料的短缺。并且，根据国际市场的需求结构和发展趋势调整高技术产业发展政策，引导企业优化产品的生产结构；对某些国内现阶段与发达国家竞争的高技术产品，可通过适当增加政府补贴和出口退税来增强这些新产品的国际竞争优势；通过这些政策措施，不断扩大高技术产品的国际市场占有率。此外，对于垄断程度较高的行业（如飞机制造及修理业、航天器制造业和雷达及配套设备制造业），降低垄断性行业的政策性进入壁垒，引入适度的市场竞争。

第六，鉴于“新产品需求对高技术产业创新投入的积极影响”，政府在推进高技术产业市场化改革的同时，也需要制定相关政策措施扩大高技术产品国内和国外两个市场的新产品需求规模。

对于国内市场，各级政府需要进一步提高居民收入水平，尤其是提高可支配收入水平；并通过制度鼓励高技术产品消费的财税、金融和政府采购政策来积极促进高技术新产品国内市场规模的扩张；而对于国外市场，政府需要根据国际市场的需求结构和发展趋势调整高技术产业发展政策，引导高技术企业优化产品的生产结构；同时，中国需要根据高技术细分行业出口贸易的现状，通过适当调整进出口关税来促进新产品国际贸易的发展；对国内现阶段与发达国家竞争的某些高技术产品，可通过适当增加政府补贴和出口退税来增强这些高技术新产品的国际竞争优势；通过这些政策措施，不断扩大新产品的国际市场占有率。

第七，由于“市场势力与高技术产业创新投入和创新效率有着显著的非线性倒‘U’型关系”。因而，政府需要采取相应措施形成一个具有一定市场势力的市场结构。

具体来说，需要进一步整顿高技术细分行业的市场秩序，适度放松垄断性行业对非国有经济的政策性进入壁垒，引进市场竞争机制以激励高技术企业 R&D 投入的增长。同时，设定一定程度的技术壁垒以防止非国有经济的过度进入。在保护市场竞争的同时，鼓励企业市场势力的适当提高，形成少数大企业处于相对领先地位，带动下面无数小企业垄断竞争的市场结构，实现从制造领域规模经济向研发领域规模经济的转变，才能有效地激励高技术企业 R&D 投入的增长。

第八，由于“创新投入对创新产出有显著的影响呈现出规模报酬递减的特征”，因而，政府需要制定相关政策措施激励高技术企业不断提高 R&D 投入的产出效率。

具体来说，需要明确 R&D 投资主体的权、责、利，强化预算约束；加强 R&D 管理体制的创新，优化 R&D 的投入结构；通过理顺企业 R&D 活动中各主体方的关系，把 R&D 项目的选择机制、组织机制、动力机制、激励机制、投融资机制和转化机制紧密结合起来，从而实现创新绩效的持续提高。此外，高技术企业应尽快现代企业制度，加强企业绩效管理，努力提高企业经济绩效；在提高经济绩效基础上采用更先进的技术和设备，引进高层次人才，为员工提供更好的福利和工作环境，从而形成经济绩效与研发效率的良性互动。

第九，鉴于“FDI、出口贸易和进口贸易促进了高技术产业全要素生产率的提高”，因而，政府需要制定相关政策措施更好地发挥 FDI、出口贸易和进口贸易对高技术产业技术进步的促进作用。

具体来说，需要改善投资的硬环境与软环境，通过制定相应的政策来不断优化引进外资的质量和结构，实行各种不同的优惠手段与优惠政策，鼓励跨国公司来华开展研发活动，吸引更多的跨国公司进行研发投资，以期跨国公司的无形资产与关键技术在向子公司转移过程中扩散到当地企业；同时，引进适宜的一流技术，针对同一技术，同时引进几家实力相当的跨国公司，通过其相互竞争而使其出让一流技术。同时，提高自身吸收能力，以更好地吸收 FDI、出口贸易和进口贸易的先进技术。

第十，由于“资本深化和人力资本对高技术产业创新产出和创新溢出的重要作用”，因而，政府需要制定相关政策措施促进资本深化和人力资本水平的提高。

关于前者，可以通过激励高技术企业增加 R&D 资本投入来促进资本深化，即加大对企业 R&D 资本的财税优惠力度，针对企业 R&D 环节给予更多的税收优惠政策，加大企业 R&D 资本投入税前抵扣比例，并且尽快推出企业 R&D 资本准备金和 R&D 设备加速折旧等新的税收优惠政策等。而对应人力资本水平来说，高技术产业的不同行业应根据自身人力资本的情况有所侧重加强对人力资本的投资，并且不断优化人力资本投资的结构；特别要注重加大对高层次人才的引进，促进创新型人力资本的积累。

第二节　研究局限与研究展望

本书在产业组织理论 SCP 的分析范式下，构建一个 ICPPD 理论分析框架，从理论和实证两个层面考察了行业市场化进程如何影响高技术产业创新。初步系统地揭示了行业市场化进程影响创新的内在规律，由于笔者能力和时间有限，以及资料和数据的约束，本书的研究还存在一些局限，这些局限将留作以后进一步努力的方向。

一、研究存在的局限

囿于笔者知识背景、理论水平、能力和精力以及研究视角的约束，目前的研究还存在一些局限。主要体现在以下三个方面：

第一，本书虽然从理论和实证两个层面考察了行业市场化进程如何影响创新。但是，理论层面分析仍停留在文献梳理和定性归纳层面，如何在动态一般均衡的框架下，构建一个行业市场化进程影响创新投入、创新效率、创新产出和创新溢出的理论模型，系统深入地探讨行业市场化进程作用于创新的途径和机制，仍是一项非常值得探索的工作。

第二，相关政策建议能够是否有效，对国内外已有相关政策的效果进行评价就显得非常必要。本书虽然依据研究结论提出了相关政策措施，但尚未涉及对政策措施的有效性识别，这些政策措施是否有效还有待实践的检验。

第三，本书的研究以中国高技术产业这一特殊的产业作为研究对象，但是市场化进程在不同行业（如传统制造业和现代服务业）存在明显的差异，其对创新也可能不同，把研究高技术产业这样具有代表性行业的结论推及到一般，可能还存在不足。

二、进一步研究展望

为了弥补本书存在的以上局限，笔者初步计划从以下几个方面展开下一阶段的研究：

第一，借助动态一般均衡理论的建模思路，结合行业层面的实际，构建理论模型探讨市场化进程如何影响企业或者行业的创新投入、创新效率、创新产出和创新溢出，更好地揭示市场化进程影响企业或者行业创新行为、创新过程、创新绩效和创新扩散的机制。

第二，运用计量方法对国内已有行业市场化推进、行业特征改变和科技创新促进的相关政策（包括税收政策、补贴政策、融资政策、人才政策和投资优惠政策等）的有效性进行识别。

第三，有计划、有步骤地对不同产业（如传统制造业和现代服务业）展开专题研究和比较研究，考察在这些不同技术特征行业中市场化进程对创新影响的异同，不断地修正和完善已有的理论框架和研究结论。

参考文献

[1] 陈钊．经济转轨中的企业重构：产权改革与放松管制．上海：上海三联书店和上海人民出版社，2004.

[2] 陈羽，李小平，白澎．市场结构如何影响 R&D 投入？南开经济研究，2007（1）：135－145.

[3] 陈仲常，余翔．企业研发投入的外部环境影响因素研究：基于产业层面的面板数据分析．科研管理，2007（3）.

[4] 陈仲常，马红旗．国际技术贸易与我国技术创新能力的关系研究：基于我国高技术产业的实证分析产业经济研究，2010（4）：65－74.

[5] 成力为，孙玮．市场化程度对自主创新配置效率的影响：基于 Cost－Malmquist 指数的高技术产业行业面板数据分析．中国软科学，2012（5）.

[6] 成力为，孙玮，王九云．要素市场不完全视角下的高技术产业创新效率：基于三阶段 DEA－Windows 的内外资配置效率和规模效率比较．科学学研究，2011（6）：930－938.

[7] 崔萍．承接服务外包对企业技术创新的影响．国际经贸探索，2010（8）：47－51.

[8] 蔡地，万迪昉．制度环境影响企业的研发投入吗？科学学与科学技术管理，2012（4）：121－128.

[9] 戴魁早．垂直专业化与研发投入：来自中国高技术产业的经验证据．财经研究，2012（5）：38－48.

[10] 戴魁早．制度环境，区域差异与知识生产效率：来自中国高技术产业的经验证据．科学学研究，2015（3）：369－377.

[11] 戴魁早. 垂直专业化对中国高技术产业技术创新的影响研究. 北京: 经济科学出版社, 2015.

[12] 戴魁早, 刘友金. 市场化改革对中国高技术产业研发投入的影响. 科学学研究, 2013 (1): 50-57.

[13] 戴魁早, 刘友金. 市场化进程对创新效率的影响及行业差异: 基于中国高技术产业的实证研究. 财经研究, 2013 (5): 4-17.

[14] 戴魁早, 刘友金. 行业市场化进程与创新绩效: 中国高技术产业的经验分析. 数量经济技术经济研究, 2013 (9): 37-54.

[15] 戴魁早. 地方官员激励、制度环境与要素市场扭曲: 基于中国省级面板数据的实证研究. 经济理论与经济管理, 2016 (8): 64-82.

[16] 戴魁早, 刘友金. 要素市场扭曲、区域差异与 R&D 投入——来自中国高技术产业与门槛模型的经验证据. 数量经济技术经济研究, 2015 (9): 3-20.

[17] 戴魁早, 刘友金. 要素市场扭曲的研发效应及企业差异: 中国高技术产业的经验证据. 科学学研究, 2015 (11): 1660-1668.

[18] 戴魁早, 刘友金. 要素市场扭曲与创新效率: 对中国高技术产业发展的经验分析. 经济研究, 2016 (7): 72-86.

[19] 邓路, 高连水. 研发投入、行业内 R&D 溢出与自主创新效率: 基于中国高技术产业的面板数据 (1999~2007). 财贸研究, 2009 (5): 9-14.

[20] 樊纲, 王小鲁, 马光荣. 中国市场化进程对经济增长的贡献. 经济研究, 2011 (9).

[21] 方军雄. 所有制、市场化进程与资本配置效率. 管理世界, 2007 (11).

[22] 方军雄. 市场化进程与资本配置效率的改善. 经济研究, 2006 (5).

[23] 傅家骥．技术创新学．清华大学出版社，1998.

[24] 高帆．什么粘住了中国企业自主创新能力提升的翅膀．当代经济科学，2008（2）：1－10.

[25] 苟仲文．我国电子信息产业创新体系的形成机理研究．中国软科学，2006（6）：1－12.

[26] 官建成，陈凯华我国高技术产业技术创新效率的测度．数量经济技术经济研究，2009（10）.

[27] 国胜铁，钟廷勇．制度约束、FDI 技术溢出渠道与国内企业技术进步：基于中国工业企业数据的考察．经济学家，2014（6）：34－42.

[28] 何兴强，欧燕，史卫，刘阳．FDI 技术溢出与中国吸收能力门槛研究．世界经济，2014（10）：52－76.

[29] 胡凯，吴清，胡毓敏．知识产权保护的技术创新效应：基于技术交易市场视角和省级面板数据的实证分析．财经研究，2012（8）：15－25.

[30] 黄凌云，范艳霞，刘夏明．基于东道国吸收能力的 FDI 技术溢出效应．中国软科学，2007（3）：30－34.

[31] 黄凌云，范艳霞，许林．国际贸易与 FDI 的技术溢出．重庆大学学报（自然科学版），2007，30（12）：121－131.

[32] 蒋殿春，夏良科．外商直接投资对中国高技术产业技术创新作用的经验分析．世界经济，2005（8）：3－10.

[33] 李春涛，宋敏．中国制造业企业的创新活动：所有制和 CEO 激励的作用．经济研究，2010（5）：55－67.

[34] 李平，崔喜君，刘建．中国自主创新中研发资本投入产出绩效分析：兼论人力资本和知识产权保护的影响．中国社会科学，2007（2）：32－42.

[35] 李平，宋丽丽．FDI 渠道的 R&D 溢出、吸收能力与中国技术进步：基于一个扩展的 LP 方法的实证研究．山东大学学报（哲学社会科学版），2009（4）：25－31.

[36] 李邃，江可申，郑兵云，白俊红．高技术产业研发创新效率与全要素生产率增长．科学学与科学技术管理，2010（11）：169－175.

[37] 李向东，李南，白俊红，谢忠秋．高技术产业研发创新效率分析．中国软科学，2011（2）：52－61.

[38] 李文星，徐长生，艾春荣．中国人口年龄结构和居民消费：1989～2004. 经济研究，2005（7）：118－129.

[39] 李子奈．计量经济学应用研究的总体回归模型设定．经济研究，2008（8）：136－144.

[40] 梁莱歆，马如飞．R&D资金管理与企业自主创新：基于我国信息技术类上市公司的实证分析．财经研究，2009（8）：49－59.

[41] 梁平，梁彭勇，黄馨．中国高技术产业创新效率的动态变化：基于Malmquist指数法的分析．产业经济研究，2009（3）：23－28.

[42] 刘海云，唐玲．国际外包的生产率效应及行业差异．中国工业经济，2009（6）.

[43] 刘岩，蔡虹．企业知识基础与技术创新绩效关系研究——基于中国电子信息行业的实证分析．科学学与科学技术管理，2011（10）：64－69.

[44] 刘和东．区域创新溢出效应的实证研究：基于超越知识生产函数的动态面板模型分析科学学研究，2011（7）：1087－1093.

[45] 刘英基．知识资本对制造业出口技术复杂度影响的实证分析．世界经济研究，2016（3）：97－106.

[46] 刘舜佳，生延超．农产品贸易研发知识溢出：基于Coe－Helpman模型在空间维度扩展后的实证研究．国际贸易问题，2015（9）：29－42.

[47] 刘舜佳．国际贸易、FDI和中国全要素生产率下降：基于1952～2006年面板数据的DEA和协整检验．数量经济技术经济

研究，2008（11）：28－55.

［48］柳卸林．技术创新经济学（第2版）．北京：清华大学出版社，2014.

［49］钱颖一．激励与约束．经济社会体制比较，1999（5）.

［50］邵帅，范美婷，杨莉莉．资源产业依赖如何影响经济发展效率？——有条件资源诅咒假说的检验及解释．管理世界，2013（2）：32－63.

［51］沈坤荣，耿强．外国直接投资、技术外溢与内生经济增长：中国数据的计量检验与实证分析．中国社会科学，2001（5）.

［52］沈坤荣，孙文杰．市场竞争、技术溢出与内资企业效率：基于行业层面的实证研究．管理世界，2009（1）.

［53］宋河发，穆荣平．自主创新能力及其测度方法与实证研究：以我国高技术产业为例．科学学与科学技术管理，2009（3）：73－80.

［54］孙早，刘李华，孙亚政．市场化程度、地方保护主义与R&D的溢出效应．管理世界，2014（8）：78－89.

［55］孙玮，王九云，成力为．技术来源与高技术产业创新生产率．科学学研究，2010（7）：1088－1093.

［56］魏江，朱海燕．高技术产业集群创新过程模式演化及发展研究：以杭州软件产业集群为例．研究与发展管理，2006（12）：116－121.

［57］魏守华，姜宁，吴贵生．内生创新努力、本土技术溢出与长三角高技术产业创新绩效．中国工业经济，2009（2）：25－34.

［58］温忠麟，叶宝娟．中介效应分析：方法和模型发展．心理科学进展，2014（5）：731－745.

［59］吴建军，仇怡．我国R&D存量对国际贸易技术扩散效应的影响研究．科学管理研究，2007，25（10）：99－101.

［60］吴晓辉，徐逢交，娄景辉，姜彦福．市场制度、市场竞争与集团化收益：来自中国经验证据．金融研究，2008（1）.

[61] 吴延兵．R&D 存量、知识函数与生产效率．经济学（季刊），2006（4）．

[62] 吴延兵．企业规模、市场力量与创新：一个文献综述．经济研究，2007（5）．

[63] 吴延兵．市场结构、产权结构与 R&D：中国制造业的实证分析．统计研究，2007（5）：67－75．

[64] 吴延兵．中国工业 R&D 投入的影响因素．产业经济研究，2009（6）：13－21．

[65] 夏维力，钟培．基于 DEA－Malmquist 指数的我国制造业 R&D 动态效率研究．研究与发展管理，2011（2）．

[66] 谢建国，周露昭．进口贸易、吸收能力与国际 R&D 技术溢出：中国省区面板数据的研究．世界经济，2009（9）．

[67] 解维敏，方红星．金融发展、融资约束与企业研发投入．金融研究，2011（5）：171－183．

[68] 徐磊，黄凌云．技术溢出及其区域创新能力门槛效应研究．科研管理，2009（2）．

[69] 徐玲，武凤钗．我国高技术产业技术创新能力评价．科技进步与对策，2011（1）：128－132．

[70] 许培源，章燕宝．行业技术特征、知识产权保护与技术创新．科学学研究，2014（6）：950－959．

[71] 姚公安，李琪．企业绩效与创新资金投入的相关性：基于电子信息百强企业的研究．系统工程，2009（7）：107－111．

[72] 姚洋，章奇．中国工业企业技术效率分析经济研究，2001，(10)．

[73] 杨俊，胡玮，张宗益．国内外溢出与技术创新：对人力资本门槛的检验．中国软科学，2009（4）．

[74] 杨杰，叶小榕，宋马林．中国高技术产业技术创新与竞争力的关系．大连海事大学学报（社会科学版），2010（2）：8－11．

[75] 于燕，杨志远．行业 R&D 强度视角下中国进口贸易的技

术溢出效应．世界经济研究，2014（4）：44－50.

［76］余泳泽．我国高技术产业技术创新效率及其影响因素研究．经济科学，2009（4）：62－74.

［77］余泳泽．技术外溢是否存在“门槛条件”：来自我国高技术产业的面板门限回归分析．数量经济技术经济研究，2012（8）.

［78］张化尧，王赐玉．国际技术扩散：基于 TFP 的多渠道外溢分析．科研管理，2012（10）：17－24.

［79］张杰，周晓艳，李勇．要素市场扭曲抑制了中国企业 R&D？经济研究，2011（8）：78－91.

［80］张杰，周晓艳，郑文平，芦哲．要素市场扭曲是否激发了中国企业出口．世界经济，2011（8）：134－160.

［81］张伟，吴文元．基于环境绩效的长三角都市圈全要素能源效率研究．经济研究，2011（10）：95－109.

［82］张西征，刘志远，王静．企业规模与 R&D 投入关系研究：基于企业盈利能力的分析．科学学研究，2012（2）：265－274.

［83］张秀武，胡日东．区域高技术产业创新驱动力分析：基于产业集群的视角．财经研究，2008（4）：37－49.

［84］赵树宽，胡彩梅．知识溢出对中国省域知识生产影响的实证研究．科研管理，2012（9）：54－62.

［85］赵勇，白永秀．知识溢出：一个文献综述．经济研究，2009（1）：144－156.

［86］支燕．创新能力、技术转化与创新绩效：来自我国电子信息业上市公司的实证．科学学与科学技术管理，2009（3）：96－99.

［87］钟昌标，黄远浙，刘伟．外商直接投资最佳行业渗透水平：基于溢出效应视角的实证分析．南开经济研究，2013（6）.

［88］周明，李宗植．基于产业集聚的高技术产业创新能力研究．科研管理，2011（1）：15－21.

［89］朱平芳，徐伟民．政府的科技激励政策对大中型工业企

业 R&D 投入及其专利产出的影响．经济研究，2003 (6)：45 ~53.

[90] 朱秀梅．高技术企业集群式创新机理实证研究．管理科学学报，2009 (8)：75 -82.

[91] 朱有为，徐康宁．中国高技术产业研发效率的实证研究．中国工业经济，2006 (11)：38 -45.

[92] Amiti, M., and Freund, C. "The Anatomy of China's Export Growth", Policy Research Working Paper Series 4628, The World Bank, 2008.

[93] Arellano M, Bover O. Another look at the instrumental variable estimation of error component models. Journal of Econometrics, 1995, 68 (1): 29 -51.

[94] Baumol, William J. The Free Market Innovation Machine - Analyzing the Growth Miracle of Capitalism. Princeton University Press, 2002.

[95] Blundell R, Bond S. Initial conditions and moment restrictions in dynamic panel data models. Journal of Econometrics, 1998, 87 (1): 115 -143.

[96] Boldrin M., Levine D. K. Rent-seeking and Innovation. Journal of Monetary Economics, 2004, 51 (1): 127 -160.

[97] Bond S., Dynamic Panel Data Models: A Guide to Micro Data Methods and practice. CEMMAP Working paper, 2002, No. CWP09P02.

[98] Branstetter L., R. Fisman, C. F. Foley, and K. Saggi, "Does Intellectual Property Rights Reform Spur Industrial Development," Journal of Development Economics, 2011, 83 (1): 27 -36.

[99] Broadberry Stephen, Nick Crafts. Competition and Innovation in 1950s Britain. Business History, 2001, 43 (1): 97 -118.

[100] Cameron A. C., Trivedi P. K. Microeconometrics Using Stata. Stata Press, 2009.

[101] Chan K. Consistency and Limiting Distribution of the Least

Squares Estimator of a Threshold Autoregressive Model. The Annals of Statistics, 1993, 21 (1), 520 -533.

[102] Chen, Shenjie and John M., Curti s, "Trade Costs and Changes in Canada's Trade Pattern", World Economy, 2003, 26 (7): 975 -991.

[103] Cheung, K. Y. and Lin, P. "Spillover Effects of FDI on Innovation in China, Evidence from the Provincial Data." China Economic Review2004, 15 (1): 25 -44.

[104] Claessens S., Feijen E., Laeven L., Political Connections and Preferential Access to Finance: The role of Campaign Contributions. Journal of Financial Economics, 2008, 88 (3): 554 -580.

[105] Coe, David T., and Helpman, Elhanan. International R&D spillovers. European Economic Review, 1995, 39 (5): 859 -887.

[106] Costinot, A. "On the Origins of Comparative Advantage", Journal of International Economics, 2009, 77 (2): 255 -264.

[107] Cullmann A., Ehmcke J. S., Zloczysti P. Innovation, R&D Efficiency and the Impact of the Regulatory Environment DIW Discussion Papers, 2009.

[108] Fare R., Gross kopf S., Norris M., Zhang Z. Productivity Growth, Technical Progress, and Efficiency Change in Industrialized Countries . American Economic Review, 1994, 84 (1): 66 -83.

[109] Fare, R., Grosskopf, S., Lovell, C. A. K. Production Frontiers. Cambridge: Cambridge University Press, 1994.

[110] Fare, R., Grosskopf, S., Norris, M. Productivity Growth, Technical Progress, and Efficiency Change in Industrialized Countries: Reply. American Economic Review, 1997 (87): 1040 -1043.

[111] Foster, Lucia, Haltiwanger, John, and Syverson, Chad "Reallocation, Firm Turnover, and Efficiency: Selection on Productivity or Profitability?" American Economic Review, 2008, 98 (3): 394 -425.

[112] Freeman Chris, Luc Soete. The Economics of Industrial Innovation. third edition. MIT Press, 1997.

[113] Gayle, P. G.. Market Concentration and Innovation: New Empirical Evidence on the Schumpeterian Hypothesis. University of Colorado, 2001.

[114] Griliches, Z., Mairesse, J. R&D and Productivity Growth: Comparing Japanese and U. S. Manufacturing Firms. in Charles H. (ed), Productivity Growth in Japan and the United States, Chicago: University of Chicago Press, 1990.

[115] Grossman Gene, Esteban Rossi – Hansberg. A Simple Theory of Offshoring. American Economic Review, 2008, 98 (5): 1978 – 1997.

[116] Hansen B. E. Inference when a nuisance parameter is not identified under the null hypothesis. Econometrica 1996, 64 (2): 413 –430.

[117] Hansen B. E. Threshold effects in non-dynamic panels: estimation, testing and inference. Journal of Econometrics, 1999, 93 (2): 345 –368.

[118] Hayes, A. F. beyond baron and Kenny statistical mediation analysis in the new millennium. communication monographs, 2009, 76 (4): 408 –420.

[119] Hausmann R., Hwang J., Rodrik D. What you export matter. Journal of Economic Growth, 2007, 12 (1): 1 –25.

[120] Holger, G.; Michael, H. and Eric, S. Grant Support and Exporting Activity. The Review of Economics and Statistics, 2008, 90 (1): 168 –174.

[121] Hsieh, Chang – Tai, Peter J. Klenow. Misallocation and Manufacturing TFP in China and India, Quarterly Journal of Economics, 2009, 124 (4): 1403 –1448.

[122] Hu, Albert, G.. Z., Jefferson, G. H., Qian Jinchang. R&D

and Technology Transfer: Firm - Level Evidence from Chinese Industry. Review of Economics and Statistics, 2005 (4): 780 - 786.

[123] Huang, Rocco R. Distance and Trade: Disentangling Unfamiliarity Eff ects and Transport Cost Effects. European Economic Review, 2007, 51 (1): 161 - 181.

[124] Huang Haizhou, Xu Chenggang. Soft Budget Constraint and the Optimal Choices of Research and Development Projects Financing. Journal of Comparative Economics, 1998, 26 (1).

[125] Hudson J., andMinea, A. "Innovation, Intellectual Property Rights and Economic Development: A Unified Empirical Investigation", World Development, 2013, 46 (2): 66 - 78.

[126] Jefferson, Gary H., Bai Huamao, Guan Xiaojing, Yu Xiaoyun. R&D Performance in Chinese Industry. Economics of Innovation and New Technology, 2006, 15 (4): 2 - 13.

[127] Lin C., Lin P., Song F. Property Rights Protection and Corporate R&D: Evidence from China. Journal of Development Economics, 2010, 93 (1): 49 - 62.

[128] Mansfield, E. Industrial R&D in Japan and the United States: A Comparative Study. American Economic Review, 1988 (2) 135 - 158.

[129] Qian Yingyi, Xu Chenggang. Innovation and Bureaucracy Under Soft and Hard Budget Constraints. Review of Economic Studies, 1998, 65 (1).

[130] Rodrik D., "What's So Special about China's Exports?", NBER Working Papers 11947, National Bureau of Economic Research. 2006.

[131] Roodman D. How to do xtabond2: an introduction to difference and system GMM in stata. The stata Journal, 2009, 9 (1): 86 - 136.

[132] Xu, Bin, and Jiangyong Lu, "Foreign Direct Investment,

Processing Trade and the Sophistication of China's Exports," China Economic Review, 2009, 20 (3): 425 -439.

[133] Windmeijer F. A finite sample correction for the variance of linear efficient two-step GMM estimator. Journal of Econometrics, 2005, 126 (1): 25 -51.

[134] Zhang, Anming, Zhang, Yimin, Zhao, Ronald. A Study of the R&D Efficiency and Productivity of Chinese Firms. Journal of Comparative Economics, 2003, 31 (3): 444 -464.